馬場 淳
平田晶子
森 昭子
小西公大……………………［編］

萌える人類学者
The Anthropologist as *Homo Affectus*

東京外国語大学出版会

萌える人類学者

The Anthropologist as *Homo Affectus*

馬場 淳
平田 晶子
森 昭子
小西 公大
編

渥美 一弥
石田 慎一郎
小林 誠
山内 由理子
佐々木 悠
塩谷 もも
槌谷 智子
栗田 博之
倉田 量介
工藤 多香子
山本 真鳥
真島 一郎

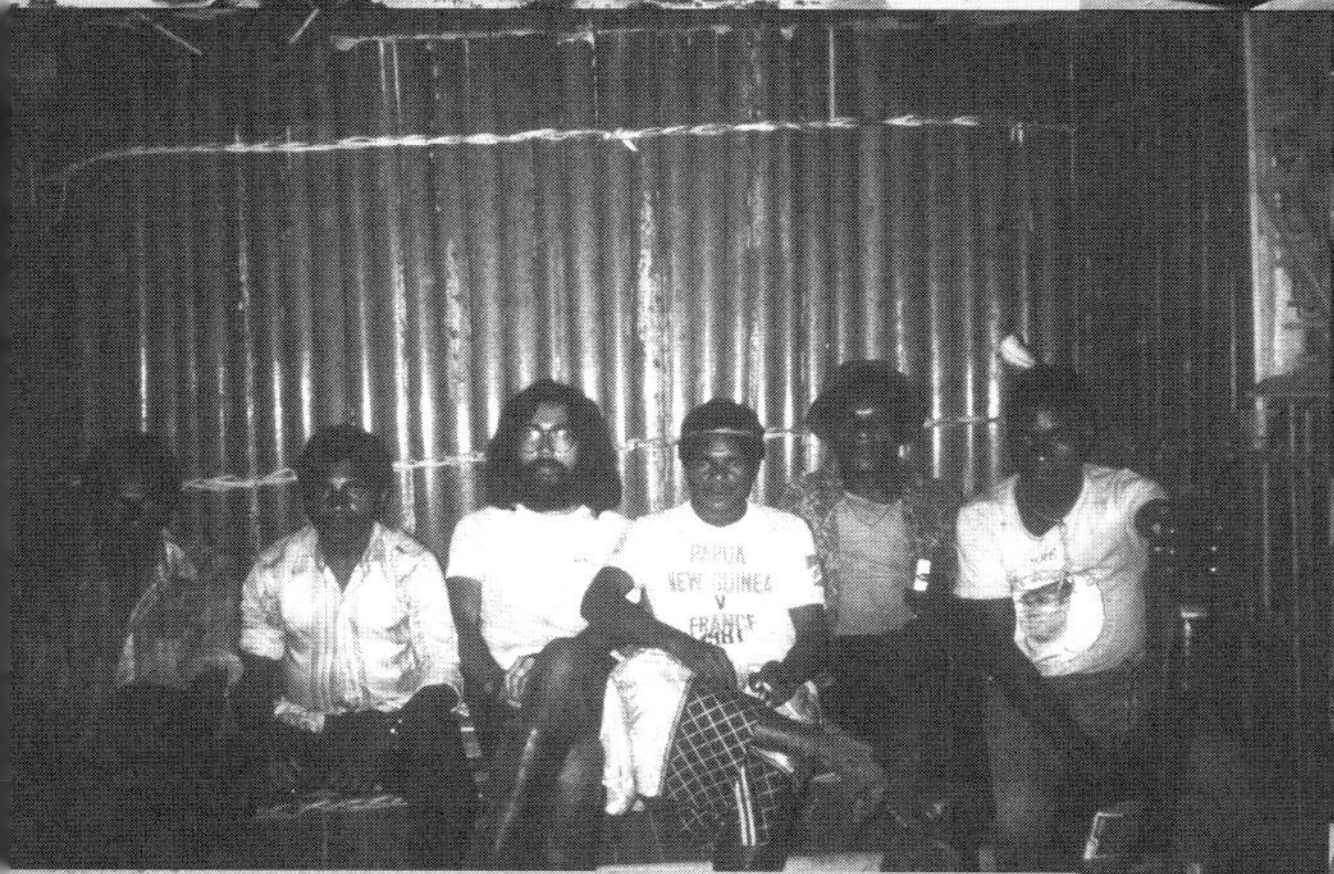
PAPUA
NEW GUINEA
V
FRANCE

JUSTINO

萌える人類学者――目次

第3部　人類学への萌え

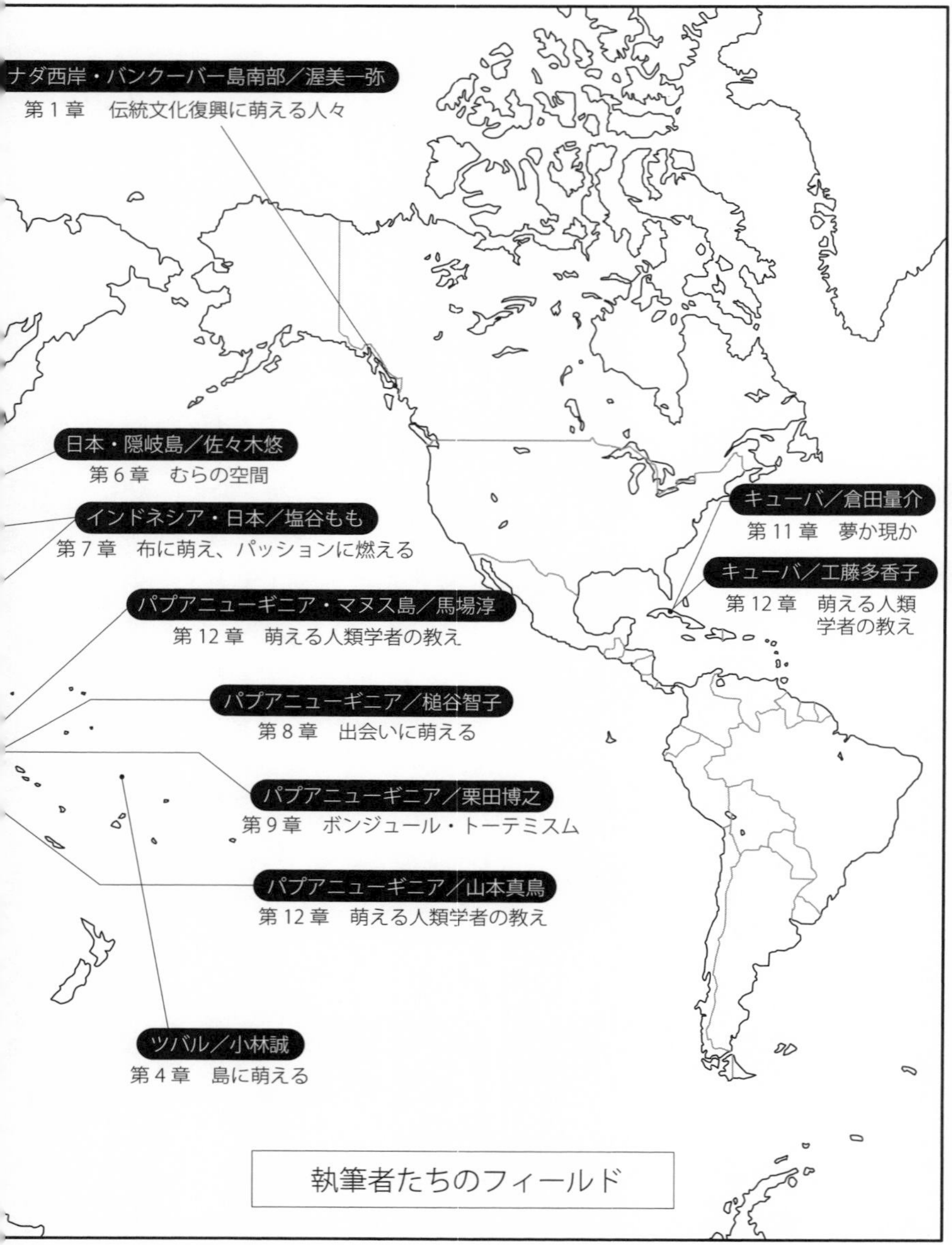
ナダ西岸・バンクーバー島南部／渥美一弥
第 1 章　伝統文化復興に萌える人々
日本・隠岐島／佐々木悠
第 6 章　むらの空間
インドネシア・日本／塩谷もも
第 7 章　布に萌え、パッションに燃える
パプアニューギニア・マヌス島／馬場淳
第 12 章　萌える人類学者の教え
パプアニューギニア／槌谷智子
第 8 章　出会いに萌える
パプアニューギニア／栗田博之
第 9 章　ボンジュール・トーテミスム
パプアニューギニア／山本真鳥
第 12 章　萌える人類学者の教え
ツバル／小林誠
第 4 章　島に萌える
キューバ／倉田量介
第 11 章　夢か現か
キューバ／工藤多香子
第 12 章　萌える人類
学者の教え
執筆者たちのフィールド

コートディヴォワール／真島一郎
終章　Never Let Me Go
ガーナ／森昭子
第 12 章
萌える人類学者の教え
インド／小西公大
第 2 章
萌えるパフォーミングアーツ
ラオス・タイ／平田晶子
第 10 章　人類学的知性への
「萌え」の果てに
ケニア・イゲンベ地方／石田慎一郎
第 3 章　カニェリは真に抱いた者のために舞う
オーストラリア・ブルーム／山内由理子
第 5 章　西オーストラリアの町の日本食に萌える

序章

誰もが何かに萌えている

馬場　淳

ボンジュール・ロノ

カラカウア通りの土産物屋の前で、今買ったばかりのティキ像を眺めながらニヤニヤしている男がいる。突然、創られた楽園のもう一つ下の地層に引き込まれ、ロノ神をめぐる壮大な神話的儀礼的世界を前に、いてもたってもいられないからだ。

ハワイ四大神の一柱であり、プレアデス星団が日没後に現れはじめる一一月頃、毎年決まって海の向こうからやってくる平和と豊穣の神――このロノ神の到来に、ハワイの人々は歓喜し、騒ぎ出す。なかでも、ロノ神は島に「嫁」を迎えにくるとされることから、ロノ神との宇宙論的交合に酔いしれる美しきハワイの女性たちを連続的なイメージとして喚起する。彼は今、そんな熱狂のなかにいるのである。

ロノ神の到来は、平和な祭りの季節のはじまりを告げるものである。実に、ロノ神は、マカヒキと呼ばれる儀礼の主人公であり、島を時計回りに回る。だから彼は今、ロノとともに島を巡りはじめる。いくつものアフプア（伝統的ハワイ社会の最小生活区域）を越境していくその旅路は、しかし、悲劇的な結末を迎えてしまう。最後の戦い（カーリィ）でバラバラになった――「殺された」――ロノの神像は、供物とともに、カヌーに乗せられ、海の彼方にあるカヒキ（故郷）に向かって流される。こうした劇的な儀礼的世界を前に、彼は手中のロノが――たった今、買ったばかりだというのに――ボロボロに朽ちていくような錯覚に襲われる。

彼の夢想はさらに続く。ロノは、いつしか偉大な航海者キャプテン・クックと重なり合い、彼にハワイ人とヨーロッパ人の歴史的出会いの瞬間、あるいは観光客でごったがえす楽園の「はじまりのとき」を見て取らせるのである。

この一観光客にとって、ロノ神の形象《フィギュア》は、いつぞや読んだ『歴史の島々』［サーリンズ 一九九三］で芽生えたロノ神

写真1　人類学研究室の一角はあたかもミニ博物館のようだ

彫像《フィギュア》への密かな萌えを忘却の彼方からよみがえらせるのに十分だった。そして今、覚醒した萌えは、彫像という明確な「居場所」を見出すのだった。それはやがて世界各地から集められた仮面、彫像、儀礼的杖、ひょうたん製のペニスケース、網袋、ブタの歯、黒曜石、ストーリーボードなどとともに、彼の部屋を彩ることだろう（写真1）。

今だから萌えたい

社会文化人類学者（以下、人類学者）が書いたものを読んだり、口頭で発表する光景を見ると、あるいはその研究室を訪れてみると、「この人、相当萌えているな」と思うことがある。研究対象に向き合う嬉々とした姿勢や行間から、対象への好意や興奮、強烈なこだわりを感じ取ってしまうからだ。ときに、これらは、「ワクワク感」［渥美 二〇一六］や本章で引用するさまざまな言葉で表明されることもある。本書は、こうした対象への強烈な愛着や興奮、情熱やこだわりを、萌えという言葉に託して、主題にするエッセイ集である。

もちろん、こうした萌えは人類学者だけに限らず、マニアックなことがらに多くの時間とエネルギーとお金をつぎ込むあらゆる分野の研究者についてもいえることだろう。だから、あえて取り上げる必要のないものかもしれない。ただフィールドワークをして、民族誌を書くという一連の人類学的営みをまがりなりにも経験した私（および本書の編者）は、どうしても人類学者の萌えが気になってしかたがないのである。というのも、後述するように、フィールドワークを「苦行」「試練」と述べる人類学者は多いし、民族誌を書くことも決して容易《たやす》いものではないからだ。フィールドワークを続け、民族誌を書き続ける推力や動機には、「仕事だから……」「彼らを救いたい／社会に役立てたい……」「業績を積むため……」などが間違いなくあるのだが、仕事や正義感、キャリア欲望などには回収できない内奥にうごめく特別な感情も無視することはできないだろう。その一つが、萌えである。渥美一弥（本書の執筆者）にとって、「ワクワク感」は彼が人類学の教科書〔渥美 二〇一六〕を書く原動力であったし、後にも述べるように、萌えは、感性や好奇心とともに、研究そのものの方向付けにも重要な役割を果たしている。

とはいえ、本書で萌えと呼ぶ一群の感情を主題とすることには、どこか憚られるところがある。理由の一つは――どんな学問でもいえることだが――一途に打ち込む研究者には、何かしらの情熱やこだわりが当たり前に存在するという推定である。よほど意外なかたちで現れなければ、あるいは「偉大な」研究者を除けば、この自明性が問われ、開示されることはほとんどないだろう。もう一つは、学術的意義の優先である。何を魅力／楽しいと感じるのかをはじめ、萌えの有無や方向性は、学問の発展や「客観性／実証性」という大義に比べれば、きわめて個人的な事情に過ぎず、ことさら論じるまでもないものといえる。確かに、感情社会学や精神分析学など、対象者のみならず、研究者の感情も、記述・分析の対象となる分野があるが〔e.g. クラインマン／コップ 二〇〇六〕、多くは、萌えを胸の内に秘めるか、学問的に昇華させる必要がある。実験系の学問だけでなく、人類学も、フィールドにおもむく研究費を公的資金に頼らざるをえないところがあるから、なおさらである。いずれにせよ、萌えは、学問的営みの表層に現れにくいものといっていいだろう。

ところで、人類学界では、個人的な事情が主題の一つとなった時代がある。一九八〇年代後半から九〇年代にかけてのことである。ポストモダン人類学というこの潮流では、人類学的営為に反省のまなざしが注がれ、客観性／実証性を担保していた超越的視点や透明性――「民族誌的権威」や「民族誌家の魔術」と呼ばれるもの――が問われたのである。(1) 一連の人類学的営為は、人類学者の立ち位置（ポジション）や感情／先入観と不可分であること、そしてかけがえのない人間同士がそのつどつむぐ現実（アクチュアリティ）の産物であること――人類学者が生身の人間である以上、これらは否定しようのない事実である。こうして、個人的なことがら（感情を含む）やアクチュアリティは人類学的営為の無視できない問題として表舞台へと躍り出るようになり、自他の人類学的営為の内実を開示・暴露し、反省する民族誌――自省的民族誌と呼ばれる――が一つのジャンルとなったほどである［e.g. Kulick and Willson 1995; 栗本 一九九一］。

「反省の時代」は過ぎ去ったが、それは「終焉」ではなく単に「自明」になっただけのことである。後に紹介するが、萌えは、たいてい民族誌の冒頭部（調査の経緯）に書き込まれるようになり、フィールドワークの教科書でも散見されるようになった。(2) そして萌えを記述／民族誌の中心に置くのが、本書である。執筆者たちは自分が萌えるものを素材に、それとの出会いからその魅力、そしてそれへのこだわりを通して得られる知見を大いに語ってくれることだろう。

誤解を招かぬようといっておくが、本書は、自省的民族誌を引き継ぎつつも、カラカウア通りでニヤついていた男のように、自分の内でただ萌えて自己完結する――自分＝世界であるようなセカイ系の――物語ではない。むしろ萌えの「力」で現実の他者と関わりあい、萌えを導きの糸にして世界のどこかで生きている人々（読者も含む）をつないでいこうとする物語である。このことを理解してもらうために、また本書の導入としても、私なりに萌えと人類学的営為の関係をいくつかの視点からイメージしておくことにしよう。

萌えと人類学

周知のように、一九九〇年代初頭に登場した萌えは、ゲーム、アニメ、マンガの美少女キャラクターに一方的に向けられる――遡及的にいえば、「脳内恋愛」とも呼ばれるほどの――特殊な感情を指していた［本田 二〇〇五］。今でこそ誰もが萌えを表明するが、現実離れした美少女キャラクター（＝萌えキャラ）との「恋愛」ゲームとネットコミュニティの複合世界を起源としていることから、当初の萌えの主体はオタク系男子だった［大泉 二〇〇五］。実生活で問題を起こさない限り、萌えること自体に罪も害もないはずだが、萌えという言葉は、その起源から〈美少女キャラクター―オタク―男子〉という別のイメージと結びつき、必ずしも好意的に受け止められてきたわけではない。サブカルチャー市場の規模拡大を推し進めてきたにもかかわらず、（アキバ以外のコンテクストでの）萌えTシャツの着用が白い眼で見られたり、二次元の美少女キャラクターに萌える男性が増えたから女性の「負け犬」が増加したのだなどと「非難」されることもあった。もちろん、萌えキャラの典型がジェンダー・セクシュアリティの観点から問題含みであることは、確かである。萌え／萌え文化のポテンシャルは否定できないものの［e.g. Galbraith 2009; 村瀬 二〇〇五］、萌えキャラの典型をあからさまに活用した地方再生――「萌えおこし」――はときに痛烈な批判にさらされてしまう(3)。

その一方、二〇〇四年・二〇〇五年頃には社会的に一定の知名度を得たこともあって、萌えという言葉は今もなお続く先のイメージ闘争からある程度切り離され、意味論的な変化を遂げたともいえる。（腐女子を筆頭に）誰もが萌えを表明できるし、萌えの対象も広がりつつある。ある辞書では「ある物や人に対してもつ、一方的で強い愛着心、情熱、欲望など」といった（ジェンダー）ニュートラルな表現で定義されるとともに、虚構から実物へ、パーツから全体へ、美少女キャラから工場／土木、株にまで、サブカルチャーを超えた領域で使用されるようになったのも事実であろう。この意味の拡張は――本田［二〇〇五：八二］が萌えをあえて「脳内恋愛」と限定した背景にあるものだが――社会に生きる言葉の宿命といえるかもしれない。本書も、こうした現代的用法に従い、萌えを対象への強烈な愛着や興奮、情熱やこだわりを総称するシニフィアンとして用いている。

念のため、もう一つ、萌えから喚起される読者の期待を「裏切る」ような点について付言しておこう。萌え文化の特徴の一つは、データベース型消費や二次創作に見られるように、萌えの対象／要素が本来の文脈から切り離され、定型化された情報として存立してしまうことにある［東 二〇〇一：第二章］。

確かに、人類学者は、特定の対象に関する情報を蓄積・共有・引用し、現地の人々がつむぐ文化を「書き直す」ところがあるものの、萌え文化のように萌えの対象を本来の文脈から切り離すことはしない。そのため、特定の対象の固有性は保持される。たとえば、いくら萌えるといっても、冒頭で述べたロノ神を、インドの神にしたりしないし、「島を釣り上げた」マウイと合体させたり、ましてや世界征服をもくろむ悪役として描くことはない。もしかしたら本書を手に取った読者はそのような二次創作を期待したかもしれないが、残念ながら人類学において脱文脈化は御法度である(4)。

誤解を生むようなリスクがありながら、本書が萌えという言葉を使うことには、次のように、積極的で戦略的意図が込められている。まず、ガルブレイスが「架空のキャラクターへの情動的反応(affective response)」と述べているように[Galbraith 2009]、萌えは情動の一つのあり方である[本書所収の真島エッセイ参照]。ここであえて情動という観点からとらえるのは、反応の「先」にある萌えの生産力を強調したいからだ。西井凉子は、情動を「意識や主体を越えて、共在する身体が互いに触発しあうことで、新たな活動の力を生み出していくエネルギーのようなもの」としてとらえ、それが「自然や人、モノなど様々な反響関係から「出来事」を生成していく」のだという[西井 二〇一三:一三-一四]。冒頭で萌えが人類学的営為を続ける推力になると述べたのは、情動が「エネルギーのようなもの」だからである。本書を通して、すべてのエッセイが、いかに萌えに支えられているのかがわかるだろう。

もう一つの意図は、萌えが、オタク文化を起源としていることから、生存にかかわる「真面目な」行為(仕事/労働)とは一線を画す「楽しい」遊びのイメージを喚起する点である。少なくとも萌えは、

「真面目な」学問から遠い響きをもつことだろう。偉大なM・ヴェーバーからすれば、学問を萌えなどという言葉と連接させるのは不誠実・不謹慎だといわれるかもしれない。(5) ただ、この遊びのイメージへの連想こそ、本書の戦略的ポイントとなる。というのも、いうまでもなく、遊びを侮ってはいけないからだ。ホイジンガ［二〇一八：二二］は「人間社会に固有で偉大な活動にはすべてははじめから遊びが織り込まれている」と述べ、人間を「遊ぶ人（ホモ・ルーデンス）」と呼んだではないか。いかに遊びが文化（学問を含む）の要素／基礎であるのかを知りたければ、ホイジンガの浩瀚《こうかん》な書物を読んでほしい。ここでは、「遊び」が萌えと「偉大な活動」を媒介していることを押さえておこう。

人類学が「偉大な活動」であるのは、昔からいわれてきたように、それが異なる社会・文化を通して自社会（ここでは日本社会）を、他者を通して自己を、相対化するプロジェクト——C・クラックホーン［一九七二］の書名を使えば、「人間のための鏡」——だからである。「無限の変化を示す己の姿を見て取らせる」人類学は、「今・ここ」の常識を揺さぶり、よりよき個々の生や社会の再構築をうながす。ここでは、萌えが生む「偉大な活動」の胎動を端的に例示するものとして、長年、ボツワナのカラハリ砂漠で調査を続けてきた菅原［二〇一五：一八四］の次の言葉を引用しておこう。

グイとガナの生き方に深く魅惑されてから、私は、われわれがフィールドから持ち帰る思考が、私たちの社会を根本から変える可能性を、改めて夢想するようになった。小論の最後で性愛を主題化したのは、つい最近まで近代の局外にいたグイとガナの人びとの性の形が、私たちを蝕む感情生活のハリウッド化を揺さぶる力を秘めていると信じるからである。

フィールドに／で萌えた人類学者は、程度の差はあれ、このような「鏡」を手にするものである。実に、フィールドには、徹底した自然観察から社会を分類・秩序づける野生の思考《パンセ・ソヴァージュ》とあり合わせの素材でさまざまなものを創造するブリコラージュ（器用仕事）［レヴィ＝ストロース　一九七六：本書所収の栗田・平田エッセイ参照］、現地の文化に根差した独特な打算（＝野生の算術《カルキュル・ソヴァージュ》）とクック船長「殺害」の背後にある神話の実践《ミソ・プラクシス》［サーリンズ　一九九三］など、人間の創意工夫や驚愕の論理／思考方法があふれている（写真２）。それらを感知するフィールドでの経験は、人間の普遍性と多様性を喚起しながら、自己変容や社会改革（差別の撤廃も含む）へつながる批判的想像力の源泉であり、ときに「自分自身が快楽交じりに囚われている不可視の支配システムと対峙したときに抗う術を、指し示している」［松田　一九九九：二一八］。そして今や人類学の射程は、人間にかかわることがらを越えている。アヴィ

写真２　自然を読み、海を行くマヌスの航海者（1999年8月、パプアニューギニア・マヌス島）

ラ（エクアドル領アマゾン河上流域）の「野生の森《セルヴァ・セルヴァッジャ》」に関するE・コーンの民族誌［二〇一六］は、自然の営みに対する「われわれ」の見方を変えてくれるはずだ。

また、フィールドワークによって（人類学者が）身に付けた「かれら」の思考や生き方が逆照射するのは、なにも自己や自社会のありかただけではない。たとえば、M・ストラザーン(6)の思考がメラネシア的思考に深く影響を受けているように［里見・久保 二〇一三］、それは翻って人類学の理論や方法論――民族誌の書き方も含む――、そして隣接諸分野（哲学など）にまでおよぶ。

ここまでくると、人類学者がなぜフィールド（ワーク）を大切にしているのか――あるいは、世界が容易に連結するオンラインの時代にあってもなおフィールドワークが人類学のコアにあるのか――がわかるだろう。現地＝他者の思考や実践から、学ぶべきもの／ことがたくさんあるからだ。もとより、フィールドの文化も、ホイジンガを素直に敷衍すれば、遊びと不可分な「偉大な活動」なのであって、いうまでもなく侮ってはいけない。

「偉大な活動」の所以は、もう一つある。これは、そもそも「人間とは何か？」という、人類学（anthropology）――語源はギリシア語のアントロポスとロゴス、つまり人間の学――に課せられた究極的な問いとかかわる。「人間とは何か」を明らかにすることは、とりもなおさず人間と動物の境界を包摂と排除によってたえず確定していく作業にほかならない。ホモ・サピエンスの概念的安定性は、決して自明なものではなく、古代社会はもとより、現代社会においても生物工学（たとえば、サイボーグ）から文学的想像力（たとえば、村田［二〇一九］が描く「秘祭ニンゲン」の終焉）、SF作品（たとえば、

『攻殻機動隊』）などによって、たえず揺さぶられ、再構築のプロセスにある。アガンベン［二〇一一］はヒトを人間にする装置を「人類学機械」と呼んだが、良くも悪くも、また意図的かどうかにかかわらず、人類学もそうした巨大な装置の一翼を担ってきたことは間違いないだろう。ここまでくると、人類学者の萌えが行きつく先は、想像以上に壮大だということがわかるだろう。

萌えの対象とパターン

「偉大な活動」に向けて、どのような部分（＝萌えの対象）からアプローチするのかは人類学者個人に委ねられている。本書のエッセイで取り上げる対象のほかにも、呪術（師）や精霊、キリスト教から派生した土着の独立教会、夢（見）や供犠、動物との（性愛も含めた）関係、土着の「医学」、災害とパンデミック、冠婚葬祭や悪魔祓いなど各種の儀礼、身体に刻まれたタトゥー、零細ビジネス（インフォーマルセクター）、文字／識字、仮面や彫像、貝殻、生理用品などの日常品、科学技術（ロボットやＡＩを含む）、血、精液、そして石／岩に至るまで、枚挙に暇がない。これらマニアックな題材への萌えは、各人の研究領域のなかに位置付けられつつ、対象の社会的・文化的含意や歴史的背景、あるいは人類学の理論のなかに溶け込み、学術的に「昇華」される。興味のある人は、ぜひ人類学者の書いた民族誌を紐解くなり、文化人類学会の研究大会に足を運ぶなりしてほしい。(7)

ここでは、萌えが対象に向かうパターンを便宜的に三つに分けて考えておきたい。

(一) 共鳴する萌え

まず一つは、現地の人々が萌えるものに萌えることである。これは王道的なパターンである。B・マリノフスキ［二〇一〇：六五］は長期のフィールドワークにもとづく人類学のマニフェスト的民族誌で「人間のもっとも本質的な関心、いいかえれば、人間をつかんでいるものを研究しなければならない」と述べ、ニューギニア島の東部海域でみられる、死の危険と隣り合わせの遠洋航海を通した財物の島間循環（クラ）に注目したのだった。

実際、現地では、伝統文化の復興に異常な情熱を傾ける人々［本書所収の渥美エッセイ参照］、昨日見た夢におののき、必死に何か手を打たねばならないと考えている人々、動物との駆け引きを熱心に語り合う人々、「私たちの祖先は〇〇（ここに極楽鳥、インコ、ワニ、タロイモなどが入る）」と語る人々［本書所収の栗田エッセイ参照］、たった一年の数日しか開催されない祭に多くの時間と労力と情熱を傾ける人々、「自分の娘がこんな目にあってるのは、誰かが呪ったからだ／ちゃんと儀礼を遂行しなかったからだ」と恨んでいる／嘆いている人々にいやおうなしに遭遇する。こうした人々の萌えに、つい自分も萌えてしまうのは、ある意味当然の成り行きかもしれない。後に挙げる小林誠（本書の執筆者）の例も、このパターンに分類されるだろう。

(二) 内旋する萌え

二つ目は、現地の人々はともかく、人類学者自身が勝手に萌えているものである。これは概して二つに分けられる。一つは、日本社会（ホーム）で萌えが芽生える「萌え先行型」と呼べるものである。そのきっかけはさまざまであり、冒頭のエピソードのように先達者の民族誌を読んだり、人類学の理論（後述）を学ぶなかから生じることもあれば、社会問題への意識高揚や生活実感――たとえば、家庭内暴力（DV）やシングルマザーの経験――から芽生えることもある。ただしこの萌え先行型には注意が必要である。男性小屋や秘密結社への立ち入りが性別・年齢・儀礼の有無――しかるべき通過儀礼をしたかどうか――で厳しく制限されていたり（写真3）、植民地化・グローバル化の影響により民族誌で描かれた社会・文化のあり方が大きく変わっていたりもする。日本の社会問題が現地（海外）ではほとんど「問題」として認識されていないことも多く、肩すかしを食わされることがある。こうして、現地に行っても望んだデータが得られなかったり、当初の目的に反するデータ（反証）さえ得てしまうことがある。

もう一つは、現地でのふとした衝撃――俗にいうカルチャーショック――で萌えが急激に生起・高揚する「カルチャーショック型」と呼べるものだ。先に日本と現地の「温

写真3　一般人が立ち入りできない長老評議会（ジュリチェケ）の家（2018年2月、ケニア・メル族）

度差」について触れたが、こうした差異こそ実は肝心なところなのである［e.g. 岩野ほか 二〇二〇］。たとえば、数の数え方から家族、結婚、人権など、日本の前提から大きくズレていることは多いし、そもそものような概念自体がないことも珍しくない。そのほか、なぜ精液を摂取しないと少年は強く／大きくなれないのか、なぜ刑事事件（殺人）を民事で処理する（賠償を支払う）のか、なぜ守護霊を祭る儀礼でエアロビクスを踊っているのか、現金収入プロジェクトのコース修了書をもっている人が「金が貯まんない！」と嘆いているのはなぜか、国際社会が海面上昇に警鐘を鳴らしているなか「この島は沈まないよ」などと呑気でいられるのはなぜか……部外者だからこそ気づく違和感は、社会や文化という名の深遠な森の入り口なのである。「カルチャーショックは異文化理解のはじまり」といわれる所以である。

昔は（今でも？）多くの指導教官がいまいちテーマを煮詰められないで悩む大学院生に向かって「とにかく現地に行ってこい」――これには「見たもの、聞いたものをすべてメモしてこい」が続く――と丸投げしていたようだが、そこには一つ目の王道的パターンやカルチャーショック型が意図されている。決して責任を放棄しているわけではないのだ。実際、現地に行けば、たいてい何かに萌えて帰ってくるものである。だから悩んでいる人は、いっそ思い切って現地に飛び込んでみるといいだろう。

(三) 人類学への萌え

三つ目は、人類学の理論的・方法論的問題を検討し、発展・洗練させることに萌えることである。一口に人類学の理論や方法といっても、さまざまである。人類学史に現れた学説・立場を思いつくままに挙げていくと、進化主義人類学、文化伝播論、機能主義人類学、文化様式論、新進化主義、構造主義(構造人類学)、マルクス主義的人類学、象徴―解釈人類学、認識人類学、生態人類学、文化記号論、フェミニスト人類学、ポストコロニアル人類学、ポストモダン人類学、存在論的人類学、ポスト関係論的人類学などがある。(8) 急いで付け加えておきたいのは、これらが単線的に進展してきたわけではないし、かつ異なる水準にあるということだ。たとえば、今や古くなった象徴―解釈人類学は、その影響力から自明な——とりたてて主張する必要のない——思考・分析方法となり、少なからずフィールドワークや民族誌に生きている。植民地化を震源とする問題は今も続いているし(ポストコロニアル人類学)、表象の政治をめぐる問題もつねに民族誌記述につきまとっている(ポストモダン人類学)。水準の違いについては、ポストコロニアルおよびポストモダン人類学は、それまでの人類学的営為に対する反省/対抗として、ポスト関係論的人類学はこれまでの——とりわけ存在論的人類学を契機に顕在化した——連関/ネットワークを前提とする人類学への反省/対抗として、位置している。なお、研究者人生のなかで立場やアプローチを——ときにラディカルに——変える人類学者もいる。(9)

これに加えて、ターン(転回)のときには、多くの人類学者が萌える。というのも、それはフィールドワークのやり方や民族誌の書き方を——ときに根本から——変えるものだからだ。実に、人類学は、フィールドワークにもとづく近代人類学の幕開けともなる機能主義革命以来、何度かターンを繰り返して「発展」してきた。これも思いつくままに挙げれば、言語論的転回、解釈的転回、認知的転回、ポストコロニアル転回、再帰的転回、存在論的転回、情動的転回、種的転回……これほどターンが表明される学問も珍しいのではないだろうか。萌えの観点からいえば、人類学は終わりなき楽しさを提供するといえよう。ターンが起こると、自分がフィールドワークで得た資料を新たな視座から——ときに反省というかたちで——見つめ直し[10]、これまで調理のしようがなかった素材（データ）がうまく調理できるようになることも多く、今までは見向きもしなかったことがら（データ）を収集するようになる。こうした人類学の立場やターンが、二つ目の萌え先行型につながることはすでに触れたとおりである。

いうまでもなく、人類学は、哲学をはじめ、社会学、言語学、経済学などの隣接諸分野との相互影響関係のもとにあり、ここに挙げた学説やターンもそれらと連動している。レヴィ＝ストロース［一九七六］の著作にJ・P・サルトルが、ヴィヴェイロス・デ・カストロ［二〇一五］の著作にG・ドゥルーズが登場するように——ここに人類学と哲学の連鎖的展開が看取されよう——人類学はときに他分野に影響を与え、ときに触発されてきたのである。

最後に付言しておくと、昔から——今ではあまり使われないが——人類学者には犬好きと猫好きの二つのタイプがあるといわれてきた［中川 一九九二a・b］。簡単にいってしまえば、「犬好きの人類学者」はフィールド派、「猫好きの人類学者」は理論派である。多様性を貫く一般理論や視点を示したり、理論上の発展を先導する人類学者は一部である。ただし、実際は難しいが、両刀遣い——つまり二つのタイプの融合型——が望ましいことはいうまでもないだろう。

萌えの光景

ここでは、先に述べたパターンを踏まえて、人類学者が萌える具体的な光景を見ておこう。そこには、決して図式的には語れない複雑さやヴァリエーションがある。

地球温暖化による海面上昇で「水没」の危機に直面しているといわれるツバル。中部太平洋に浮かぶこの環礁島で調査を行ってきた小林誠（本書の執筆者）の当初の目的は、まさにナヌメア（ツバルを構成する環礁の一つ）の人々が地球温暖化にどのように適応しているのか／いくのかにあった。しかしそれは、ナヌメアの人々の萌えによって大きく変わっていく。人々は、気候変動よりも、かつて人類学者（キース・チェンバース）が書いた民族誌を読んだり、それに解釈や批判を加えて議論し合い、神話と首長制の「真実」を探求することに熱中していたという。

私はキースの研究テーマである神話と首長制に興味を持ち、気候変動に関する調査の合間にそれらについても調べてみた。さまざまな人から話を聞いていくうちに、ナヌメアの人々、とりわけ、男性年長者らにとって神話と首長制は現在においても重要な関心ごとであることがひしひしと伝わってきて、気づくと私は気候変動の調査よりも神話と首長制の調査にのめりこんでいってしまった［小林 二〇一七：五］。

これは、萌え先行型から王道的パターンへ移行した好例である。もちろん、小林は、地球温暖化というテーマを放棄したわけではなく、本書のエッセイのほか、このテーマに関する複数の論文を書いている。しかし、「真実」の神話と首長制に対するナヌメアの男性年長者たちの強烈な萌えが、小林のなかに新しい萌えを芽生えさせ、結果的に一冊の本を書くほど研究の方向性を変えたことは事実である。

ナヌメアの人々が真の伝統文化を模索している頃、ケニア山東方の山奥ではメル族の伝統的な仮面ダンサーが跳動していた。仮面ダンサーは、少年の割礼にともなう隔離期間がまさに終わろうとしているとき、突如として村に現れ、バナナの葉で覆われた隔離小屋にいきなり入っては少年たちを「いじめ」回る。どこからかピーッ、ピーッという音が聞こえてくると、少年たちは来るべき事態を想像し、怯えおののく。イゲンベ地方で調査をはじめた頃（二〇〇一年）、石田慎一郎（本書の執筆者）は仮面ダンサーの美しい出で立ちに萌えた。

……だんだん音が大きくなってきたところで、前方に、突然、跳動する男たちの一団が現れた。そのうち一人は、野生動物の毛皮を身にまとい、仮面を被って、踊っている。加えて、全身に白土を塗布した従者たちがいる。……私は、仮面ダンサーの姿に一目惚れしてしまった。アフリカの農村で伝統文化の一端を見ることができたという思いで、興奮を覚えていた。もっと知りたいと思った［石田 二〇一九：一二二］。

この種の邂逅は、人類学者なら誰でも身に覚えのあることだろう。調査の定石としては、仮面ダンサーの正体をつきとめることだが、石田の場合、その後の展開にねじれがある。確かに、さまざまなことを知るためには直接、当の仮面ダンサーに聞いたほうが早いわけだが、残念ながらメル文化においてそれは秘密とされていたのだった。（わかっていながら）誰も教えてくれなかったのである。しかし調査の過程で、石田は「仮面ダンサーの正体は誰か」という問い自体が誤りであったことを知っていく。というのも、仮面ダンサーの秘密は、呪いの力や裁きを個々人の個性や能力に帰属させない――非人格性と平等主義を強く規範化した――メル文化の一部だったからである。石田の主たる調査目的がメル社会の慣習法や紛争処理方法にあったことから、石田は仮面ダンサーの問題を迂回して、メル文化の特徴に辿りついたわけである。この事例は、現地に入って芽生えた萌えが直接的でなく、間接的なかたちで満たされた、萌え先行型の効用を示すものといえるだろう。

石田がそんな仮面ダンサーの正体を偶然知ってしまった頃（二〇一五年）、日本ではSMプレイを客に提供する性風俗店の「おんなのこ」たちの理解にこぎつけた人類学者がいた。熊田陽子は、デリヘル（デリバリーヘルス）の電話受付嬢としてもぐりこみ、「おんなのこ」たちとの対話を重ねるうちに、彼女たちの豊かな――ときにユーモア溢れる――世界を知るにいたった。興味深いのは、熊田自ら「オジカワイイ」と述べるほど、彼女たちの客に対する感覚を身に付けていったことである。この「おんなのこ」たちへの共感的なまなざしの原風景には、かつて通っていたヴィクトリア大学（カナダ）の講義にゲストスピーカーとして招かれた元高級コールガールの姿があった。

「黒いスーツの似合う40歳くらいの」その女性は「かっこよく爽やかで、愛想がよく、それまで私が勝手に信じていた「売春する人」のステレオタイプを一掃した。確かにその女性は、彼女なりの「スタイル」ともいうべきものを持っていたのだと思う」［熊田 二〇一七：一一―一二］。

その後、熊田が日本で調査対象を選ぶとき、「性風俗にはきっとカナダで出会った元高級コールガールのような聡明できれいなお姉さんがいるはずであり、彼女たちと仲良くなれたらさぞ楽しかろう」と思ったという［熊田 二〇一七：一二］。つまり元高級コールガールは「おんなのこ」と重なり合い、とってかえられていったわけである。ここには、時間と空間を越えた萌えの転移ともいうべき事態をみることができる。この転移がなければ、熊田が「遊び」や「笑い」に満ち、部分的自己で生きる「おんなのこ」たちの生態をポジティヴなかたちで描くことはなかったかもしれないし、民族誌の方向自体も違っていたことだろう。

萌えが支えるフィールドワーク

萌えてフィールドへ向かい、フィールドで萌える――萌えとフィールドワークは、相互構築的な関係にあるといっていい。以下では、これまで出てきたフィールドワークの実態を、醍醐味や苦行／苦悩という点から、概観しておこう。(11)

フィールドワークとは、人類学者になるための「通過儀礼」のようなものであり、やらねば「なれない」（と思う）。もちろん、人類学者に「なった後」も、萌える限り――それに時間、お金、体力が加わるが――フィールドワークは続けられる。もうとっくに退職した齢八〇の大先生も、ケニアの山奥で調査を続けているほどである。萌えに年齢は関係ないことをつくづく思い知らされる。

人類学者が行うフィールドワークの特徴は、マニアックな題材や人類学理論が埋め込まれているところの現場――人類学ではしばしば海外に向かう――に「身を置く」ことにある。「身を置く」というのは、現地の人々が話す言葉を学び、彼らと良好な人間関係（ラポール）を築きつつ、彼らのペースにしたがって一定期間ともに生活することを意味する。「ホームレスの研究をしたいなら、ホームレスと一緒に生活せよ！」というのは、昔から人類学者が学生を指導するときのわかりやすい常套句であった[12]。海外のフィールドでは、現地の名前をもらって、養子のような「存在」として溶け込むことも珍しくない［本書所収の石田エッセイ参照］。もちろん、調査者として、参与観察とインタヴュー、各種の資料収集（たとえば、国勢調査や裁判の統計）、必要ならばアンケート調査などを行う。人類学者のなかには、理解を推し進めるために、現地の民俗芸能や音楽を習ったり、フラダンサーになって大会に出てしまったりと、自ら実践する者も多い[13]（写真4）。

生活をともにしている分、冠婚葬祭に参加したり、ホストファミリーの学費や医療費を援助したり、貧しい親友の大それた事業に少し資金援助することもある。そして途方もない雑談に日々付き合わされるが、それを（面倒だと思っても）軽視／忌避する人類学者はいない。雑談には重要な情報が何気なく含まれているからだ。「人生のいろはは、学校ではなく、居酒屋で学んだ」などと豪語する人は、そのことをよくわかってくれるだろう。もとより雑談を忌避してしまったら、ラポールを築くのは難しいだろう。

　ここで、効率性と速度を重視する現代社会からすれば、フィールドワークがはなはだ非効率的でスローな情報収集活動であると思われるだろう。ただ人類学的フィールドワークの到達目標は「現地（人）の視点」を身に付けることであり、栗田［第9章］の言葉を使えば（現地の人々が当たり前に生きている）「必然性の世界」を理解することにある。この到達目標からすれば、身を置くことはむしろ手っ取り早い効率的な手法といえるのだ。

　私がつくづく思うのは、フィールドワーク（および民族誌）が、徹頭徹尾、現地の人々との共同作業の産物であるということだ。ホストファミリーとの良好な関係は、現地での生活を心身ともに支えるものだし、インフォーマント（情報提供者）や調査助手との関係は人類学的営為を左右しさえするほどのものである。もちろん、人付き合いの良さをもって優れた民族誌が書けるほど甘くはないが、優れたインフォーマン

写真４　看板工房に住み込みで弟子入りした森昭子（本書の執筆者）（2017 年 2 月、ガーナにて森撮影）

トの存在はやはり大きいといわざるをえない。『遠野物語』を書いた柳田国男に佐々木喜善がいたように、人類学者にもカラハリ砂漠のニサ、モロッコのトゥハーミ、ニューギニア高地のオンカ（Ongka）、ブラジルのカタリナ（後述）のような語り部／インフォーマントがいる。人間的交流の濃度と強度が高くなってくると、もはや（調査する側とされる側の非対称性を含意する）インフォーマントなどという言葉で括るのが躊躇《ためら》われるようになる。イマドキの若者からしたら面倒臭いと思うようなこの濃密な人間的交流こそ、フィールドワークの醍醐味の一つといっても過言ではないだろう（写真5）。

旅行と社交を好む読者なら、「わぁ、楽しそう！」と思うかもしれない。しかし、楽しいことばかりでは、もちろんない。むしろフィールドワークは「苦行」だという人類学者は多く、実際、さまざまな危険や苦痛が付随している。

熱帯／寒冷地でのフィールドワークは、温暖湿潤気候に慣れた日本人にとってはそれなりに厳しく、体調を崩すことは日常茶飯事である。「これから儀礼がはじまるぞ！」といわれ、何時間も灼熱の太陽のもとで待たされ、本番が

写真5　調査協力を拒んできた老人が民族誌を完成させた筆者に対して和解と祝福の儀礼を行った（2008年11月、パプアニューギニア・マヌス島）

はじまる頃にはすでに体力を消耗している……なんてことは、調査初期によくあることだ。また、各種感染症にかかることも珍しくない。ニューギニアの島嶼部で調査をしてきた私は、マラリアに何度かかかったことがあるし、原因不明の高熱が何日も続いたこともある。獰猛な動物の脅威にさらされることも、物資が届かない孤島で飢えてしまうことも、ある。それだけではない。目に見える／わかりやすい開発援助と違って、調査目的を理解してもらうのに時間がかかることもある。調査当初は「何をしているのかわからない」「観光／遊びにきたのではないか」とささやかれ、居心地の悪い思いを甘受しなければならなかった人類学者も少なくないはずである。「部外者のおまえには何も教えたくない」といわれ、必ずしも協力してもらえるわけでもないし［e.g. 馬場 二〇一二：二三］、現地人エリートから「（われわれの）文化を語る権利はおまえにはない」と糾弾されるかもしれない［e.g. トラスク 二〇〇二：五六］。さらに、頼みの綱のホストファミリーや調査助手との仲が悪くなることもあれば、盗難にあったり、なかには性被害に遭う人もいる[14]。

そもそも、場所にもよるが、調査地に行くまでも大変である。アフリカや南米大陸の奥地に行こうものなら、飛行機、バスやバイク、船・ボートなどを乗り継ぎ、何十時間もかかる。飛行機すら乗れなかった時代では、船旅となり、プラス数週間かかったという。それほど遠方でなくとも、交通機関が発達していないニューギニア高地のようなところでは、バスや車で行ける限界からさらにジャングルを三日間歩かねばたどりつけない目的地（村落）がある。快適なインフラが整備されているわけでもなく、足場の悪い崖を歩いたり、小型モーターボートで荒海を渡ったり、移動にはつねに危険がともなう（写真

6)。交通事故に遭うことも珍しくない。最悪の場合、フィールドワーク中に命を落とす人もいる。

ここまでくると、フィールドワークを続けることには相当な覚悟や忍耐、目的意識や萌えが必要だということがわかるだろう。フィールドワークなどやったことがない初心者からすれば、ハードルが高いと思われるかもしれない。ただ悲観などしないでほしい。

幸いにも、多くのフィールドワーク関連の書物／教科書が出版されているうえ、現場体験学習が重視されるこんにち、人類学専攻がない大学の学部でもフィールドワーク科目を開設していたり、（昔から）お願いすれば人類学者のフィールドワークに同行させてもらえ、コネづくりや手ほどきを受けるチャンスは転がっている〔本書所収の槌谷エッセイ参照〕。大切なのは気持ち／やる気であって、これはいつの時代でも変わらないだろう。

しかし、そのやる気さえ挫くような現実を目の当たりにしてしまうこともある。つまり人類学者の苦行／苦悩は今、述べたことだけではない。

写真6　山奥で橋なき川を渡る（2012年2月、パプアニューギニア・レバニ渓谷）

萌える民族誌の可能性

たとえ紛争や貧困の実態を調査テーマにしていなくとも、極度の貧困で苦しむ人々と出くわしたり、調査でお世話になった人々が突然、内戦に巻き込まれたりすることもある。世界では、極度の貧困状態や人権が蹂躙される状況――あるいは生まれながらに付与されているとされる人権がやはり人工物であると改めて実感させられる状況――が、歴史の教訓を無きものとするかのように、繰り返し生起している。現場に身を置くがゆえに、見るに堪えない極度の苦しみ――ときには、かけがえのない人の死――を目の当たりにし、胸を痛めない人類学者はいないだろう。悲劇的な状況を生きる「彼らの前でノートを開き、ICレコーダーを差し出し、カメラのシャッターを押」し、「単なるデータ収集の手段としてのフィールドワーク」を続けることに躊躇《ためら》いや罪悪感を抱かずにいれる者などいようか［菅 二〇一五：一九三］。ここに、何よりも理解を優先してフィールドとかかわる人類学者の最大のジレンマ／苦悩がある。

もちろん、極度の苦しみから人々を救うことは別の次元の話であるが、生身の人間ゆえに理解と救済の間で引き裂かれ、苦悩することもあろう。彼らが死と隣り合わせの極限状況に置かれていれば、なおさらだ。隣国リベリアに続き、コートディヴォワールも内戦に突入し、フィールドワークでお世話になった村が巻き込まれたとき、真島一郎（本書の執筆者）は、理解を目的にフィールドとかかわることの限界をまざまざと突きつけられた。確かに、「私」＝人類学者は彼らのことや彼らの文化・社会をよく知っているが――真島は体内にうごめく何かを絞り出すようにこう叫ぶ――「だからいったいなんだというのか」［真島 二〇一四：八二］。いてもたってもいられなくなった真島が起こした行動は、NGOのツテで、食料を現地に送り届けることだった。この真島の慟哭は、つねに人類学的営為に亡霊のようにつきまとい、木霊《こだま》することだろう。

「なんとかしてあげたい！」と考える人類学者には、自らもフィールドの文化的主体となる道［菅 二〇一五］やより実践的な目的に人類学的知を活かす応用人類学の道がある。(15) しかしここでは、そうした方向ではなく、あえてかけがえのない人々とともに／の傍でつむいだ現実《アクチュアリティ》の記録（＝民族誌）の意義／可能性にこだわってみよう。

第一に、現場に身を置くがゆえに見えるさまざまな暴力とそれに脆弱《ヴァルネラブル》な人々の実態をきっちり記録し、民族誌として公にすることには意義があろう。P・ファーマーがいうように、多くの苦しみが気づかれないでいるからだ。(16)

今日、世界の貧困層は構造的暴力――極度の苦しみの性質や分布を理解しようとする多くの分析を無視するような暴力――の主たる犠牲者である。この問題点は、貧しい者が苦しみを受けやすいということだけでなく、その苦しみが気づかれないというところにある［Farmer 2005：50］。

気づかれない苦しみがあることを伝えること――それは、紛うかたなき民族誌の価値の一つであると同時に、普遍的だとされる人権をいとも簡単に蹂躙する政治的・構造的暴力を告発／糾弾する、もう一つの政治的行為ともなりうる。

第二に、生活の場で感知しうる、苦しい／貧しい日常を生き抜く人々のしたたかなありようを緻密に描くことにも意義がある。これは、人類学者がもっとも得意としてきた民族誌のあり方である。実に、人類学には、ブリコラージュ、デブルイヤージュ、多配列的思考／実践など、よくいえば柔軟に、悪くいえばいい加減に、窮状を切り抜けたり、限りある手持ちの資源を使って巧みに生きる人々のありようを記述する概念がある。(17) 名称はともかく、こうした日常的実践こそ、国家の枠組みや論理ではとらえられない生活の場を編み上げているものであり、ときに国家／権力との非対称的な関係性を逆転させたり、グローバルな中心に抗うローカルな連帯の作法でもある［小田 二〇一四］。これを（体制を転覆しようとするあからさまな革命や反逆とは区別される）日常的抵抗論／ソフトレジスタンス論［e.g. Scott 1985：松田 一九九九］と呼ぶかどうかは議論が分かれるところだが、ここで重要なのは、この種の民族誌が苦境にある人々を国家／権力に蹂躙されるだけの被害者ではなく、したたかで創造的な主体として描く＝称揚するという点である。

第三に、人間同士の交流（フィールドワーク）から民族誌の出版／流通に至る一連のプロセスそのものが人間の尊厳さえ奪われてしまった人々を「救う」効果をもつ。最後に、本書の主題である萌えを前景化させつつ、この具体的な実践例を示しておこう。

ブラジル南部ポルト・アレグレ市の「ヴィータ」は、ネオリベラリズムと生-政治《ビオポリティーク》がゆがんだかたちで鋳造した、生きながらに死んでいる人々の保護施設である。人類学者のビールは、驚愕と絶望の入り混じったトーンで、そこを「社会の遺棄地帯」と呼んだ。そこで生きる一人が、歩くことすらままならず、わけのわからないことをしゃべる「精神病患者」のカタリナだった。ビールは、そんな彼女の言葉に萌えた。

……一九九九年に二度目に会った時にはすでに、私は心情的にも知的関心の面でも、カタリナに引き込まれていた。それは彼女も同じだった。……カタリナの話すことと彼女がつづる言葉の広がりに、私は魅了された。彼女の言葉は私と別世界のものには思えなかった。……それらの言葉で語られているのは、現実の闘争のこと、つまり、カタリナを追放した普通の人間社会のことだった。そしてその闘争を語ることがカタリナの精神の生活となったのだ［ビール 二〇一九：一〇-一一］。

カタリナは、自らつむぎだす詩のような言葉を「辞書」と呼ぶ。ビールはことあるごとにノートを与え、カタリナは「辞書」を書き続ける。この「辞書」は、そのまま民族誌（邦訳版）の七〇頁以上を占めている。その一方、ビールは、国家、政治経済、医療（ずさんな薬物治療）、そして家族すらもが、カタリナのような人々を「狂人」に仕立て上げ、社会的に捨てていくおぞましい事実――気づかれない苦しみ――を記しながら、カタリナの真の病名をつきとめていく。こうして、ビールとカタリナは、互いに「引き込まれ」つつ、異なるやりかたで民族誌の作成に関与している。

謎解きのような展開を堪能するのもよいが、注目すべきは、カタリナという「捨てられた」存在が、真の病名が判明することで家族に「再び」承認＝統合され、また「辞書」の存在によって「再び」世界に定位されたという点だろう。つまりカタリナにとって、ビールとの交流／共同作業は、自分から奪われた世界とのつながりや自分の尊厳を回復していく過程そのものだったわけである。確かに、人類学的営為のすべてが『ヴィータ』のような効果をもつとはいえない。しかし、この種の効果は、かけがえのない人間同士がつむぐ現実《アクチュアリティ》に足場を置く民族誌である限り、どこにでも生じる可能性があるといえるだろう[18]。

本書の構成と各章の概要

本書に入る準備がかなり長くなってしまったが、それは、人類学的営為の全体をある程度——しかも萌えとの関係で——俯瞰する必要があったからだ。無論、ここで述べてきたことは、特定の場を対象に人類学的営為を行ってきた私の経験や立ち位置と不可分である。続くエッセイは、各執筆者の萌え、経験や立ち位置が反映され、本書をさらに深めてくれることだろう。なにより読者は、人類学的営為を駆動する萌えの「力」を具体的に感じるとともに、フィールドや人類学の魅力を知ることになるだろう。

最後に、本書の構成にそって、各章の概要を述べておきたい。本書では、萌えのパターンを踏まえて、

（終章を除く）一二本のエッセイを三つのパートに分けている。

第1部「共鳴する萌え」は、文字通りフィールドの人々の萌えと執筆者の萌えの共鳴を主題にするエッセイからなる。

渥美一弥（第1章）は、約三〇年間のフィールドワークを振り返りつつ、カナダのブリティッシュ・コロンビア州バンクーバー島南部に居住する先住民サーニッチが文化復興（言語、在来アート、ポトラッチ）に萌えてきたありようを描く。同化政策を経験したサーニッチにとって、文化の復興は文化的アイデンティティに関わる喫緊の課題であるとともに、なにより変わりゆく現実社会を生き抜くための作法でもあったという。読者は、文化（復興）に萌えるサーニッチの人々から、強烈な生存の意思を感じ取ることだろう。

小西公大（第2章）は、インド・タール沙漠に生きる楽士集団マーンガニヤールの生活世界に入りこみ、その伝統音楽に萌えた調査者自身の二〇年間の軌跡を振り返る。一九八〇年代の経済成長によって、伝統芸能の活動はグローバル化し、日本に暮らす当時の小西少年を魅了した。その一方、国内市場をねらって性を消費目的化するような路線も盛んになったが、小西はそうしたインドのエロには萌えられなかったと自白する。小西エッセイが示唆的なのは、他者との萌えの共鳴が部分的なものにとどまるかもしれないという根本的な疑念をつきつけながら、共鳴し合える地平が深層レベルで必ずあるという希望を語るところにある。なお商業主義と伝統芸能を縦軸に、インドと日本を横軸にセクシュアリティを論じる本章は、人類学の性研究に萌える読者には必見であろう。

石田慎一郎（第3章）は、ケニア中央高地イゲンベ地方の名前に萌える。イゲンベの人々にとっての名前は、祖父母と孫の特別な関係（ンタウ）を象徴するものであり、さまざまな出来事とかかわっている。石田は、調査地でお世話になった一家の物語を軸に、イゲンベの人々が名前を通じて社会構造を経験し、歴史に向き合うありかたをいきいきと描き出す。読者は、カニェリという鳥の名を与えられた少女のエピソードから、祖母とンタウ関係にある人々――カニェリの母親も含む――が祖母の遺言を果たすべく参集した祝宴のありようを通して、ンタウの名取り慣行とそれを生きる個人の具体的な経験を知ることになる。しかし同時に、石田がメル社会を〈個を覆い隠す社会〉〈社会を語る社会〉だと述べているように、名前が唯一無二の個人を残すものではないという事実も知るだろう。石田のエッセイは、名前とは何かという根源的な問題をあらためて考える良いレッスンになっている。

小林誠（第4章）は、南太平洋・ポリネシアに位置するツバルをめぐり、気候変動により「沈む島」であることに萌える島外の人々と、キリスト教を信仰し島は沈まないと考える島民との狭間で、人類学者としての葛藤を吐露する。そして多様な萌えが交差する環礁と自らの萌えを振り返り、沈むと主張することもそれを否定することも政治性をともなうと指摘しつつ、「沈む島」を「武器」にツバルが注目を集めるほうが、援助を呼び込み、島を守ることに繋がるだろうと結ぶ。

第2部「内旋する萌え」は、人類学者の一方的な萌えやその内省を主題とするエッセイ群である。

山内由理子（第5章）が萌えるのは、西オーストラリアの田舎町の日本食である。読者は、日本食のグローバル化をめぐる話だと早合点するかもしれないが、残念ながらその期待はすぐに裏切られてしまう。というのも、ブルームというその田舎町では、今となっては、日本人コミュニティも日本食レストランもなく、「真の」日本食など期待できないからである。それでもなお山内は、ときおり人々の語りに表れる「真の」日本食にこだわる。注目すべきは、山内が食の真正性を、当事者性や伝統的食材の使用、原初的な味の再現ではなく、歴史的につみあげられた社会関係や相互行為のなかから生成してくるものとしてとらえなおした点である。山内のエッセイは、食が自他の境界確定や（真珠貝採取業や日本人移民を含む）歴史的社会的関係をみる窓口であることを端的に示しつつ、食の真正性そのものの見方を転換させてくれるだろう。

佐々木悠（第6章）は、外部の視点からは「過疎化」が進み、寂れた世界として映った「むら」が、現地の人々との交流を通じてどのように色彩豊かな世界へと変貌していったのかをいきいきと描き出す。隠岐島の芸能を支える民謡協会の人々を対象としたフィールドワークは、人々の生活と空間の密接な関係性を鮮やかに活写する前提としてあるものだが、そのプロセスで自身の空間認識との差異が明確化すればするほど、佐々木はその説明し難い萌えの引力に身を委ねていくことになる。

第7章では、機織りに萌えてきた塩谷ももの遍歴がいかんなく示されている。このエッセイには、二〇一八年から二〇二〇年の二年間、北は北海道から南は沖縄まで訪ね歩いた一二の機織り工房での染織体験と、自身のフィールドであるインドネシアの機織りワークショップでの経験が盛り込まれている。塩谷は、比較の視点から、布の素材、織り方、織機や、工房の成り立ち、職人のこだわりや生き方、各工房の差異性と共通性を微細に浮き彫りにしていくが、最後に自身が機織り職人のパッションに魅了されていたことに気づく。こうして、塩谷エッセイは、第1部の共鳴へと通ずるのだ。

椹谷智子（第8章）は、栗田博之（第3部参照）に導かれ、パプアニューギニアでのフィールドワークをはじめた当時のみずみずしい驚きや発見をあたたかいタッチで綴っていく。現地の人々や海外の人類学者との「出会い」から、それまで学んできた人類学的な知識（ケガレ、邪術、霊など）が具体的な血肉を得、生きた世界として立ち現れていくプロセスが丁寧に記述されている。フィールドの原点は未知との遭遇であることを今一度思い起こさせてくれる章である。

第3部「人類学への萌え」は、それまでとは違うスタイルをとる。ここでは、萌える人類学者の代表的人物に焦点を当て、そのエッセイやインタヴュー、日常的発言を検討する。これらを通して「萌える人類学者」像を具体的に提示しようというのが、第3部の狙いである。取り上げる人類学者は、栗田博之である。

第9章は、栗田が一九八五年に『理想』誌に発表した、レヴィ＝ストロースのトーテミズム論を通して人類学的営為を再考するエッセイである。採録したのは、栗田にとって思い入れのある論文の一つであり、大学の講義などで推奨している文献であることによる。確かに、このエッセイが発表されてから三五年の歳月が流れ、その間多くのレヴィ＝ストロース論が刊行されているが、議論の組み立て方や人類学的分析の注意点などはいまだ色褪せることがないように思える。

このエッセイを解説しつつ、今日的意義を考えるのが第10章である。平田晶子は、タイトルの由来を説明したあと、レヴィ＝ストロースと栗田の議論を交互にあとづけながら、恣意性の世界と必然性の世界に向き合う人類学者のありかたを論じる。注目すべきは、この議論にかかわって敢行した栗田へのインタヴューである。こんにちの人類学（者）に関する辛辣な語りは、大御所の人類学者らしい教訓に満ちている。いずれにせよ、これによって、「萌える人類学者」像をいきいきと再現することに成功している。

倉田量介（第11章）は、パプアニューギニア・ファス族に関する栗田の調査成果を端的にまとめたうえで、「夢」と「聖」と「萌え」の関係性を詳らかにしていく。バーチャルと現実世界との乖離をあっさりと埋めてしまう「民族誌的事実」を、ニューギニアのファス族の夢の事例から解きほぐし、背景に横たわる暗黙知の世界の広がりに可能性を見出していく。そしてメキシコの「黒いマリア」やキューバのチェ・ゲバラの「聖画化」の事例から、「集合的記憶」が「萌え」の生成と持続に力を与えていく様子が描かれている。

第12章は、研究者を魅了し、研究の推力となっていくような名句、すなわち「萌える言葉」に焦点を当てる。学究の道の途上で出会いながらも、文献＝公的な記録に残らない「萌える言葉」は多い。ここでは、講義、研究室、学会、講演会、懇親会など、さまざまな場で発せられた栗田の言葉を拾い、その意味を検討してみたい。具体的には、導入部の「シュナイダーを見習え！」（馬場淳）にはじまり、超《スーパー》フェミニスト（平田晶子）、子育て（森昭子）、性《セックス》（森昭子）、先住民史観（工藤多香子）、旅行者と人類学者の違い（山本真鳥）が取り上げられる。

本書の最後をかざる終章では、真島一郎が情動論に引き寄せながら、萌えのはじまりとその後の生に迫る。真島は、小説『わたしを離さないで』とアフリカ社会の女子割礼を横軸に、有名女性歌手の声と現地女性の振る舞いを縦軸に置きながら、情動が発露する瞬間とその後の生を影絵芝居のように描いていく。ここにきて「私たち」(＝読者)は、これまでのエッセイとはまったく違う地平へと誘われたことを知るだろう。それもそのはず、真島の目は、(私たちが馴染んだ)認識する主体の彼方、あるいはとらえがたい／語りえぬ身体の深層を見つめているからだ。こうして、終章は、萌えをめぐるもう一つの「はじまり」となる。

【注】

(1) ポストモダン人類学、もしくは再帰的人類学については、[クリフォード／マーカス 一九九六：クリフォード 二〇〇三：マーカス／フィッシャー 一九八九：太田 二〇一〇：ロサルド 一九九八：小田 一九九七]などを参照のこと。この問題提起の衝撃は、クリフォードとマーカスが編者となった書名[一九九六]から、「ライティング・カルチャー・ショック」と呼ばれている。

(2) たとえば、本書と同じ東京外国語大学出版会から刊行された『人はみなフィールドワーカーである』[西井 二〇一四]と『人はなぜフィールドに行くのか』[床呂 二〇一五]――両者の関係は姉妹(編)とされる――では、それぞれ「感性に基づいたフィールドワーク」や「フィールドにおける共感・感覚・情動」が言及されており、それらに収められたエッセイのなかには本書でいう萌えが明確に読みとれるものがある。

(3) たとえば、二〇一五年、三重県志摩市のご当地海女萌えキャラ「碧志摩メグ」が性を過度に強調し、本来の海女とかけ離れているとして、現地住民から反対署名が集められたことは記憶に新しい。

(4) 比較を通して人類の普遍性や多様性を探求する人類学にとって、皮肉にもこのルールが大きな「足かせ」になってきた。このパラドックスについて、たとえば［栗田 二〇〇三］を参照のこと。

（5）ここで念頭に置いているのは『職業としての学問』だが、従来の翻訳が「誤読」を招くものだったことには留意すべきだろう。野崎敏郎は、当時のドイツの大学事情やヴェーバーの個人的境遇を踏まえて、新たな（これまでとは真逆の）解釈を示しているので、参照されたい［ヴェーバー／野崎 二〇一六］。

（6）現代人類学理論に影響力のある代表的な論者の一人［ストラザーン 二〇一五］。パプアニューギニアの高地地方（ハーゲン山周辺）で調査を行い、ジェンダーや人格論にかかわる優れた論考で知られるが、その射程は現代生殖技術にまでおよぶ［本書所収の平田エッセイの注も参照］。

（7）公式的にいうと、研究領域は、理論・学史、経済、物質文化、法と政治、心理・認知、神話・伝説、性・ジェンダー、観光、環境、食文化などに分けられる。ここでいう「公式」とは、日本文化人類学会の会員調査票の区分を意味する。

（8）すでに学説史についてはは多くの著作があるが［e.g. 綾部 一九八四；竹沢 二〇〇七］、図式的に俯瞰するものとして、『現代思想』（四四巻五号、二〇一六年）に掲載された「今日の人類学地図」も参照されたい。ポストモダン人類学については注（1）を、ポストコロニアル人類学については［太田 二〇一〇；吉岡 二〇〇五；トラスク 二〇〇二；杉島 二〇〇一］などを参照のこと。存在論的人類学は［春日 二〇一一；ヴィヴェイロス・デ・カストロ 二〇一五；コーン 二〇一六；杉島 二〇一九］などのほか、春風社の「来るべき人類学」シリーズ、水声社の「人類学の転回」シリーズ（［ストラザーン 二〇一五］もその一つ）、『現代思想』（青土社）の特集「人類学のゆくえ」（四四巻五号、二〇一六年）や「人類学の時代」（四五巻四号、二〇一七年）も参考になる。ポスト関係論的人類学については、関係論的思考に対する分離の視点を提起した論集［Candea et al. 2015］のほか、［杉島 二〇一九］所収の里見龍樹の論文なども参照されたい。また（ここに挙げたことを含む）最新の動向やトピックについては、優れた教科書［桑山・綾部 二〇一八；前川ほか 二〇一八］がある。

（9）アメリカの文化人類学者マーシャル・サーリンズは、その好例だろう。試しに、冒頭で挙げたサーリンズの書物［一九九三］を『石器時代の経済学』（法政大学出版局、一九九一年）と比較してみてほしい。

（10）たとえば、栗本英世の二つの論文――「雨の首長」殺しをめぐる衝撃的な論文［一九八六］とそれに対する自省的論文［一九九二］――を合わせて参照されたい。

(11) フィールドワークに関しては、本書で引用した書物［西井 二〇一四：床呂 二〇一五］のほかに多くの書物がある。ここでは、もう一点だけ、日本文化人類学会監修の『フィールドワーカーズ・ハンドブック』［二〇一一］も挙げておこう。また人類学を含むさまざまな分野のフィールドワークの実態を多角的な視点からまとめた「一〇〇万人のフィールドワーカーシリーズ」（全一五巻、古今書院）もおすすめである。

(12) たとえば、小田論文の注［小田 二〇一四：一二三］を参照されたい。

(13) もちろん、実践者への転換動機はさまざまであり、調査対象者が大切にしてきた伝統文化を自分も「一緒に大切にしたいという感傷的な思い」から転じる研究者もいる［菅 二〇一五：一九四］。たとえば、「越後の牛の角突き」を調査してきた菅は、新潟中越地震（二〇〇四年）を機に、「無意識に習い性としてきたフィールドワークという行為の不自然さについて覚醒させられ」［同：一九三］、角突きの担い手となり、かつて外から眺めていた角突きの文化的現実を創る主体となっていった。

(14) たとえば、「反省の時代」に性の問題を扱った論集『タブー』［Kulick and Willson 1995］所収のエヴァ・モレノ（Eva Moreno＝匿名）の論文を参照されたい。

(15) 応用人類学（Applied Anthropology）は、ラドクリフ・ブラウンが一九三〇年に提唱し、一九四一年にアメリカで確立されたが、大学・研究所に属さない職業的専門家が登場するのは一九七〇年代のことである。医療、教育、開発が主な分野だったが、こんにちそれらは独自の領域として確立している。なお日本では、この分野で活躍する人類学者はむしろ少ない。

(16) ファーマー［Farmer 2005］がこう述べたコンテクストの一つは、カリブ海を囲む西インド諸島のハイチである。ハイチでは、一九五〇年代後半から独裁的な恐怖政治が行われ、政権崩壊後、民主化に向かおうとするも軍事クーデターが起こり、政情不安は続いた。そんな時代、貧困が蔓延し、ＨＩＶ／ＡＩＤＳが死とあらたな差別を生み、将校たちによる理不尽な暴力――それによる死すら見過ごされる状況――が常態化していた。

(17) フランス語のブリコラージュ（器用仕事）はすでに本文で簡単な説明を付したとおりであり、レヴィ＝ストロース［一九七六］が提唱して以来、さまざまな論者によって使われてきた［e.g. 小田 一九九七］。デブルイヤージュは、同じくフランス語だが、どちらかといえば狡猾な手段で「今、ここ」の難局を切り抜けることを本義とする［e.g. 小川 二〇一二］。多配列的思考は、もともと複数の個体を一つのカテゴリーにまとめるとき、属性の同一性ではなく、属性の部分的な重なり合いに注目する分類思考であり、そこから転じて柔軟かつハイブリッドな思考／実践を記述・分析する概念となった［吉岡 二〇〇五］。

（18）悲劇的な状況を生きる人との交流は、人類学者を否応なしにこうした境地に引き込んでいくのかもしれない。私はかつて、サトウさん（偽名）というホームレス的存在者に関する論文の付記で、「彼の人生を綴った本章が、サトウさんに対する筆者なりの救済／レクイエムとなれば本望である」と書いたことがある［馬場 二〇一四：四三］。

【参考文献】

アガンベン、ジョルジョ　二〇一一『開かれ――人間と動物』（平凡社ライブラリー）岡田温司・多賀健太郎訳、平凡社。
東　浩紀　二〇〇一『動物化するポストモダン――オタクから見た日本社会』（講談社現代新書）講談社。
渥美一弥　二〇一六『「共感」へのアプローチ――文化人類学の第一歩』春風社。
綾部恒雄編　一九八四『文化人類学15の理論』（中公新書）中央公論社。
石田慎一郎　二〇一九『人を知る法、待つことを知る正義――東アフリカ農村からの法人類学』勁草書房。
岩野邦康・田所聖志・稲澤努・小林宏至編／吉野晃監修　二〇二〇『ダメになる人類学』北樹出版。
ヴィヴェイロス・デ・カストロ、エドゥアルド　二〇一五『食人の形而上学――ポスト構造主義的人類学への道』檜垣立哉・山崎吾郎訳、洛北出版。
ヴェーバー、マックス／野﨑敏郎訳・注解　二〇一六『職業としての学問（圧縮版）』晃洋書房。

大泉実成　二〇〇五　『萌えの研究』講談社。
太田好信　二〇一〇　『トランスポジションの思想――文化人類学の再想像』（増補版）世界思想社。
小川さやか　二〇一一　『都市を生きぬくための狡知――タンザニアの零細商人マチンガの民族誌』世界思想社。
小田　亮　一九九七　「ポストモダン人類学の代価――ブリコルールの戦術と生活の場の人類学」『国立民族学博物館研究報告』二一巻四号、八〇七―八七五頁。
――　二〇一四　「アクチュアル人類学宣言！」『社会人類学年報』VOL-40、弘文堂。
春日直樹編　二〇一一　『現実批判の人類学――新世代のエスノグラフィへ』世界思想社。
熊田陽子　二〇一七　『性風俗世界を生きる「おんなのこ」のエスノグラフィ――SM・関係性・「自己」がつむぐもの』明石書店。
クラインマン、S／M・A・コップ　二〇〇六　『感情とフィールドワーク』鎌田大資・寺岡伸悟訳、世界思想社。
クラックホーン、クライド　一九七一　『人間のための鏡』光延明洋訳、サイマル出版会。
栗田博之　二〇〇三　「統制された比較――入口より先に進むのか？」『民族學研究』六八巻二号、二二六―二四一頁。
クリフォード、ジェイムズ　二〇〇三　『文化の窮状――二十世紀の民族誌、文学、芸術』太田好信ほか訳、人文書院。
クリフォード、ジェームズ／ジョージ・マーカス編　一九九六　『文化を書く』春日直樹ほか訳、紀伊國屋書店。
栗本英世　一九八六　「雨と紛争――ナイル系パリ社会における首長殺しの事例研究」『国立民族学博物館

研究報告』一一巻一号、一〇三–一六一頁。
——　一九九一「フィールドワークの経験と民族誌を書くこと——自省的考察」『文化を読む——フィールドとテクストのあいだ』谷泰編、一八–四五頁、人文書院。
桑山敬己・綾部真雄編　二〇一八『詳論 文化人類学——基本と最新のトピックを深く学ぶ』ミネルヴァ書房。
小林誠　二〇一七『探求の民族誌——ポリネシア・ツバルの神話と首長制の「真実」をめぐって』御茶の水書房。
コーン、エドゥアルド　二〇一六『森は考える——人間的なるものを超えた人類学』奥野克巳・近藤宏監訳／近藤祉秋・二文字屋脩訳、亜紀書房。
里見龍樹・久保明教　二〇一三「身体の産出、概念の延長——マリリン・ストラザーンにおけるメラネシア、民族誌、新生殖技術をめぐって」『思想』一〇六六号、二六四–二八二頁。
サーリンズ、マーシャル　一九九三『歴史の島々』山本真鳥訳、法政大学出版局。
菅豊　二〇一五「フィールドワークから現実ができる」『人はなぜフィールドに行くのか』床呂郁哉編、一八八–二〇七頁、東京外国語大学出版会。
菅原和孝　二〇一五「フィールドワークの感応と異化作用」『人はなぜフィールドに行くのか』床呂郁哉編、一六八–一八五頁、東京外国語大学出版会。
杉島敬志編　二〇〇一『人類学的実践の再構築——ポストコロニアル転回以後』世界思想社。
——編　二〇一九『コミュニケーション的存在論の人類学』臨川書店。
ストラザーン、マリリン　二〇一五『部分的つながり』大杉高司ほか訳、水声社。
竹沢尚一郎　二〇〇七『人類学的思考の歴史』世界思想社。

床呂郁哉編　二〇一五『人はなぜフィールドに行くのか――フィールドワークへの誘い』東京外国語大学出版会。

トラスク、ハウナニ＝ケイ　二〇〇二『大地にしがみつけ――ハワイ先住民女性の訴え』松原好次訳、春風社。

中川　敏　一九九二a『交換の民族誌――あるいは犬好きのための人類学入門』世界思想社。

――　一九九二b『異文化の語り方――あるいは猫好きのための人類学入門』世界思想社。

西井凉子　二〇一三『情動のエスノグラフィ――南タイの村で感じる・つながる・生きる』京都大学学術出版会。

――編　二〇一四『人はみなフィールドワーカーである――人文学のフィールドワークのすすめ』東京外国語大学出版会。

日本文化人類学会監修／鏡味治也ほか編　二〇一一『フィールドワーカーズ・ハンドブック』世界思想社。

馬場　淳　二〇一二『結婚と扶養の民族誌――現代パプアニューギニアの伝統とジェンダー』彩流社。

――　二〇一四「ウソと縁――あるホームレス的存在者の虚実」『シングルの人類学2　シングルのつなぐ縁』椎野若菜編、二一-四五頁、人文書院。

ビール、ジョアオ　二〇一九『ヴィータ――遺棄された者たちの生』桑島薫・水野友美子訳、みすず書房。

ホイジンガ、ヨハン　二〇一八『ホモ・ルーデンス――文化のもつ遊びの要素についてのある定義づけの試み』（講談社学術文庫）里見元一郎訳、講談社。

本田　透　二〇〇五『萌える男』（ちくま新書）、筑摩書房。

前川啓治ほか　二〇一八『21世紀の文化人類学――世界の新しい捉え方』新曜社。

マーカス、ジョージ・E／マイケル・フィッシャー　一九八九『文化批判としての人類学――人間科学における実験的試み』永渕康之訳、紀伊國屋書店。
真島一郎　二〇一四「いのちのフィールドワーク」『人はみなフィールドワーカーである』西井涼子編、八〇-八四頁、東京外国語大学出版会。
松田素二　一九九九『抵抗する都市——ナイロビ移民の世界から』岩波書店。
マリノフスキ、ブラニスワフ　二〇一〇『西太平洋の遠洋航海者——メラネシアのニュー・ギニア諸島における、住民たちの事業と冒険の報告』（講談社学術文庫）増田義郎訳、講談社。
村瀬ひろみ　二〇〇五「日本の商業アニメにおける女性像の変遷と「萌え」文化——新しいジェンダーを求めて」『ジェンダー&セクシュアリティ』一号、七七-九一頁。
村田沙耶香　二〇一九『変半身』筑摩書房。
吉岡政徳　二〇〇五『反・ポストコロニアル人類学——ポストコロニアルを生きるメラネシア』風響社。
レヴィ=ストロース、クロード　一九七六『野生の思考』大橋保夫訳、みすず書房。
ロサルド、レナード　一九九八『文化と真実——社会分析の再構築』椎名美智訳、日本エディタースクール出版部。
Candea, M., Cook, J., Trundle, C. and T. Yarrow（eds.）2015 *Detachment: Essays on the limits of relational thinking*. Manchester University Press.
Farmer, Paul 2005 *Pathology of Power: health, human rights, and the new war on the poor*. University of California Press.（『権力の病理　誰が行使し誰が苦しむのか——医療・人権・貧困』豊田英子訳、みすず書房、二〇一二年）
Galbraith, Patrick W. 2009 "Moe: Exploring Virtual Potential in Post-Millennial Japan." *Electric Journal of Contemporary Japanese Studies*, Vol. 9（3）.（http://japanesestudies.org.uk/articles/2009/Galbraith.

html)
Kulick, D. and M. Willson 1995 *Taboo: sex, identity, and erotic subjectivity in anthropological fieldwork.* Routledge.
Scott, James 1985 *Weapons of the weak: everyday forms of peasant resistance.* Yale University Press.

第1部

共鳴する萌え

The Anthropologist as *Homo Affectus*

第1章

伝統文化復興に萌える人々

――サーニッチにおける現代カナダに先住民として生き残るために協力する装置としての文化

渥美　一弥

カナダ西岸先住民サーニッチの伝統文化復興運動

本稿は、一九九一年から筆者が調査を続けている、カナダ、ブリティッシュ・コロンビア州（以降ＢＣ州）バンクーバー島南部に居住する先住民サーニッチ（人口約二〇〇〇人。言語名は「センチョッセン」）における文化復興運動の二〇二〇年時点における現状報告である。

一九八九年、長期にわたる苦闘の末、サーニッチの人々は教育自治区を設立し、自らの手で校舎を建設した。ところが、一九九〇年代の半ば以降、伝統文化の源泉である長老たちが次々と亡くなり、文化復興運動の推進力であ

った有能な人材も失う状況に接し、調査初期の筆者はサーニッチの文化復興運動の衰退を予測せざるをえなかった。

しかし、二〇〇一年以降、BC州経済が上昇し、それと並行するかのように文化復興運動は再び活気を取り戻しはじめ、二〇〇四年にはセンチョッセンのホームページが登場した。さらに、二〇〇四年八月には、センチョッセン教育の論文で、サーニッチ初の言語学修士が誕生した。それを契機に、センチョッセンの話者は増加し、二〇一九年の居留地訪問時には成人のセンチョッセンのクラスで、生徒たちが自ら作成した、センチョッセンによる寸劇の動画が授業中に発表され、日常会話をセンチョッセンで行おうとする若者も激増している。

また、一九七〇年代からカナダ主流社会の注目を集めている先住民アートも着実にその地位を固めつつある。たとえば、トーテム・ポール等はBC州内の公園にとどまらず、公的建造物や大学のキャンパスからスーパー・マーケットの駐車場など、至る所に建てられるようになり、制作者である先住民アーティストの数も増加している。

このような、調査初期の筆者の予想に反した劇的な変化はいかにして生じたのか。本稿ではその歴史的背景を再確認し、彼らの運動を支える「協力」の姿を追っていきながら、変化の要因を考察していきたい。

本稿で用いる「文化」

本稿は文化という概念を人類学の系譜からだけではなく、認知心理学や進化生物学の知見も参照しながら検討し、カナダ先住民サーニッチの文化復興運動を再考したい。そのために文化の定義のみではなく、なぜ文化が伝統や民族的アイデンティティの主張として用いられるのか、文化存続の外的要因も視野に入れて捉えなおしたい。

ヒトの進化生物学的側面と文化の研究を行っているヘンリックは、文化がヒトを進化させ、そうして進化したヒトが文化を高度化し、高度な文化がさらにヒトを進化させるという仮説を立てた［ヘンリック 二〇一九］。これは、文化人類学の学説史で学ぶ、ヒトを中心に文化を考える視点に反して、文化を基軸にしてヒトの進化を考えた独創的な視点である。ヒトの祖先は早い段階から文化を持ち、累積した文化に適応するため遺伝的に変化し、両者の相互作用で進化が加速した。文化がヒトを進化させる駆動力だったというのである。

遺伝的進化を促した文化は、道具や技術の発明にとどまらない。宗教などの社会規範を持つ種族は、「協力」することで他集団との争いに勝ってきた。従順で規範を遵守する自己家畜化プロセスによって、個体自らの利益ではなく、帰属集団に従うように進化した。利他的傾向を持つ集団が生き残り、進化を遂げてきたという主張である。ヘンリックの主張に賛同するトマセロは、ヒトは「協力」すれば大きな獲物が捕れるという相利的な状況では、個体は協力した方が利益を得ることを知っている、と指摘し、ヒトは文化という文脈のなかで成長し成熟を迎えるような生物学的適応を遂げているが故に、協働を行うことで様々な文化的世界を築き上げ、そして絶えず、その世界に適応しようとしているのだ［トマセロ 二〇一三：八八］と主張している。

ヘンリックの主張からヒントを受けて、本稿では、「文化」を「ヒトが環境に対して生き抜くために、その集団ごとに蓄積してきた情報の総体」（以降は「生存のためのあらゆる情報」と表現）としておく。本稿で「環境」という語を用いる場合、自然環境、政治的環境、経済的環境、すべてを含むことにする。サーニッチが「文化」という場合、祖先がその自然環境を生き抜くために蓄積してきた、言語や漁撈法、地名、アート等をいう。しかし、ヨーロッパ人との接触以降、サーニッチの文化はカナダの政治的環境（同化政策や同化教育）や経済的環境（BC州主流社会と先住民社会の経済的格差）、サーニッチの（先住民としての）生存との関わりのなかで明滅してきたように思われる。ここで、文化を「生存のためのあらゆる情報」とすると、以降の文意はどのように見えてくるだろうか。その点を常に視野に入れながら、以降の記述を検討していきたい。

サーニッチの言語復興運動の経緯

BC州の同化教育

一八七〇年代から、BC州政府は、先住民の子どもたちに英語使用の徹底とキリスト教徒化、生活様式の西洋化を推進する目的で同化教育を開始した。州内の先住民の指定居留地に宣教師たちが配置され、宣教師の住居内で同化教育が行われた。一八八〇年代には寄宿制のインディアン寄宿学校（Indian Residential School）が全カナダに建設された。

一九二〇年にインディアン法が修正され、一九三〇年代以降になると、カナダ各州における同化教育の運営は宣教師の手から政府に完全に移行し、一九四〇年代、同化教育の場はインディアン寄宿学校に委ねられた。一九六〇年代にカナダ先住民は参政権を得たが、それ以降の一〇年間、同化教育は続行され、ヨーロッパ人との接触以前のサーニッチ等カナダ西岸先住民社会にあった生存のためのあらゆる情報に変化が生じる。

一九七〇年代、先住民とインディアン局との間で教育改善に関する交渉が開始された。その結果、同化教育の失敗が明白となり、その原因は先住民文化に対する無理解であるという認識が主流社会にも生まれた。この認識の広がりが先住民による教育自治権獲得運動を後押しする。

一九七六年、BC州の北部に住むニスガの人々が、先住民で最初に教育自治権を獲得し、一九八六年のサーニッチの居留地等、ＢＣ州各地で先住民が教育自治権を持つ学校区が誕生し、一九八九年に教育自治権を整備するための「独立学校法」が制定された。

サーニッチの学校建設

一九八〇年代の先住民による教育自治区設立以降、先住民の雇用が増加する。サーニッチの学校でも一九八六年以降、センチョッセンの話者である長老たちが補助教員として採用された。人々が生きがいを見つけ、経済的に安定した生活と自らの誇りを取り戻す機会が到来した。

学校創立当時補助教員として採用された長老たちは、二〇二〇年現在の子どもたちにとっては曾祖父と曾祖母の世代にあたる。筆者は長老Ｅの世代とそれ以前の世代を言語復興運動の第一世代と呼んでいる。また、母語としてセンチョッセンを学んだ経験のない最初の世代で現在五〇代以上の人々を第二世代、その子どもたちの世代で現在四〇代以下の人々を第三世代、現在のサーニッチの学校の生徒たちを第四世代と本稿では呼ぶことにする。

第一世代は生存のためのあらゆる情報として言語や文化をまさに生存のために学んだ。第三世代以降の人々はサーニッチの言語と文化を学校の科目として学んでおり、より良い生活を目指す教育のなかで学んでいる。そのため、学業成績の優秀な者が、センチョッセンを話し、伝統文化の知識もある。一九九〇年代の初頭、筆者がサーニッチの学校で会ったある小学生の少女は、簡単な言葉であれば、自分の曾祖父や曾祖母が話すセンチョッセンを祖父母や両親に通訳することができた。後に彼女はセンチョッセン教師になった。

それとは対照的に、一九八〇年代当時、学習意欲が持てない子どもたちに新たな問題が生じた。インターネットを通じて情報が氾濫し、裏社会に容易にアクセス可能となり、サーニッチでは、十代で飲酒や薬物等に手を出す者が出てきたのだ。大人になっても飲酒や薬物等に逃げる者の多くは、カナダの主流社会と先住民社会の双方から周辺化された人々が多い。

この状況を改善するため、一九八〇年代、長老たちが第二世代にセンチョッセンを教える講座が開かれていた。第二世代は子ども時代、白人のカトリック神父が校長を務める小学校に通っていた。第一世代であるサーニッチの長老Pは、当時、そこで用務員をしながら、放課後、子どもたちにセンチョッセンを教えていた。一九七八年までセンチョッセンの発音表記はＩＰＡ（国際音声記号）で行われていたため、Ｐも初めはＩＰＡを用いていたが、学習者に分かりやすくするために、馴染みのあるアルファベットに様々な記号を加えて独自の発音記号を開発した。第二世代で稀にいるセンチョッセンの話者は、当時、Ｐから薫陶を受けている。

一九八一年、Ｐは、センチョッセンを母語とする最年少の長老Ｅの協力を得て、簡易印刷によるテキストを完成させた。以来、サーニッチの学校では、Ｐ考案の発音記号がすべての教材に用いられている。Ｐの死の五年後の一九八八年にサーニッチのトライバル・スクールではセンチョッセンの授業が選択科目から必修科目となった。さらに、一九九三年以降、センチョッセンの神話や地名を扱った教科書や伝統的漁法を説明した教科書等がセンチョッセンの授業用に出版された。このなかで、特にセンチョッセンの地名の復活は「土地権運動」にも繋がり、ヨーロッパ人が到達する以前に先住民が居住していた事実を強調する根拠ともなるのだ。この点で、地名を「歴史的出来事のマーカー」として、その場所で起きた出来事と地名を結びつける視点［栗田 一九八八：三一三］は重要な意味を持つ。地名が復活した一九九一年からの数年間は、サーニッチの言語と文化を復興させる雰囲気が学校全体に漲《みなぎ》っていた。

しかし、長老や有能な指導者の死が続き、カナダ経済が下降した一九九七年から一九九九年の間、学校の状況は二つの点で大きく変化した。一つは、二年間に校長が三人交代したことである。その結果、皆で朝食をとるという初代校長が提案した行事は廃止され、センチョッセンの授業の予算も削られた。

変化の第二は、オランダ系カナダ人がサーニッチ教育委員会の委員長になったことである。初代委員長はサーニッチ出身の有能な指導者であった。彼の死後、様々なサーニッチ出身者が委員長になったが、委員会を統括できず、B

写真1　文化復興運動のリーダー、チャールズとジョンと筆者（1994年3月撮影）

C州政府との交渉も進展不能の状況が続き、ついに、一九九八年、先住民の学校運営を白人に任せるという先住民には屈辱的な決定を下した。以来二〇〇五年まで、そのオランダ系カナダ人が委員長を務めていた。この委員長は徹底した合理主義者で、無駄をすべて廃止し、成人対象のセンチョッセン講座も一九九九年に廃止した。当時の筆者はサーニッチの言語・文化復興運動の将来を悲観していた。

若いセンチョッセン教師の増加と新しい動き

筆者の予測に反し、カナダ経済が再び上昇し始めた二〇〇一年以降、センチョッセン講座も再び活気を取り戻した。先住民自治の強化をはじめ、障碍児教育や言語・文化学習の指導方法の改善を目的に利用できる総額四〇〇〇万ドルの基金、先住民癒し基金（Aboriginal Healing Foundation）がカナダ政府によって二〇〇〇年度から実施された。その影響で、センチョッセン学習支援のホームページが作成され、二〇〇四年に、First Voicesというカナダ先住民の言語を扱うホームページに、センチョッセンのコーナーが創設された。

写真2　トライバル・スクールでカヌーの櫂の木型に伝統的デザインを施した作品を披露する子どもたち（1997年3月撮影）

その始動時には、センチョッセンの二三一一語の登録単語のうち一六四語を長老たちの声で聞くことができたが、以降、その語彙数は毎年増え続けている。

このような経済の好調に後押しされ、サーニッチへの教育補助金も増額された。先住民の言語と文化の維持・強化を目的とした様々なプロジェクトへの資金援助のために、BC州政府は一九九一年から二〇〇三年にわたっておよそ一四〇〇万ドルを先住民教育に支給することを決定したが、援助金の支給が安定するのは二〇〇一年以降である［渥美 二〇一六］。

二〇一四年、四人の若き先住民教師が正規の教員資格を取った。ペナーチ（三三歳）、パネーフォン（三五歳）、スコットリーシア（三一歳）、シオルトナット（三〇歳）の四人である［渥美 二〇一五a］。先住民の言語と文化の教育は学位取得が可能な研究分野になった。四人の教師の一人、スコットリーシアは、二〇一四年八月にサーニッチ初の言語学修士となった。筆者は、長年サーニッチの学校を見守ってきた部外者として「証人」の役目を与えられ、彼女の学位授与式に参列した。

文化復興運動は、先住民に先住民として生きることへの確固たる基盤を与えてきた。第三世代の教師たちもセンチョッセンを学ぶことに喜びを感じ、自らの母語であるべきセンチョッセンとその世界観に自らのアイデンティティを見出しているという。筆者は第三世代の人々へのインタビューで、彼らが祖父母から伝承した「インディアン寄宿学校」のイメージを確認した。BC州政府が同化教育で先住民に与えた飢えと寒さと自尊心の喪失の明確なイメージを若者たちは祖父母と共有している。三〇年前に筆者が調査を始めた頃の長老たちと同じ語り方で、寄宿学校はカナダ政府による「ジェノサイド」であったと第三世代も語る［同］。

同時に、一九九〇年代の長老たちと同じように、白人の文明や経済システムに適応していかなければ、先住民として生き残れない、と第三世代も語る。事実、現在のサーニッチ社会とＢＣ州の主流社会が良好な経済関係にある結果として、長老たちが守ってきた言語と世界観が若い世代に経済的な安定を与えているのである。

サーニッチの先住民アート復興運動の経緯——文化としてのアートの具現化

ＢＣ州の主流社会が先住民アートと地域社会の関係を認識したのは一九七〇年代である。この状況を理解する鍵は、ＢＣ州の主流社会に先住民アートに匹敵するような固有のシンボリックな体系が存在しない、と主流社会が気づいたことである。例えば、州都ビクトリアの中心部に、植民地時代に建設された州議事堂や古い高級ホテル等の建造物が立ち並ぶ。これらは重厚かつ優雅な英国風建築ではあるが、来訪者は所詮ミニチュアの英国を見るにすぎない。一九七〇年と七一年の英国エリザベス女王のＢＣ州訪問時、ビクトリアではカナダの固有性を演出する方策が議論された。その過程で、ビクトリア地域のシンボルとして先住民のトーテム・ポールやアート作品が注目される［渥美 二〇〇八］。

ＢＣ州では、一九七〇年代のトーテム・ポール・ブーム以来、サーニッチ出身のCをはじめとする先住民アーティストの作品が、空港や公園や市民センター等の公的施設、スーパー・マーケットやレストラン等の民間商業施設に展示されるようになった。

二〇一三年以来、新鋭のサーニッチのアーティスト、CHの巨大なガラス工芸作品は、近隣の町シドニーの高級ホテルのロビーで、ホテルの顔として人々を迎えている。彼のデザインはカナダ東部の有名デパートの包装紙や、アメリカのテレビ番組のセットとしても採用されるなど、北米全土の規模で注目されている［同］。

一九九〇年以降、先駆的先住民アーティストたちが各地で工房を構え、多くの若者が弟子入りし、経済的自立のためにアーティストを目指すようになった。二〇〇八年以降、サーニッチの学校教育に先住民アートの授業が大幅に導入された。アーティストになり、評価が高まり、注文が増えれば、地域の美術館や商業ギャラリー、水族館、スーパー・マーケットをはじめ、BC州からカナダ全土へ、さらには国外へと活動の場を拡げ、様々な作品を発表する機会が与えられるのである。

SODC開館

この動向を象徴する施設が二〇〇九年六月二〇日にBC州バンクーバー島のシドニー市に誕生した。水族館、Shaw Ocean Discovery Center（以降SODC）の開館である。この水族館はバンクーバー島の自然と海洋生物の解説をすると共に、地域の先住民サーニッチの自然観や海洋生物に対する考え方も紹介している。それは、先住民文化との「共存」をバンクーバー島の地域的なアイデンティティの柱とする考えに基づいている。

一九九〇年代までの先住民アートと主流社会の関係は、二〇〇九年以降と大きく異なる。かつて先住民のアート作品は主流社会におけるエキゾチックな見せ物の地位に置かれていた［渥美 一九九七］。それはBCロイヤル博物館の展示方法にも窺えた。先住民文化の展示階を暗くし、そこでの音声による解説は悠然と先住民の精神世界を語る。一方、主流社会の展示階は明るく、楽しい世界を強調する。それは、先住民の伝統社会を現在から切離して過去に固定し、現在のBC州主流社会の生活と強引に一本の線上で結びつけようとしていた［同］。ロイヤルBC博物館の展示は、一方で、先住民アートを称え、他方で、それをBC州の過去に押し込めてしまっているのである。

ところが、SODCには、その種の権力性は存在せず、むしろ先住民の特に多くの若手アーティストに制作の機会を与え、科学と民俗知識の共生がテーマとして打ち出されている［渥美 二〇一五b］。そこでは、たしかに科学（西洋）と対照化された民俗知識（先住民）を固定化するものの、先住民の自然観や海洋に関する知識を学ぶ道標として先住民アートを機能させている。入り口では、サーニッチのアーティストの第一人者であるCによる魚群のオブジェが人々を歓迎している。館内の中央には再びC制作のもう一つのシンボルマークが現れる。壁にはサーニッチの伝統的デザインで海洋生物が描かれ、土産物コーナーではコースト・セイリッシュのデザインが施されたパーカー等が売られている。SODCは、先住民と非先住民の両者を含む地域の人々が協力し合い、未来に向けて新たなアイデンティティを形成するための場所となっている。

SODCには、外国からの観光客も多数訪れる。二〇一一年に筆者が訪れた際には、地元の子どもや海外からの観光客が熱心に館内を見学していた。現在の先住民アートはカナダの主流社会が政治的に利用するものではなく、先住民の世界を知るための装置として世界中の人々に向けて開かれている。これらの動向は、カナダの主流社会が先住民アートの力を借りて、それぞれの地域の新たなアイデンティティを創出しようとしていることを示しており［同］、主流社会と先住民社会が地域のシンボルを生み出すという共通目的のもとで協力関係を築きつつある［渥美 二〇一六］。

ポトラッチの復興(1)——サーニッチの伝統的看取りと集金制による「協力」の背景

ここからは、伝統文化復興運動の一部として、かつて植民地支配によって封じ込められたポトラッチの機能を持つ集金制が、一九七〇年以降に再興するという文化的事象に着目し、カナダ社会における経済的環境の変化に適応する姿を見ていく。

ヨーロッパ人との接触以前、サーニッチの人々は拡大家族が一つの家屋（big house）に居住していたため、人々は親族単位で結びついていた。その結びつきと「協力」の顕著なものは、看取りを同居している成員全員で行っていたことである。一人の人間が亡くなりつつあるという状況は子どもたちも含めた親族の関心事であり、地域全体の関心事でもあった。このことが現在においてもサーニッチの「協力」を特徴づける顕著な例である。

現在のサーニッチの間では、人が重い病気に罹患し死を迎えることが明確になったとき（彼らの表現で「フクロウが名前を呼ぶとき（when the owl calls my name）」）、残りの時間を本人の意志に即した看取りで費やす。例えば、友人たちに会いたい場合、友人たちが毎日訪れ、思い出話をして過ごす。家族だけで過ごしたい場合、家族だけで看取る。最期は本人の希望を叶えさせ、死にゆく人に満足した最期を迎えさせたいと考えるのが一般的である。

死者は生前の行いに関わらず、また死因に関わらず、最大の敬意を持って扱われるべきだとする観念も多くのサーニッチに共有されている。サーニッチにとって死とは人生で最も厳粛なイベントであり、どのような人生を送ろうと死の儀礼を厳粛に行うことによって、その人の生が意味のあるものになるとされている。

独立居住婚が主流となっている現在、離れて暮らす両親や父親か母親が高齢となり、介護が必要になると、子ども世代のうちの一人が一家とともに両親の家に移り住み、看取りを始める。親の家が手狭な場合、子ども世代が全員で金を出し合って増築する。居留地では、家を建てる作業も死者を埋葬するのもすべて自分たちで行う。そして、両親を看取った後は、看取った者とその家族がそこに住み続ける。

看取りの作業は、移り住んだ家族全員で行われ、女性だけでなく、夫や子どもたちも看取りに参加する。一緒に住むことができない場合も、当事者の子どものうち一人が中心となって、キョウダイ全員で親の看取りを行う。例えば、二〇一四年、筆者の友人の母親Bが高齢でケアが必要となった。そこで、娘の一人Lが一人で母親の家に移り住んで、看取りの中心となってBの食事や身の回りの世話を始めることになった。Lは六〇歳代で、すでに夫を亡くし、子どもたちも全員独立していて独り暮らしをしていた。Lは一〇人キョウダイ（男四人女六人）のなかで、看取りを申し出た六人とその家族に連絡をしてケア可能な内容と日時を決めていった。Bの子どもたちのなかで次女Fはすでに他界していたので、実際に看取りに参加しなかったのは三人である。

以前は全員参加が当然であったが、近年になって参加しない個人も存在するようになってきたという。Bの次女は一九九〇年代に他界していたが、息子が四人いて、そのうち三人が妻とともに看取りに参加している。長男も次男もそれぞれの妻と子どもが参加している。Bの看取りには総数一七名が参加した。看取り作業の内容は、人によって異なり、清拭、排泄介助のような本格的な看護に近い看取り作業から、食事の世話、部屋の掃除等、多岐にわたる。各自ができることをLに伝えて、Lが日時と時間を調整する。これをBの死去の二〇一八年まで四年以上続けられていた。

この看取りの協力システムの背景には以降述べるような、サーニッチが属するコースト・セイリッシュの人々の制度が存在する。それは親族中心の看取りのシステムを他の地域集団に広げた経済協力システムである。サーニッチを最も西として、バンクーバー島のナナイモ市以南に住む先住民（コースト・セイリッシュ系の人々）の間で行われているCollectingと呼ばれる葬儀のための集金制度である。これは、居留地や部族を超えて、バンクーバー島に住むコースト・セイリッシュという言語学的範疇で繋がっていると考えられる先住民間で行われている制度である。

このシステム内の居留地に住む人が亡くなると、その通知書が各居留地に回ってくる。それを受けて、各居留地に住む集金人が、自分の居留地に住む者全員の家を回り、集金する。これには子どもから老人まで例外がなく、全員が納める。一セントから数百ドルと金額の幅はあるが、全員の名前と金額が集金人によって集められ、分厚いノートに金額と名前が記される。やがて、各居留地で集められたお金とノートが死者の所属する居留地の集金人のところに集められ、さらに別の分厚いノートに転記され、集金の総額が確認されたあと、遺族に渡される。

血縁関係もないのに多額の献金があった場合、その献金をした人が亡くなったときには同額かそれ以上の額を献金するのが常識とされている。実際の葬儀時には総額のすべてが使われ、墓穴掘り、遺体運び、埋葬や料理を担当した者、葬儀会場の設定や司会役、駐車場の整理係等に支払われる。

これが、かつて富の再分配として存在したポトラッチの機能を持っている。一か所（現在は首長のところではなく、遺族のところ）に集められた金が参加者全員に再分配されるのである。ポトラッチと同じく、このときに収入の少ない人が多額の金額を出すと、賞賛と名誉が与えられる。このシステムは、約九〇年以上前、どの居留地も最も貧しかった時代に始まった

写真3　Fund Raisingを目的とした昼食会の風景（1996年8月撮影）

という。誕生や婚姻といった他の儀礼のためにはこの規模の慣習はない。葬儀以外でお金が必要な場合、Fund Raising と呼ばれる集まりがたびたび集会所で行われ、親族が集まり、金を出し合い協力し合うが、Collecting と比較すれば親族単位の小規模なものである。Collecting はサーニッチが最も大切にしている葬儀のために協力を行うのである。

伝統文化復興に萌える

以上述べてきたことから、文化をヘンリックの云う「生存のためのあらゆる情報」という視点で再考してみることにする。ヨーロッパ人との接触以前、サーニッチにとって文化とは、自然環境に対する、「生存のためのあらゆる情報」であった。言語だけでなく、サケ漁の方法、月の名、地名、神話、絵画、彫刻、それらの「生存のためのあらゆる情報」を守り続けることで、サーニッチは生物学的に生き残ってきた。

しかし、ヨーロッパ人がカナダにやって来て統治が始まると、統治者たちはサーニッチの「生存のためのあらゆる情報」を野蛮なものと決めつけ、捨てるよう命令し、同化教育を押しつけてきた。それでも少なからずのサーニッチは祖先から伝えられた「生存のためのあらゆる情報」を伝え続けてきた。

やがて、カナダの政治的環境のなかで、主流社会には入場を拒否され続けている先住民の生き残る手段としての文化が立ち現れてくる。このカナダの政治的環境のなかで「生存のためのあらゆる情報」を、サーニッチは自らのアイデンティティの根拠として守り続けてきた。環境が自然環境から政治的環境に変化しても、生き残りをかけて「生存のためのあらゆる情報」は復興されなければならなかったのである。

やがてカナダ社会に北米におけるカナダの国家的アイデンティティ（アメリカ合衆国との相違）としての多文化主義政策が打ち出された。この新たに出現したカナダの経済的環境のなかで生き残る手段として「生存のためのあらゆる情報」のうち、「言語とアート」の復興が一部のサーニッチの生活を支えるようになってきた。今や、先住民の言語が話せるようになれば教師としての仕事が与えられる。さらに、先住民のアーティストになり、主流社会にも認められれば、経済的な成功が可能な時代になった。サーニッチの多くはBC州の経済的環境のなかを生き抜くために伝統的アートを学ぶようになったのである。

このような環境のなか、生存をかけて多くのサーニッチが言語とアートの復興に全力で取り組むようになったが、それは、サーニッチの社会に才能や努力の度合いによる経済格差をもたらしたことは確かな事実である。ところが、この外部社会との接触によって生じてしまった経済格差は、人生で死を最も厳格な出来事として捉えるサーニッチの社会で、深刻化することはない。先住民の間でCollectingに象徴される、富の再分配が常に行われ、居留地に住むサーニッチであれば誰でもその恩恵にあずかることができる。そのため、サーニッチは、居留地に住む限り、死後を思い煩うことはない。この状況を創造し、一九八〇年代末から二〇二〇年代に入る現在まで、度重なる経済的変化にもめげず、サーニッチは一貫して文化復興運動を続けてきた。文化を「生存のためのあらゆる情報」として再検討していくと、ますます多くのサーニッチが伝統文化復興に萌えているのは、自然・政治・経済といった現実に変化しながら整えられていく複数の環境を生き抜くためであり、彼らの生存への強い意志の表明であると捉えることが可能となるのである。

【注】

（1）北米大陸、北太平洋沿岸の先住民の儀礼。公的な地位を誇示するために富を蓄積した者が、大小様々の祝宴を開き、他集団の人々を招き、贈物をして、蓄積された富を再分配した。儀礼の多くは人生の通過儀礼に因んだもので、南部では「成人の儀礼」、北部では「死の儀礼」が最も盛大に行われていた。主催者とその親族は気前のよさを最大限に発揮してその地位を誇った。

【参考文献】

渥美一弥　一九九七「復興される過去――スピリチュアルなイメージを媒介とした先住民とユーロカナディアンの関係について」『文化の未来』上村一男・川田順造編、一一〇-一一九頁、未来社。

――　二〇〇八「『資源』としての民族誌的『情報』――カナダ・ブリティッシュコロンビア州先住民サーニッチの教育自治と『文化』復興」『立教アメリカン・スタディーズ』第三〇号、三七-七六頁、立教大学アメリカ文化研究所。

――　二〇一〇「ポトラッチの行方――カナダ、北西海岸先住民サーニッチのスィョクゥエアム（燃やすこと）と死に関する『情報』について」『人＝間（じんかん）の人類学――内的な関心の発展と

誤読』中野麻衣子・深田淳太郎共編、八二‐一〇一頁、はる書房。

――　二〇一二「〈植民地〉という状況――カナダ先住民サーニッチが〈インディアン〉として現代を生き抜くということ」『共在の論理と倫理――家族・民・まなざしの人類学』風間計博・中野麻衣子・山口裕子・吉田匡興編、一七三‐一九八頁、はる書房。

――　二〇一五a「文化・言語復興運動の世代交代――カナダ・サーニッチにおける文化・言語復興運動の新しい世代について」『日本国際教育学会紀要　国際教育』第二一号、一一四‐一二〇頁。

――　二〇一五b「地域的アイデンティティの象徴としての先住民アート――北西海岸先住民サーニッチの教育自治と先住民アート」『国立民族学博物館調査報告131　カナダ先住民芸術の歴史的展開と現代的課題――国立民族学博物館所蔵のイヌイットおよび北西海岸先住民の版画コレクションをとおして』齋藤玲子編、三〇一‐三一七頁、国立民族学博物館。

――　二〇一五c「遠い場所――カナダ先住民サーニッチにとってのアルコールとそのサファリングとケアとしての居留地」『苦悩とケアの人類学――サファリングは創造性の源泉になりうるか？』浮ヶ谷幸代編、一一〇‐一三六頁、世界思想社。

――　二〇一六「多文化主義という暴力――カナダ先住民サーニッチにとっての言語復興、アート復興、そして格差」『文化人類学』八一巻三号、五〇四‐五二一頁。

――　二〇一八「現代日本の看取りに『文化』という語の使用は可能か」『民博通信』№１６３、一二‐一三頁。

栗田博之　一九八八「歴史のマーカーとしての地名と人名――パプアニューギニア、ファス族の歴史意識について」『民族學研究』五二巻四号、二九九‐三二六頁。

トマセロ、マイケル　二〇一三『ヒトはなぜ協力するのか』橋彌和秀訳、勁草書房。

ヘンリック、ジョセフ　二〇一九『文化がヒトを進化させた――人類の繁栄と〈文化-遺伝子革命〉』今西康子訳、白揚社。

第2章 萌えるパフォーミングアーツ
——インドの「伝統芸能」からみるモダニティとエロティシズム

小西　公大

萌えはじめ

一九八八年に、日印交流を記念する政府主導による「インド祭」が半年間にわたって開催された。美術、民芸、写真、文学、建築などの展覧会のほか、映画、演劇、音楽、芸能など各種のイベントが各地で活況となり、インドと日本の文化交流の深化にとって大きな意味をもつイベントであったことは間違いないだろう。

私は当時、中学三年生だった。親に連れられて、津田沼（千葉県）にあった習志野文化ホールで、このインド祭の芸能イベントを見にいったことを思

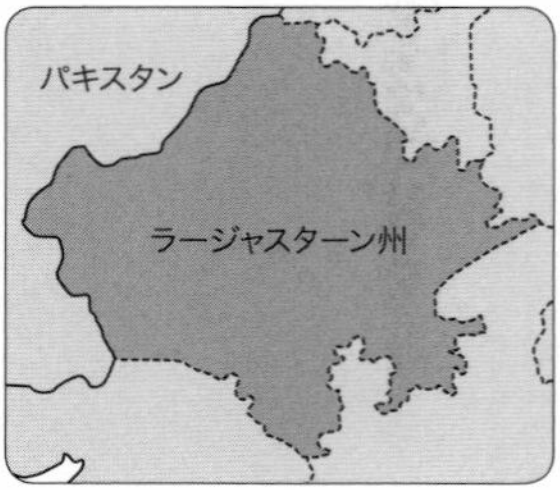

い出す。「インド民族音楽の祭典」と名付けられたこのイベントでは、イスラーム神秘主義（スーフィズム）の歌謡カッワーリーの名手ジャーファル・フセインや、スィク（シク）教徒のパワフルな女性ボーカリストであるグルミート・バワなど、魅力的なインドのアーティストたちの熱い演奏が繰り広げられていた。なかでも私はインドの北西部、ラージャスターン州のタール沙漠エリアからやってきたランガーやマーンガニヤールと呼ばれるムスリム楽士集団の演奏に夢中になった。目は爛々と虚空を凝視しながら、手を振り上げる派手な身振りを伴って、かすれた、震えるような、かつパワフルな美声が会場を包み込んだ。そのとき私は、彼らに触れ合いたいあまりに父に頼み込み、演奏後の楽屋を訪れている。演奏後のテンションがおさまらない彼らは、中学生の私を歓待してくれ、汗だらけの体で力一杯抱擁してくれたことを思い出す。

こんな美しく、深淵な音楽世界があるんだ、というのが率直な感想だった。聞いたことのない歌唱法、聞いたことのないメロディーライン、見たこともない楽器たちが奏でる素朴で力強いハーモニー。このとき来日したメンバーは、今とな

写真１　来日したタール沙漠のアーティスト（1988年撮影）

っては日本における文化功労賞にあたるパドマー・シュリー賞を受賞するようなトップクラスのアーティストとなっている。なかでも楽士集団ランガーのブンドゥー・カーンは、来日してから「沙漠のプレスリー」と称されるほどの美しいハスキーボイスの持ち主だったし、マーンガニヤールのガーズィー・カーンは低音で渋さがあるものの、力強いバイブレーションを巻き起こす声の魔術師としてその後の歌手人生を世界に広げていった二人だ。日本での公演のハイライトは、この二人のヴォーカリストが競演する、ランガーとマーンガニヤールの合同演奏であり、その様子は後にキングレコードが行ったスタジオ収録に収められている。このとき歌われたのが「ニンブーダー（nimburo）」であり、「レモンソング」（ニンブーはレモンの意）としてインド全土で歌われるヒットソングとなったフォークソングであった（後述）。

なぜこれほど詳しく一九八八年のインド祭の話をするのかというと、この出来事が私の人類学徒として生きていくという選択に大きく影響したからである。沙漠の芸人集団の歌謡に「萌えた」私は、後の一九九四年にインドを目指し、彼らが居住するラージャスターンの沙漠エリアまで足を伸ばしている。この大学一年生の夏に四〇日ほど敢行されたインド旅行は、大学の人類学の教授（故大塚和夫氏）に「人類学を学びたいのであれば、まずは異文化に飛び込んで自分を壊してこい」と言われたことがきっかけとなったもので、「自分を壊す」ほどの異質な文化形態をもっている地はどこかと考えたときに、真っ先にインドが思いついた、というだけの思いつきのフィールドトリップだった。それでもインドを時計回りに廻ったのちに辿り着いた憧れのタール沙漠では、乾燥と風の強さには閉口したものの、あの素朴で渋みのある、かつ力強いフォークソングが生まれた風土として妙に納得した。そこで出会ったアーティストたちが、貧しいながらも音楽やパフォーマンスを手段として、したたかに生きている姿をみて、再度「萌える」結果となった。このときには、一九八八年当時来日していたカルタール奏者のチョータール・カーズィーに再会することができた。

ようやく入ることのできた沙漠の楽士集団の生活世界。しかし、そこで待ち受けていたのは、ロマンティシズムに彩られた美しい音色の世界だけではなく、彼らを取り巻く環境の大きな変動と、そのなかで右往左往しながら、かつ持ち前の創造力を生かしながら生き抜こうとする人々のリアルな挑戦の数々だった。これらの挑戦には、急激な消費社会化と、そうした状況における彼らの文化的コンテンツの商品化の問題に対応する多様な対応が含み込まれる。グローバル／ローカルな消費の文脈における分裂が生みだされるなかで、彼らの音楽はどのような変化を遂げていったのか。そして、私が日本で「萌えた」ラージャスターンの音楽はどのような経路で再構成されていったものなのか。本エッセイでは、最終的にローカルな市場を狙った音楽の映像化がもたらした「エロ化（eroticization）」の問題も扱うことになろう。

その話に入る前に、一度彼ら、マーンガニヤールの人々の基本的な情報を押さえておくことにする。

「ジプシー」の起源となったマーンガニヤール

マーンガニヤールは、主にラージャスターン州の西部、タール沙漠エリアに広範にわたって居住している楽士集団である。彼らは主に丸型の弦鳴楽器カマイチャー（Kamaicha）や小型のリードオルガンであるハルモニアム（Harmonium）、木製カスタネットのカルタール（Khartar）などを伴奏に用い、高らかに歌謡を歌う。彼らはタール沙漠周辺に居住するヒンドゥー教徒をパトロンとし、それらの世帯における様々な儀礼的機会をとらえて訪問し、演奏を披露する。このような儀礼には、婚姻儀礼、男児出産儀礼、命名儀礼などが含まれる。また、パトロン世帯の信仰する氏族女神（kul devi）への賛歌の演奏や、女神の神話語りなども行い、ときにはシャーマニックな呪医であるボーパ（Bhopa）に女神が憑依するための演奏も行う。さらに、パトロン世帯の家系を暗誦し、先祖の名前を高らかに朗唱するスブラージ（subraj）といわれる儀礼も行うのである［小西 二〇一二、二〇一五］。儀礼中の公演で、マーンガニヤールは家系を賛美するだけでなく、会話の節々にパトロンを喜ばせる合いの手を入れてくる。たとえば村を訪れた私に対しても、以下のような合いの手が入る。

「チャイを飲んで、なんと楽しい気分！

このチャイにはハルブー（私の現地での呼称）も大満足だ。

ニジュラー（マーンガニヤールの名前）が高らかに歌い出せば、
ハルブーからたくさんの村々が生み出されるのさ！（子孫が繁栄するの意）」

このように、ヒンドゥー教徒のパトロンに対するサービスは多岐にわたっており、彼らはタール沙漠の村落社会においては、なくてはならない存在なのである。というのも、彼らの存在なくしては、各世帯で行われる重要な儀礼を遂行することができないとされているからである。

ムスリムである彼らが、ヒンドゥーの女神の歌を歌ったり、女神の憑依を手伝ったり、神話を語ったりするのは奇妙だと考える方もおられるかもしれない。そこには、我々の頭の中に深く根づいてしまっている「ヒンドゥー／イスラーム」という二分法的な考え方がある。しかし、ここインド北西部のタール沙漠では、従来の二分法的な考え方ではとらえられない、混交的でおおらかな宗教世界が築かれてきた。それも、タール沙漠付近は、西方のペルシャやアフガンから入ってくる様々なイスラーム的要素が現地のヒンドゥー社会に浸透してきたからだといえるだろう。

ところが、このように構成されてきた「伝統的」なパトロン―クライアント関係が徐々に失われていった過程が、彼らの生存戦略を大きく変えていくことになる。もちろん、現在でもパトロンへのサービスを頼りに生きている人々も多いが、二〇世紀以降に急激に浸透する貨幣経済とインド独立後（特に「その他後進階級」(1)が制定された後）のリザベーション制度(2)及び教育制度は、一方で彼らを近代産業構造へと組み入れるのに一役を買ったが、他方で彼らが担ってきた文化的遺産を失わせる方向へも誘引した。

一九六〇年代になると、こうした状況を憂いた民俗学者コーマル・コーターリー(3)が、失われつつあったタール沙漠のパフォーミングアーツの研究及び保護とプロモーションに乗り出した。彼を中心とする活動グループは、「ラージャスターン民俗音楽(Rajasthan Folk Music)」という枠組みを形成し、多様な背景を持った芸能集団と有機的な関係を保ちつつも、新たなステージで自分たちの生業を活性化させる道筋を作り上げていった。実は冒頭に記した一九八八年の来日アーティストたちも、このコーターリーが選定したメンバーであった。彼らが「芸能」で生きていくために生み出したコーターリーらの戦略は、折しも一九八〇年代中頃から活発になるラージャスターン州の観光政策とも合致し、都市部において増殖し始めた観光客向けのホテルやレストラン、沙漠をラクダで逍遥するツアーなどの場で、彼らの「民俗芸能」が幅広く消費の対象となっていく土壌を形成したのである。

一九九〇年代になると、彼らの音楽活動に再度大きな変化が訪れる。一九九二年に封切られたトニー・ガトリフ監督による映画『ラッチョ・ドローム』が引き金となった、ロマ(ジプシー)音楽のブームである。同映画は、ロマの約一〇〇〇年にわたる移動の系譜を音楽叙事詩として映像化したものであり、そのスタートとなったのがタール沙漠の楽士集団やダンサーたちだった。この後に、彼らは「ジプシーのルーツ」として自らを表象し、積極的に世界のロマ音楽のアーティストたちとコラボレーションをするようになる。前述のとおり、彼らはジプシー的な放浪生活を行ってきたわけではなく、あくまでもサービス集団として集落に居住してきた歴史を持つ芸能者たちである。しかし、彼らはこのブームのなか、放浪性や当てのない人生など、遊動的な雰囲気をあえて表現することによって商業的に成功していく。

二〇〇〇年代に入ると、このロマ（ジプシー）音楽のブームが多少落ち着くとともに、ワールドミュージックの市場でスーフィー音楽（イスラーム神秘主義を受けた宗教歌謡）が活況を呈しはじめる。それに合わせる形で、彼らも南アジアのスーフィー音楽を取り入れ、自らをスーフィー音楽集団として規定し始めた。それまでレパートリーになかったカッワーリー(4)なども演奏のリストに入れつつ、彼らの自宅にはカーバ神殿のポスターが貼られるようになった。それまで混交的な形態をとっていたタール沙漠のムスリム楽士集団の、より徹底した「イスラーム化」といってもいい状況が生まれたのである。

このような流れには、グローバルな音楽市場に敏感なメンバーが積極的にその文脈を流用しながら自己提示していったとともに、海外のディレクターたちが介入していった軌跡をも見いだすことができる。この流れは、極めて大衆的であった彼らの芸能を、グローバル市場における「ワールドミュージック」なる洗練されたコンテンツへと変容させた結果、生み出されたものであった。私を含め、ムスリム楽士集団の音楽に熱狂していた人々は、彼らの素朴でエキゾチックな雰囲気に包まれた音楽に「萌え」たのである。一方で、そこで「消費」される音楽は、多様な楽士集団のなかの「グローバル・クラスター」、すなわちグローバルに展開される音楽市場への適応を素早くみせた一部の人々が築き上げていったスタイルであったことは間違いない。その他の多くのマーンガニヤールの成員は、依然としてヒンドゥー教徒のパトロンへのサービスを続け、ドメスティックなニーズに応えるべく、ローカルな音楽演奏を継続していったのである。

国内市場における新たな「萌え」の再生産

前述のようなグローバルに活躍する洗練された芸能実践を行うメンバーが増えていくとともに、国内市場へと参入していく大衆的なアーティストもまた、その数を増加させていくことになった。こうしたドメスティックな音楽の消費文化は、グローバル市場向けのパフォーマンスとは違う方向を取りはじめる。それが大衆芸能の「エロ化（eroticization）」の流れである。

ここで簡単に説明を加えておくと、インドの文化的コンテンツに日本における狭義の「萌え」を見いだすことは難しい。日本におけるような、セクシュアリティの介在を強調しない「未熟性」や対象に対する恋慕という文脈とは違う、より肉感的で露骨な性的表現への傾倒がインドにはみられる。一方で、広義の「萌え」に含みこまれる（主に男性の女性に対する）固執や興奮、傾倒や執着という文脈においては、日本でもインドでも同様に人々は「萌え」ているということもできる。エロと萌えの関係性においては様々な議論が成り立ちうるだろうが、ここではインドの男性（特に若者）たちの心をとらえるセクシュアルな様態をも包含しつつ、人々がなにかに魅了されていく感情（広義の萌え）を基盤とした、異文化間の共振の可能性をとらえていきたいと考えている。

さて、インド大衆芸能の歴史的文脈でとらえてみると、一九八〇年代以降のインド映画音楽のビデオクリップ化に歩調を合わせるような形で、彼らの音楽形態はより華美な表現、アップテンポでダンサブルなサウンド、そして、よりセクシュアルな方向へと向かう内容と映像に、その特徴を見いだすことができるようになる。

インド映画（特にムンバイーで製作される「ボリウッド映画」）は、美しくグラマラスな女優を用いた豪奢なダンスシーンを競い合うことで有名であるが、インド国内の大衆音楽市場はこのような映画のダンスシーンを模して制作されるビデオクリップが席巻することになる。九〇年代、カセットテープの時代からビデオＣＤ（ＶＣＤ）の大量生産と海賊版の流出の時代へと移ると、その音楽の内容や文脈、果てには演奏家の存在すらも後景化し、クリップでダンスを披露する露出度の高い女性たちが繰り広げる淫《いん》靡《び》な世界こそが消費の対象となっていった。

一九六〇年代のコーターリーたちが築き上げた芸能形態を「ラージャスターン民俗音楽」というならば、九〇年代以降に構築されたエロティックな映像文化を「ラージャスターンのホット&セクシー音楽（Rajasthani Hot & Sexy Music）」と呼び習わすことができるだろう（実際に同様の名前で検索すれば、YouTube など動画配信サービスでその興隆を確認することができるだろう）。本来彼らランガーやマーンガニヤールなどの演奏家集団には踊り子は存在していなかった。それが、「ラージャスターン民俗音楽」というパッケージ化されたフォーマットに移ったときに、カールベーリヤー（伝統的に蛇使いを生業としてきた集団）の女性たちなどの舞踊を取り入れたパフォーマンスが作られていった。そして、そのままボリウッド映画的なビデオクリップ文化と結びつき、所属集団や社会的文脈とは無関係な女性によるダンスと結合することで、「ラージャスターンのホット&セクシー音楽」が構成されていったのである。では、そうしたエロ化の進んだ大衆芸能の中身、特にその歌詞の持つ文脈は、いわゆる「伝統的」な、社会に埋め込まれてきたと考えられる旧来の歌謡とは全く切り離されたものなのだろうか。いや、そうではない。

「萌え」の文脈

楽士集団が歌い継いできた「伝統的」歌謡が「エロ化」してきているのに最初に気がついたのは、タール沙漠に生きる人々のモダニティとの対話の特質を調査していたときであった。彼らの主要なレパートリーを構成している歌謡の多くは、婚姻儀礼の際に歌われていた儀礼歌であったことが次第にわかってきた。

婚姻儀礼の際に歌われる歌は大別して二種類存在する。一つ目は、「悪戯歌（abuse song）」である。そのなかでも、マーンガニヤールの主要なレパートリーとして最も有名な歌謡の一つといえる前述の「ニンブーダー（レモンソング）」は、多義的な解釈ができる。この曲は、本来はマーンガニヤールの女性たちが歌う儀礼歌であった。遠くから新婦を迎えに旅路をやってきた新郎の親族に対して、「レモンを持ってきてよ」と要求を繰り返す、そんな内容のシンプルな歌だ。なぜレモンを持ってこいと要求するのか。お年寄りたちの解釈によると、この歌が歌われていた古い時代には、レモンというのは見たこともない魅惑のフルーツであり、手に入らないものだったという。その入手不可能な幻のフルーツを「持ってきて」と難題を押し付け、新郎の愛の深さを試し、かつそれができない新郎をバカにするといった、悪戯歌を代表する歌であるという。こうした歌は、新婦の家にやってきた新郎をからかうガーリー儀礼（gali ritual）で披露されるものであったとコーターリーも語っている。

この歌が、一九八〇年代にヴォーカリストとしてスターダムにのし上がったガーズィー・カーン（前述。インド祭で来日）によって編曲され、アップテンポでダンサブルな曲に変わるや否や、地元を超えて多くの人々が口ずさむことのできる代表的歌謡へとなっていった。その過程で、歌詞がいくつか変更されている。「酸っぱい酸っぱいレモン（katha katha nimbu）」という歌詞が「未熟な未熟なレモン（kaccha kaccha nimbu）」を持ってこい、と変化している。歌い手が女性から男性へと転じ、魅惑のフルーツは市場で気軽に手に入るものとなったことを背景とし、レモンは未熟だけれども魅力に溢れた女性を意味するようになっていった。直接的に、レモンは女性のふくらみかけの乳房を意味する場合もある。歌い手たちは身振り手振りでセクシュアルなポーズをとってこの歌を歌い、観客はそれに歓喜する、というシーンを何度も見た。この曲の流行の背景には、このような「内容のエロ化」が大きな要因となっていることは疑いない。この曲はのちにインドを代表する女優アーイーシュワルヤ・ラーイを主演とする映画『Hum Dil De Chuke Sanam（邦題：ミモラ　心のままに）』の主題歌となり、インド全土を巻き込む大ヒット曲としてのポジションを獲得している。その人気を示す数値として、同曲のダンスシーンの YouTube 再生回数が一億回を超えていることを挙げておこう。この曲を「作った」と主張するガーズィーは、こうしたエロ化に対しては自身の責任ではなく「勝手に解釈された」と語り、かつ映画化の過程で自らの作品が「盗まれた」と、筆者との対話で厳しい表情で主張していた［Konishi 2015］。

二つ目は、新婦を引き連れて新郎親族が村を去るときに歌われるビダーイー（bidai）と呼ばれる「別離歌（farewell song）」である。しかし、昨今にみられる流行りのラージャスターン歌謡にはあまりビダーイーを見いだすことは難しく、その多くはガーリー儀礼に因んだものが多い。「ラージャスターンのホット&セクシー音楽」とされるものの多くは、ガーリー儀礼における「悪戯歌」をモチーフにしたものが多く、その意味で現代のセクシュアリティは「婚姻儀礼」という旧来の性的文脈に依存していることがわかる。婚姻儀礼は社会や超越的存在からの承認を得るための厳格で複雑な儀礼実践のコンプレックスによって構成されている一方で、初夜を迎える新郎新婦が通過しなければならない性的な関係の予兆や二人の身体的接合を喜び、からかい、揶揄する間接的表現がたくさん散りばめられている。結婚は性的関係の認可をも意味し、沙漠の人々にとってはセクシュアリティを喚起させられる事象としても認識されているのだ。

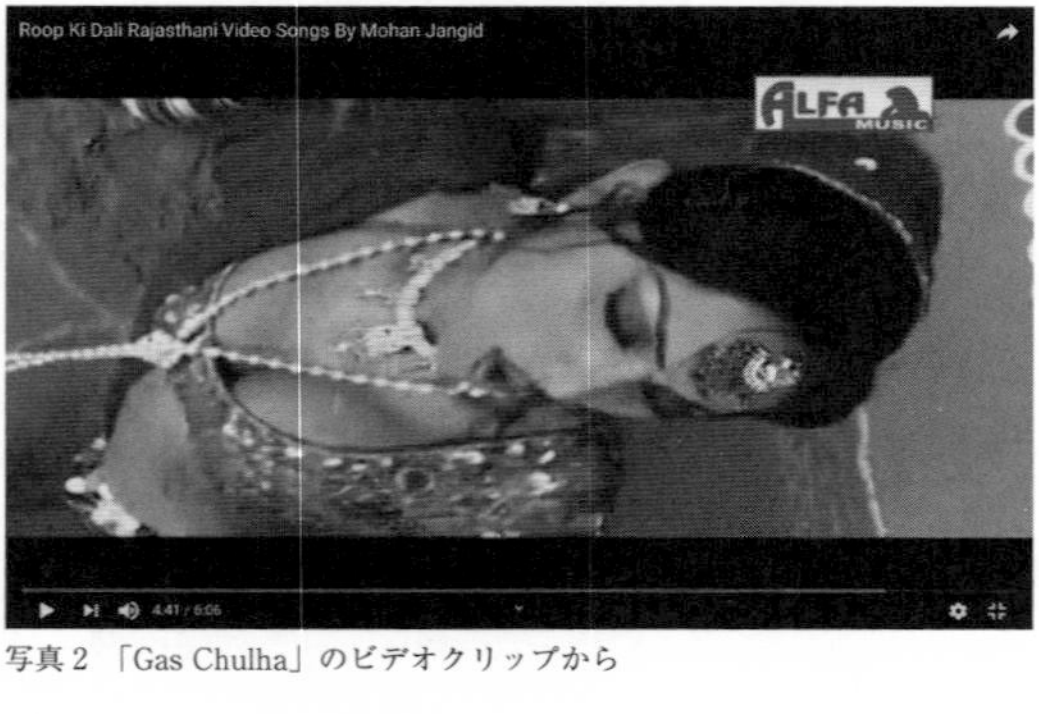

写真2　「Gas Chulha」のビデオクリップから

例えば、「Gas Chulha（訳：ガス・シリンダー）」と呼ばれる歌謡は、結婚したての妻が夫に「ガスのシリンダー」を甘えた声で要求する歌で、薪をくべるカマドを拒絶し、ガスで調理をする生活を望む妻が官能的なダンスを披露する歌だ。ここでの火はまさしく新婚の二人の「hot」な関係性を表している。「Mohe Balam Doctor Milgyo（訳：新郎ドクターがやってきた）」では、熱を出した新妻を「医者だ」と称して性的な関係を迫る夫を描いていることから、従来のマーンガニヤールの音楽では想定外のプロットが組まれている。

ここでの萌え要素は、結婚を迎える、または迎えたばかりの新婦に限定されている。これは、一つには性的関係のあからさまな表現が、「婚前交渉」を認めることができない、かつ（当然のように行われていながらも）秘匿すべきものであり、男が女の近親者のセクシュアリティを管理することが求められる（インドにおける父系（男系）社会を基盤とする父―長兄中心主義的な）社会背景が存在していることを表している。つまり、セクシュアリティ的表現は、婚姻を前提とした男女間における行為に限定的に可能とされるのである。しかし一方で、儀礼歌として間接的に性的表現を行っていた「伝統歌謡」のエロティシズムがより顕在化し、旧来の文脈性を残しながらもエロ⇒萌え要素部分が肥大化した結果としてもとらえうるものだ。

写真3 「Mohe Balam Doctor Milgyo」のビデオクリップから

筆者の調査からは、二〇一〇年代以降に急激に普及したスマートフォンは、こうしたセクシー歌謡の普及に拍車をかけ、air dropやSNS、SDカードなどを通じてダウンロードやシェアリング行為が急速に広がっていった状況がわかっている。ラージャスターンの音楽が生産されていく過程で、エロ消費に余念のない男性たちの密かな楽しみは今後ますます拡大していくだろう。

萌えられなかった人類学者

これまで、「伝統芸能」のモダニティ状況においてみられた変化の、二つの大きな流れを紹介してきた。一つはグローバルな音楽市場における消費形態（ロマ音楽やスーフィー音楽といったブームの形態）を流用しながら、より洗練された演奏技術とローカルな文脈の再構築によって活路を見いだしていく方向である。もう一つは特定の文脈が誇張されつつ、ドメスティックな市場を狙ったヴィジュアル化、それに付随するエロ化の方向である。

私は、前者によって方向づけられたパフォーマンスに「萌え」、インドを目指し、人類学者としての一歩を踏み出した。一方で、後者のようなセクシュアリティに萌えることができていないことも表明しておこう。研究を進める過程で多くの「Hot & Sexy」な動画を見続けたが、残念ながら私が共鳴する「萌え」を見いだすことはできていない。「エロ」や「萌え」が、いかに文脈依存的であるかということがよくわかるとともに、性的な欲望や「萌える」という身体的・心理的な反応を「彼ら」とともに共有することができないという、人類学者としてのある種の不全感を抱えることとなった。人類学者が萌えることのできるのは、他者の文化的コンテンツのなかでも部分的なものにとどまるのかもしれない。他者と萌えを完全にシェアすることなど最初から不可能なことなのだろうか。

しかしながら（萌えられなかった私のように）、「萌え」の消費的で表層的な現れ方にとらわれず、その萌えを生み出す文脈の根本的なありかたに問いをたてることは、私たち自身の萌え方を再考・再構成させる力を持つのだろう。我々／彼らという両岸に、エロ・コンテンツの文脈依存性が高すぎるがあまり、「（広義の）萌え」を繋ぐ回路を見いだすことが難しくなっている部分があるのだ。しかし、もしかしたらその底流するリビドーの部分で、双方の「萌え」がつながり合う地平を見つけ出すこともできるかもしれない。例えば、日本における「新婦」「新妻」に関するアダルトビデオ作品の数々を分析し、そのセクシュアリティが生み出される構造を明らかにするならば、タール沙漠のセクシービデオと婚姻儀礼との接合形態も、全く異質なものとはいえなくなるだろう。そこから派生するエロティシズムも、社会を構築する存在としての人間という共通の基盤から生み出されたものとして、引き受けることができるようになるかもしれない。「萌え」の普遍性とその文脈依存性との間で相克する性＝生の力学、そしてその消費形態（やマーケットの質）との連関。面白いテーマである。

萌えと性文化研究に向けて

　ここで紹介した私の研究、特にローカルな市場の拡大とコンテンツのエロ化の問題は、一九九〇年代に国内の人類学でも取り上げられてきた「性の人類学」の枠組みと接合しながら展開することが可能だろう。

　まずは、婚姻と結びつくことで表出可能となったエロティシズムの問題である。また、それが新たな映像技術や情報のフロー状況と結びつくことで、よりあからさまな性表現が肥大化していく状況も明らかとなった。具体的には、一定の文脈を保持しつつ、拡散していく男性たちの欲望の形が表出されていく様子だ。インドの一地方で蓄積されてきた性の文化を、広い意味でのモダニティのなかで布置していく作業は、骨が折れそうだが今後やりがいはありそうだ。

　かつてインドにおける性幻想の問題を、精神分析的な治療の過程を詳細に分析することから解き明かそうと試みた田中［一九九三］は、セクシュアリティ研究を〈性＝生〉の多元性を損なわずにミクロな視点から複眼的に記述していくことの必要性を説いている。一方で、ニューギニアのファス社会の人々の「儀礼的同性愛」を中心とするセクシュアリティの問題に踏み込んでいった栗田［一九九六］は、その儀礼的行為の背景にある社会構造や、そこから生み出されるジェンダー的世界観を説明しながらも、以下のように語っている。

社会的な規範や性文化を見ればまるで別世界のように感じられても、人間の実態にそう変わりはないんです。社会的な規範がどうであれ、そこに人間の感情が入りこむと話は一筋縄ではいかない。とどのつまり、男は男だし、女は女。男はつねに女を誘いたいし、女は好きな男に抱かれたい。それぞれの社会の規範によって多少やりやすかったりやりにくかったりするだけで、人間をめぐる性の実態はそう変わりはないのではないかと思います。

人間の性の実態を、異質さを基準にするのではなく、同根を持つものとして思索を深めていくという姿勢。人間誰しもが保持している普遍的エロティシズムと、それが多彩な形で個別の指向性を持って拡散していく、特殊性に彩られたエロティシズムが併存しているととらえることも可能だろう。こうした「地（普遍的構造）と柄（表層的差異）」が織りなす文化の動態性を往還しながら、人間理解へと歩を進めていく人類学的営為は、やはりとても刺激的なものに感じられる。我々は何に萌えるのか、そして彼らは何に萌えるのか、そして双方はどのような萌えに共振することができるのか。私も含め、萌えに取りつかれた人類学者たちが、これからどのような研究を展開していくのか、とても楽しみである。

追記：本エッセイにおける、エロティシズムや萌えを感じる主体は、私や現地の人々も含めて男性に限定されている。これも私の調査・研究の限界であることを自戒とともに記しておく。当たり前だが、女性も萌えている。今後の課題としたい。

【注】

(1) インド政府は、国民国家形成のための特別な措置として、旧来の被差別カーストを「指定カースト (SC)」、遠隔地に居住し独自の文化を形成してきた民族集団を「指定部族 (ST)」、SC・STに次いで社会的に疎外されたカーストを「その他後進階級 (OBC)」として指定し、様々な優遇政策を行ってきた。

(2) リザベーション (留保) 制度とは、政府が特定のグループに対して、議席、公務への就職あるいは高等教育機関などへの入学に当たって特別枠を設けるアファーマティブ・アクションの一形態のこと。

(3) コーマル・コーターリー (Komal Kothari) は、ラージャスターン州出身の民俗学者であり、芸能を生活世界や環境の総体から描き出そうと試みた、博物学的視点を持った学者であった。一方で、活動家として自らがパトロンとなり、タール沙漠エリアの多様な楽士集団の芸能形態を保全し、活性化させる運動を起こし、後に研究所であり活動の拠点となったルーパーヤン・サンスターン (Rupayan Sansthan) へと結実させた。

(4) インド、パキスタンで多く見られるイスラーム神秘主義 (スーフィズム) の宗教歌謡の一つ。鍵盤楽器ハルモニウムや打楽器ドーラク、手拍子をベースに、スーフィーの聖者や神アッラーへの賛歌を朗唱する。

【参考文献】

栗田博之　一九九六「同性愛」『性と出会う――人類学者の見る、聞く、語る』松園万亀雄編、二〇八-二三六頁、講談社。

小西公大　二〇一二「マーンガニヤール――人間類型の迷宮への誘い」『カーストから現代インドを知るための30章』金基淑編、二五九-二六六頁、明石書店。

――― 二〇一五 「『民俗芸能』が創造されるとき――文化運動と生存戦略」『現代インド5 周縁からの声』粟屋利江・井坂理穂・井上貴子編、一〇三-一二五頁、東京大学出版会。
須藤健一・杉島敬志編 一九九三 『性の民族誌』人文書院。
田中雅一 一九九三 「性のオリエンタリズム――インドの性幻想とその解釈をめぐって」『性の民族誌』須藤健一・杉島敬志編、三四〇-三五七頁、人文書院。
Konishi, Kodai 2015 “Phantasm in Lime: The Permeating ‘Modernity’ in Manganiyar Community of Rajasthan”, *International Journal of South Asian Studies*, Vol. 7, pp. 177-194.

第3章 カニェリは真に抱いた者のために舞う

——ケニア中央高地イゲンベ地方の名前と歴史意識

石田慎一郎

調査地で名前をもらったことがない私

たいしたことではない、はずだ。若い時分の私は、ささやかな不安をひとつ抱いていた。周囲からニックネームで呼んでもらえなかったことに、である。いつも苗字に「くん」やら「さん」がついた。呼び捨てにしてもらって上等、辛うじて仲間意識を手にした気がした。いまに至って地域の消防団に身を置けば、再び「くん」「さん」で、他の団員はふだん渾名《あだな》もしくはファーストネームで互いに親しく呼びあっている。新米だから無理もないと納得しているが、これまでを振り返ると、外見や性格にも理由があると半ば諦め

ている。ひとを羨ましいと思ったかつての自分が蘇ってきた。そして、ある日、小学生の娘が図書館から借りてきて読み聞かせてくれた絵本『にんきもののねがい』に、うるっときた。いまに至る私の不安を代弁してくれたように感じたからだ。

いい齢だし、いま述べたことは、もう気にしないでいたい。だが、プロの人類学者としての話になるとそういうわけにもいかない。調査地で何某かの名前を授けられたという話に接すると、それが人類学者の証、もっといえば調査先にしっかりと根を張った者の証と映るからだ。そうした話題は、優れた民族誌のなかにさりげなく登場する。人類学者としての資質に関わる問題だとすれば、私はいよいよ不安が募る。調査地でも「名前」をもらったことがないからだ。

一九九〇年代に滞在したニューギニア高地エンガ地方の農村で、私は地元の人びとから、ある名前で呼ばれていたらしい。よく話す者という意味だと後で聞いた。ようやく手にした勲章のように誇らしく思ったが、振り返って考えると陰口を漏れ聞いただけかもしれない。その後、ケニアのグシイ地方そしてイゲンベ地方に調査地を移したが、そこでもニックネームをもらったことが、ない。

長年付き合いのある集落の会合では、出席者名簿にしばしば「チンジャ・クーマ・ジャーマニー」あるいはシンプルに「チンジャ」と記される。残念ながらこれもニックネームではない。「イシダ・クーマ・ジャパン」とすべきところの「誤記」だが、ニックネームをもらったような錯覚がいとおしく、訂正を求めたことはない。顧みれば、調査開始当初は「チャキチャーニ」(ジャッキー・チェン)、髭をはやしたら「オサマ」等と呼ばれた――こればかりは断じて受け入れられないレイシズムというべきか。

私は自分の名前を取り戻そうと努め、いまは誰もが私を本名で呼んでくれる。ニックネームや現地名は、やはりまだない。

急いで付け加えたい。現在の調査地であるイゲンベ地方の農村に、私にちなんで名づけられた少年がいる。自慢話のようだが、ようやく手にした人類学者としての勲章だ。その少年の本名（ファーストネーム）は「コーメ」であり、まだ幼いので、小さい存在を指示する接頭辞「カ」をつけて、ふだんは「カウメ」と呼ばれている。私はこの少年が大人になるまで特別な支援を続けるつもりだ。

話は遡る。二〇〇七年八月、私は、イゲンベ地方の拠点都市にあるマウア地方裁判所の裁判記録を閲覧する仕事を続けており、通いに便利な安宿に滞在していた。それは八月十三日の夜だった。二〇〇一年来の恩人であるバリウが突然来訪した。前日に妻が帝王切開で出産したが、病院に支払うべき金をすぐに用意できなくて困っているという話だった。請求額は一万シリング（当時の日本円換算で約一万五千円）を超えていた。二〇〇一年の最初の調査滞在時、いよいよ日本に帰る間際に、五千シリングを詐取されて絶望していた私を物心両面で助けてくれたのがバリウだ。意図して「同額」を渡したわけではない。あの夜ちょうど財布の中にあった五千シリングを彼に渡すと、彼はすぐに病院に向かった。

二〇〇七年八月十二日に五人目の子として生まれたバリウの息子は、その後、コーメと命名された。知恵を持つ者、学業成績がよい者という意味だ。これが、私にちなんで授けられた名前である。この際、臆面もなく自慢話を披露させてもらうと、私はその時点で博士号を得ていたから、私のひととなりは「コーメ」であるということらしい。

イゲンベ地方では、このような名取り慣行によって繋がりあう二者関係を「ンタウ」と呼び、繋がりあうふたりは互いに「ンタウ」と呼びかける。ンタウを得ることは、ひとりの社会的人間として生まれることでもある。「ウシアリ・ヌォーオ」と問えば生物学的な実親の名前を訊くことになり、「ウシアリ・ウォーオ」と問えば、誰にちなんで名づけられたのか、つまりンタウは誰かを訊くことになる。

いま私はイゲンベの人びとの名前に萌えている。イゲンベの人びとは、名前を通じて誰かと繋がっている。そして、あとで述べるように、名前を通じて社会構造を経験し、同時に歴史に向き合っている。そのような話にいま少しお付き合いいただきたい。

カニェリとの出会い

イゲンベ地方に滞在中のある日のこと。現地のことばで「カニェリ」という、白色の長い尾をもつ小鳥（写真1）が、不意に私の部屋に飛び込んできた。二〇一八年八月三〇日のことである。カニェリが舞い込んできたことを興奮冷めぬまま現地の調査助手に教えたところ、彼曰く――ああ、君は祝福されているよ。

特別な興奮を覚えたのは、この鳥にこころ惹かれている最中の、対面だったからだ。もっと正確にいうと、この鳥にまつわる現地の諺に、そしてこの鳥を自らの名前として与えられた稚児に、こころ惹かれている最中だったからだ。

そのとき私は、イゲンベ地方の個人名について調べていた。それ以前から、イゲンベ地方の個人名や名づけのルールについて「理論的」には知っていたし、自然といろいろな実例に接していた。そして、調査開始から十五年以上が経った二〇一八年に、いちから体系的に調べてみることにした。ある個人の名前を理解するには、その人のいろいろを知る必要がある。それぞれの人のこれまでの人生を知る必要がある。それぞれの人の細かい親族関係を知る必要がある。個人名に特化した調査をすることで、それぞれの人について知っていたいろいろな事実どうしの新しい結びつきを理解できる。そして、よく知っているはずの村人たちの、まったく知らなかった一面を知ることにも繋がった。

写真１　カニェリ＝アフリカサンコウチョウ（2019 年 9 月撮影）

二〇一八年三月、調査地の村で女の子が生まれた。父親はマシンバ、母親はマーガレットで、私はこの夫婦にいろいろと世話になってきた。同年八月の現地滞在時、彼とのインタビューはこの子の話題に始まり、気がつけばまたこの子の話題に戻るというようであった。そんななかで「カニェリ」という名に接した。この女の子の名前（候補）だ。「カニェリ・カイナチュア・ニ・ムウェネ」（カニェリの羽をつけてダンスできるのはそれを真に抱く者のみ）という諺にも及んだ。私は、それがとても良い名前（候補）だと感じた。

いま「名前（候補）」と回りくどい表現を用いたのには理由がある。マシンバによると、娘の名前は、同年九月十五日に特別に開く予定の宴の場で決まる。マシンバも妻マーガレットもともに「カニェリ」にすることを望んでいるし、マシンバの母（新生児の祖母）もまた名づけ親として「カニェリ」を望んでいる。だからもうすでに「カニェリ」と呼びかけているし、最近提出が徹底されるようになった出生証明書にもすでにそう記載した。あとは親族そして近所の人たちが認めるかどうかにかかっている。気持ちよく認めてほしい、だからとにかく山羊肉も酒もたくさん用意する、とのことだった。

私自身その日までに帰国してしまい出席することができなかった、九月十五日の宴は、要するに名づけの宴で、人びとはこれを「自分に名前を与える」宴と呼ぶ。それはつまりその場で何者かが「自分の名前を決める」わけだ。新生児の名前を皆に認めてもらう宴なのに、なぜ「自分の名前を決める」というのか。「自分」とはいったい誰のことか。

ここでいう「自分」とは、新生児の祖母、つまりマシンバの母だった。そして、新生児本人だった。このふたりが「自分（たち）の名前を決める」のだった。ふたりの人間（この場合、祖母と孫娘）が、同一の名前を共有することで、同一の人格を共有する関係を獲得するとされ、互いに冗談をいったり、同じ呼びかけのことばで呼びあったりする。終生その関係を育む。イゲンベには、このような固有の名取り慣行がある。

「自分に名前を与える」宴において、祖母は孫娘に、自分の人柄にちなんだ名前、自分の年齢組（約十五年のまとまりで年齢層を区分する）にちなんだ名前、あるいは自分の実名を与える。九月十五日の宴では、祖母が自分の人柄にちなんだ名前を与えた。その際、自分で自分の人柄をひとことで表現することにもなり、そうした「自称」を個人名として孫に与えるには、周囲の承認を必要とする。周囲が反対して、「いや、〈あなた〉（祖母と孫娘）の名前はむしろAだ」という意見が多数を占めれば、当人たちの希望に反して、そして出生証明書での記載がどうであれ、地域で認められた名前としてAに確定してしまう。九月十五日の宴で、名前（候補）としての「カニェリ」が覆されるような事態はもちろん起こらなかった。

九月十五日の宴を目前に帰国した私は、近隣の高尾599ミュージアムにぶらり立ち寄ったところで、期せずしてカニェリに再会した。ミュージアムに展示されていた小鳥のはく製が、イゲンベ地方で見たあの美しい小鳥と、長い尾をさげて空を舞う姿において同じだったのだ。少し離れたところからそれを認めた私は、そばにいた娘にこう囁いた——あの鳥の名前は何だろう、みてごらん。娘は嬉々として駆けていき、「サンコウチョウだよ」と。カニェリの和名はアフリカサンコウチョウで、体色は異なるが、同じ仲間が日本にも生息している（正確にいうと、夏のあいだ渡来する）。このような偶然の巡り合わせに、私はいよいよ萌えた。

イゲンベの個人名

イゲンベの社会では、人ひとりが名前を三つ、四つ、五つ持つことは珍しくない。人生のいろいろな段階で名前を獲得していくので、私の友人である呪術師（依頼人の財産を窃盗犯から守護する、あるいは取り戻す目的等のために呪薬を用いる）ルコイは、現時点ですでに九つの名前を持っている。そのうちのひとつが、ンタウの名だ。イゲンベ固有の名取り慣行では、第一子は父方親族（男児なら父方祖父、女児なら父方祖母）から、第二子は母方親族（男児なら母方祖父、女児なら母方祖母）から、その人（ネームセーク）の人柄にちなんだ名前、その人の年齢組にちなんだ名前、あるいはその人の実名（いくつかあるうちのひとつ）を授かる。続く子どもたちは父方・母方から交互に名前を授かる。イゲンベは男系社会だが、父方と母方のバランスを重視している。

同様の「双系型」の名取り慣行あるいは祖名継承が長崎県五島など西南日本から奄美・沖縄にかけて存在したこと［上野 一九八二、一九九三］について、私の師匠であり、イゲンベ地方での共同研究者でもある松園万亀雄から、まさに調査地にいる間に示唆と助言を受けた。さらに別の地域に目を転じ、栗田博之［一九八八：三二四–三二五］をみると、ニューギニアのファス社会にも独自の名前伝達の制度があって、「男性の場合、SSがFFの名前を受け継ぐというパターンが最も多い」。つまりそれは父方祖父の名を受け継ぐ男性のケースで、「その結果、或る男性の父系の系譜を辿って行くと、二つの名前が交互に現れるという例がしばしば見られる」。栗田は、このほかに母方の人物から名前を受け継ぐパターンもやはり多く見られること、新たに獲得したニックネーム等の新しい名前が後の世代に伝達されていく場合もあることを指摘している。

ファス社会における名前の伝達に似たところがイゲンベにもある。イゲンベの名取り慣行は父方・母方の選択と順序において精緻なルールがあるが、隔世代で同じ名前が継承され続けるケースは珍しくない。加えて、新たに付加された名前が受け継がれることもあり、その結果、ある人物の名前がその人物の祖父の祖父（つまり四世代前の祖先）の性格や社会属性に由来するケースもあった。さらにいえば、「新しい名前の付加という点、そして、その伝達という点において、人名に歴史が関係」し、名前が歴史のマーカーとなるケース［栗田 一九八八：三一五］が認められる。名前を通じて社会構造を経験し、同時に歴史に向き合う人びとの姿を栗田がファス社会に見出したように、私はイゲンベ社会に見るのである。

イゲンベ地方で個人名を掘り下げて調べてみると、いままでまっさらな個人名とばかり受け止めていた名前に隠された意味があること、名前を授かった経緯・文脈に裏事情があることを知り、面食らって驚くこともあった。「バッタ」「カメレオン」「ヤマアラシ」「コロバスモンキー」など、野生動物にちなんだ名前は、当人の誕生に先立って流産・死産が続いた場合に授けられた。「ニワトリを食うもの」「ヤギを食うもの」「羊を食うもの」など家畜にちなんだ名前は、妊娠中の母に対する母方兄弟（子にとっては母方オジ）からの多大な物質的支援を記念して授けられた。このような名前は、当人誕生の直前の家族の有り様を語り継ぐものとして付加されることが多いが、すでに述べた名取り慣行を通じて継承する場合には、本人ではなくネームセークの誕生秘話を語り継ぐものである。

イゲンベ地方において珍しくない個人名として、年齢組の名称を授けることがある。そして、本人が所属する年齢組とは異なる年齢組の名称を個人名として授けられた者の方が圧倒的に多い。これもやはり当人の一代前あるいは二代前のンタウが所属していた年齢組が選ばれたことによって生じる不一致であった。

直截にネガティブな意味を持つ名前を授ける場合、たとえば「物惜しみする者」などは、もちろん子の未来を呪うためではなく、これもまた、多くはンタウの関係を通じ、世代をこえて継承されたためである。だから、誰が本当に「物惜しみする者」だったかは知る由もない。他方、婚外子として出生したと噂される、ある人物について、ンタウが与えられず、しかも「憎まれる者」なる本名が付加されたという不幸な実例がある。だが、この人物は、いまは同年代の仲間から別の新たな名前が付与されている。

ふだん別の名前で知られている、ある女性は、生誕時に授けられた本名が「ソベベータ」だと教えてくれた。これは「白人のいっさいを根こそぎ絶やす女」なる意味で、独立戦争《マウマウ》を戦った実父が戦時中に授けた名前である。

このように、イゲンベの人びとは、名前を通じて社会構造を経験し、同時に個人、家族そして社会の歴史に向き合っている（アフリカの個人名の比較研究的理解を得るには小馬徹の連載記事［小馬 一九九四-二〇〇二］が有用である）。

いま、それがいまなのです！

二〇一九年八月二十四日、調査地の村から西に二〇キロメートルほど離れたミキンドゥリという町――本書編者・馬場淳のもうひとつの調査地であるティガニア地方の拠点都市でもある――にて、四半世紀ぶりの現地訪問を果たしたフランスの人類学者アンマリー・ピートリックに面会した。以前に出版した分厚いフランス語の民族誌を英訳刊行［Peatrik 2019］（現時点ではデジタル版のみ先行出版）した直後の訪問だった。彼女は、周辺の他村に加えて、私の調査村を一九八〇年代に訪問し、一九九〇年代にかけてインタビューしていた。彼女のこれまでの著作からそのことを知っていた私は、村人の何人かが共通の知人であることを確かめたことで、村人そして村社会をめぐる四半世紀を隔てた「民族誌的現在」に触れた気がした。一時間半を超えて話が弾み、現在の村の事情や調査を通じての私なりの発見を伝えると、彼女は、指導教員みたいなことをいってごめんなさいねと断って、人類学の大先輩として、びしっと突っ込むこともあった。

ピートリック教授と別れた後、私は、その足で村の友人グループに合流し、さらに西に二〇キロほど進む旅を続けた。私の車とあわせると合計八台での移動だ。友人グループを率いるのはカニェリの父マシンバで、彼の妻マーガレットの実家に向かう旅路である。一歳半になろうとするカニェリも同行した。道中、人見知りせずの笑顔を惜しみなく披露し、ときに癇癪をおこして泣いた。

訪問先のイメンティ地方は、イゲンベそしてティガニアと同じメル語圏の地域だが、いち早くキリスト教と植民地行政の影響を受け、植民地時代の資源収奪とそれに対する抵抗運動が激しかった地域でもあり、現在のイゲンベの人びとからみれば首都ナイロビへのアクセスがよく、開発の進んだ地域である。

イゲンベ地方の名前について聞き取りを進めている最中に、この日の行事を観察できたのは幸運だった。この日の目的は、マシンバの妻マーガレットのネームセークが一九七一年に残した遺言を果たすことだった。ネームセークは、マーガレットの父方祖母で、メル語でコロバスモンキーを意味するンコロイという名前だった。

遺言とは、ンコロイの名を継ぐ者たち——すなわち「ンタウ」にあたる女たち——が結婚し、子どもを産み、安定した生活を得られたら、子孫が一堂に会して祝福すべしということだった。ンコロイには、マシンバの妻マーガレットのほかにもうひとり「ンタウ」がいる。それはムキリという名の女性で、マーガレットにとってはイトコ（父の妹の娘）にあたる。ムキリが婚家で安定した生活を得るまでにいろいろとあったようだ。平穏な夫婦仲を取り戻し、子を授かるまでにとくに長い時間を要したらしい。ようやくにそれが実現したいま、子孫が一堂に会しての祝福が可能になった。

マーガレットの実父ムトゥマのこの日の演説はたいへん興味深いものだった。なかでも印象的だったのは、演説の冒頭、「いま、いま、いま、いま、それがいまなのです！」という出だしである。たいへんな感慨を覚えていたのだろう。ムトゥマの実母ンコロイの、一九七一年の遺言が「いま」実現することになったからだ。私自身も演説するよう求められたが、このような場合に述べるべき常套句があるので、それに倣った。私のほかにも何人かが演説を求められたが、結局のところ参加者の心を最も強く摑んだのは、いうまでもなくマーガレットの実父ムトゥマだった。

マシンバ・マーガレット夫妻を筆頭とする私たちのグループは、訪問先でこのうえないほどの歓待を受けた。私がこれまでに調査地で振舞われた食事のなかで最も美味で、行き届いたもののひとつだった。この宴を主宰したのはマーガレットの実父ムトゥマだったが、マシンバ・マーガレット夫妻の貢献はそれに劣らず大きかった。私を含むマシンバ・マーガレット夫妻一行が自動車八台に積載した贈与品は次のとおりである。男性用ワイシャツ十枚、女性用腰布十三枚、マットレス二点、ブランケット六枚、祝い酒用はちみつ三十キログラムに及ぶ。これらはすべてマシンバ・マーガレット夫妻が準備したものだ。マシンバからみて妻側親族への贈与にあたるが、これはいわゆる婚資（慣習法の求めるところによって夫側が妻側親族に贈与すべき品）の一部ではない。彼は婚資として雄山羊一頭、雌山羊六頭、雌羊一頭、雄羊一頭、雌牛（未経産牛）一頭、そして現金をすでに支払っている。

写真２　腰布を贈与するマーガレット（右端）、母に寄り添うカニェリ（2019年８月撮影）

食事を済ませ、一連の演説を聞いた後、私たちを含む参加者のすべてがこの日の祝福の証人となった。故ンコロイのンタウにあたるマーガレットとムキリの生活の安定と、子孫すべての健勝を祝福するために、ンコロイの娘たちと孫娘たちのひとりひとりを包み込むように、順に腰布が授けられていった。十三枚の腰布を順に授けたのはマーガレットだ（写真2）。マーガレットは、最初に自らに腰布を巻き付けたのち、自分の母そしてムキリの母に腰布を巻き付け、そのほか故ンコロイの娘たちと孫娘たち皆に順に授けた。ブランケット六枚は、腰布を受領した女性十三名のうち六名に重ねて授けた。ムキリそしてその母には、さらにマットレスを授けた。いまは亡きンコロイの人格を受け継ぐンタウのひとりとして授けたのだった（図1）。

二〇一九年八月二十四日のこの集いは、マシンバと義父ムトゥマとが前年中に携帯電話でのやりとりのなかで意気投合し、一年越しに実現した。マシンバには前年二〇一八年に末娘のカニェリが生まれ、そのことによって実母のンタウを得たわけだが、じつはそれとほぼ同じタイミングで自らの初孫（長男の息子）が生まれていた。

図1　人物関係図

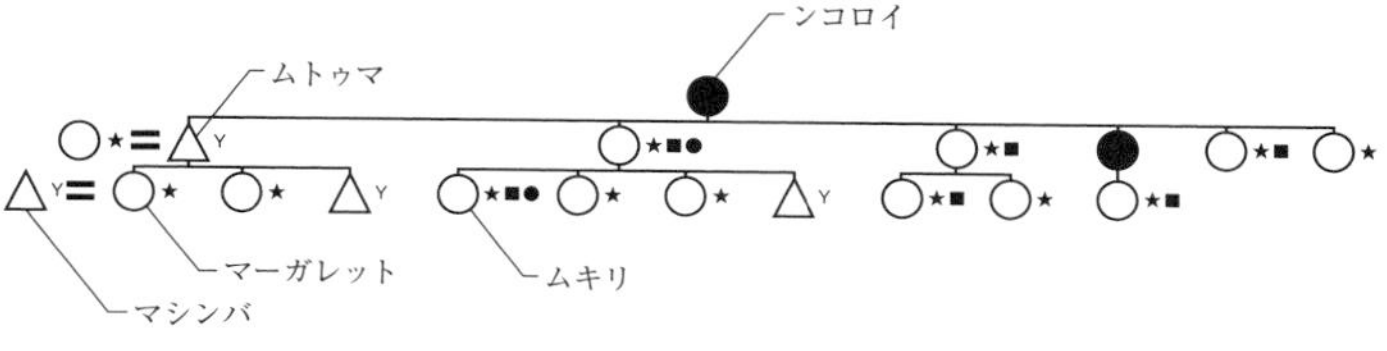

★　腰布を授けられた者（計13名）
■　ブランケットを授けられた者（計6名）
●　マットレスを授けられた者（計2名）
Y　ワイシャツを授けられた者（上記ほか計10名）

イゲンベの名取り慣行に従って、初孫はマシンバ自身のンタウとなった。実母と自分自身とがそろってンタウを得たことは、彼にとってこのうえない天恵だったことだろう。他方、妻マーガレットの実父ムトゥマにとっては、母ンコロイのもうひとりのンタウであるムキリに子が生まれ、人生の安定を得たことで、長年の苦悩から自らを解き放つときが来た。ムトゥマにとって、果たされぬままの母の遺言は呪いにほかならなかった。

〈社会を語る社会〉における個人の在り処

私は、〈個を覆い隠す社会〉そして〈社会を語る社会〉の姿をイゲンベ地方にみている。これは、かつて調査地としたニューギニア高地エンガ地方ならびにケニア西部グシイ地方を、ともに〈個を語る社会〉とみたうえでの比較モデルだ。詳説は前著［石田 二〇一九］に委ねてここでは省くが、その要点は次のとおりである。

エンガとグシイの人びとは何世代にも及んで男系祖先の名前を記憶する。他方、イゲンベの人びとが記憶する男系系譜は世代深度が浅い。それぞれの地域固有の人生観において、エンガの男たちが男系的系譜に自分の名を遺すことに執着し、グシイの男たちが祖先として適切な扱いをうけることを求めるのに対して、イゲンベの男たちは、個人の名を遺すことにも祖先として処遇されることにも積極的な価値を求めない。

だが、イゲンベの人びとが歴史に無関心というわけではない。人びとは自分たちの歴史をむしろ雄弁に語る。人びとが語るのは、個人（個人とその親族関係）を語る歴史ではなく、社会を語る歴史である。それは、イゲンベを含むメル民族社会の人びとが、系譜を通じた男系祖先との繋がりを根拠とする出自集団への所属よりも、民族社会全体が共有する制度としての年齢組への所属に自他識別の第一の基準を求めることに由来する。

私は、イゲンベの人びとがこのような意味で〈社会を語る社会〉であると同時に、個を語らないどころか、むしろ積極的に〈個を覆い隠す社会〉でもあることを学んだ。仮面ダンサーの存在や、呪詛（地域社会に害悪をもたらす者を処断する公然の呪い）の現場で自らの人格を消去するための言葉を添える様子を観察するなかで分かったのは、個人が重要な役割を果たす際に、自らの個人的能力や社会的属性を覆い隠すことで、強制力の私物化を慎重に排除するメカニズムである［Ishida 2014; 石田 二〇一九］。

このような社会に生きるイゲンベの人びとは、民族社会全体で構造的歴史を営む。個人の人格はンタウ関係を介して後続世代の個人に受け継がれるが、無二の個人としてその名が郷里の歴史に刻み込まれることはない。墓も埋葬後の数年のうちに跡形もなく消えてしまう。だからこそ、ひとりの人間は死んだら終わりであり、同時に永遠に生きる存在でもある。私のエイジメイトであり、メル民族社会の共同研究者でもある馬場淳は、ティガニア地方での調査研究を通じて、人びとが大切に保管する家族写真の意義に着目している［Baba 2020］。故人を含む無二の個人の記憶がたしかな居場所を得るのは、個人宅保管の家族アルバムのなかに、そして無二の個人を真に抱く家族の胸のうちに、である。

本章では繰り返しこう述べた――イゲンベの人びとは、名前を通じて社会構造を経験し、同時に個人、家族そして社会の歴史に向き合っている。これは年齢組の名前についてもいえるので、最後にその点を付け加えたい。人びとが自他識別の第一の基準とする、イゲンベの年齢組は、郷里の構造的歴史を支える土台でもある。イゲンベの年齢組体系は、約十五年単位で形成される年齢組が全部で八つあり、A、B、Cと続くと、百二十年で再びAに戻る円環性・規則性をもつ。よって、全ての年齢組の名称は構造的に決まっている。だが同時に、個々の年齢組は、それを真に抱く者たちによって新たに付与され、やがて忘却される、固有名を併せ持つのである。そのような固有名には、白人支配の理不尽を問う者たち、自由にラジオを使えるようになった者たちといった地域史的命名から、日本の敗戦を記念するもの、アポロ号月面着陸を記念するものなど世界史的命名まである。イゲンベの年齢組体系とそれを支える歴史意識は、前者の意味で叙事詩的顔を持ち、後者の意味で私たちの歴史との同時代性を持つのである。

【参考文献】

石田慎一郎　二〇一九　『人を知る法、待つことを知る正義――東アフリカ農村からの法人類学』勁草書房。

上野和男　一九八二　「日本の祖名継承法と家族――祖先祭祀と家族類型についての一試論」『政経論叢』五〇巻（五-六）、七一五-七八七頁。

――　一九九三　「日本の隔世代関係についての一考察――儀礼的隔世代関係、隠居孫、隔世代祖名継承法を中心に」『国立歴史民俗博物館研究報告』第五〇集、二七九-三〇〇頁。

栗田博之　一九八八「歴史のマーカーとしての地名と人名――パプアニューギニア、ファス族の歴史意識について」『民族學研究』五二巻四号、二九九-三二六頁。
小馬　徹　一九九四―二〇〇一「アフリカの人々と名付け」（連載）『月刊アフリカ』三四巻一一号-四一巻四号。
森絵都（文）・武田美穂（絵）　一九九八『にんきもののねがい』童心社。
Baba, Jun　2020　Ontology of Photograph among the Tĩgania: Inquiry into the Relation of Meru Culture and Modern Technology. In Njũguna Gĩchere, S. A. Mũgambi Mwithimbũ, and Shin-ichiro Ishida eds., *Family Dynamics and Memories in Kenyan Villages*. Nairobi: National Museums of Kenya, pp. 77–100.
Ishida, Shin-ichiro　2014　Egalitarian Conflict Management among the Ĩgembe of Kenya. *African Study Monographs*. Supplementary issue 50: 73–102.
Peatrik, Anne-Marie　2019　*A Complex Polity: Generations, Initiation, and Territory among the Old Meru of Kenya*. Société d'ethnologie.

第4章

島に萌える

——ツバルにおける気候変動、科学、キリスト教

小林　誠

他者の萌えに寄り添う

南太平洋・ポリネシアに位置するツバルという国が気候変動に「沈む島」として注目を集めて久しい。面積二六平方km、人口約一万人のツバルは世界で最も小さい国の一つである以外に特に世界的な注目を集めるようなものは何もない。そのため、例えば、以前はこの国に来る日本人は援助関係者にほぼ限られ、その数もごく少数であった。しかし、二〇〇〇年代以降はそれに加えて、大臣や知事、国会議員などの政治家、土木建築の工事関係者、新聞やテレビといったマスメディア、環境保護に携わるNGO、自然科学と人文

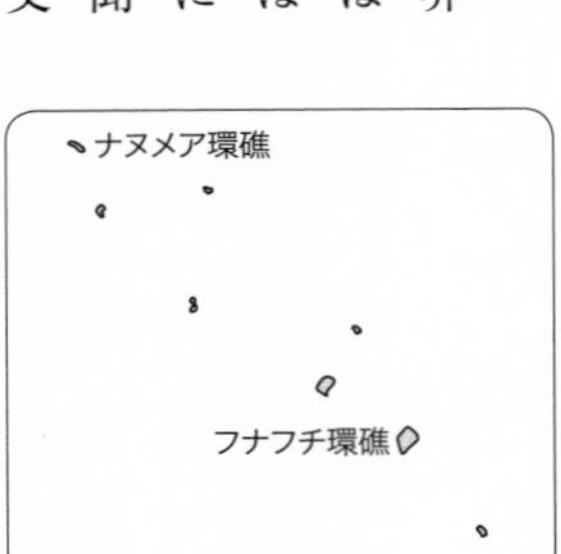

社会科学両者を含む研究者、各種視察団、さらには観光者が頻繁に訪れるようになった。彼らがツバルを訪れる理由、すなわち、ツバルに萌えるポイントは、ここが気候変動による「沈む島」であることだ。「沈む島」を視察、調査研究、撮影、目撃、支援、改変するために来るのである。

ツバルが「沈む島」といわれてきたのは、ツバル政府や海外のマスメディア、環境保護団体による積極的なアピールが功を奏したという側面もあるが、そもそもここが環礁によって構成される島国という地学的な特質と深く関連している。環礁は「環」状に連なるサンゴの「礁（浅瀬）」によって構成される。サンゴ礁の上には有孔虫やサンゴのかけらによって州島と呼ばれる陸地が形成される。環状の内側に巨大な礁湖（ラグーン）を擁するものもあるが、陸地面積はどれも小さく、海抜も数m程度と低平であることから、気候の変動に起因する海面の上昇に最も脆弱であるとされてきた。ただし、外部の者によって「沈む島」として注目を集める一方で、ツバルで暮らしてきた人々は必ずしも自らの島をそのようにとらえてきたわけではない。そもそも、「沈む島」に住む人々が自らの島をどのようにとらえてきたのかはほとんど注目を集めてこなかった。本論では、外部の者と島民による多様なとらえ方、多様な萌えが交差するこの環礁を民族誌的に素描したい。[1]

振り返ってみると、筆者がツバルでフィールドワークをすることにしたのは、ここが「沈む島」だったからにほかならない。しかし、長期間にわたるフィールドワークを通して次第にツバルの人々の萌えに萌えるようになっていった。ただし、帰国後は自分を含む外部の人々の萌えもすべて否定する必要もないと思い直し、多様な萌えの交差に萌えることをよしとしていた。他方で、こうしたメタな態度は真の萌えではないとも感じており、いまいち萌えきれない自分に対して忸怩たる思いもある。本論はそんな筆者が他者の萌えに寄り添い、自らの萌えの今後を考える試みでもある。

「沈む島」

気候変動に関する政府間パネル（Intergovernmental Panel on Climate Change、以下ＩＰＣＣ）の報告書[IPCC 2013] によると、世界の平均気温は二〇世紀に〇・八五℃上昇し[2]、それにより世界の平均海面水位は〇・一九ｍ上昇したという[3]。将来的な動向に関してはいくつかのシナリオが設定されているが、温室効果ガスの排出が最低限に抑えられたケースでは二一世紀末に平均気温はさらに〇・三から一・七℃、非常に多くの排出量となるシナリオでは二・六から四・八℃の上昇と予測されている[4]。これにともない二一世紀末の平均海面水位は最良のシナリオで〇・二六から〇・五五ｍ、最悪のシナリオでは〇・四五から〇・八二ｍの上昇と予測されている[5]。これが現在、最も合意されている数値である。

ＩＰＣＣが科学的な知見を扱うのに対して、国連気候変動枠組条約締約国会議（以下ＣＯＰ）ではその対策についての政治的な議論がなされる。ツバル政府はＣＯＰをはじめとする国際会議の場で自分たちの国に起きている気候変動の被害とその対策を訴えてきた。ツバルの歴代の首相は時に温室効果ガスの排出国や排出企業を国際司法裁判所に訴える用意があると発表したり、自分たちは環境難民となるため他国への移住を希望すると主張したりと、過激な発言をすることで海外のマスメディアの注目を集めることに成功してきた。最近では、エネレ・ソポアンガ前首相は国際会議の場で自国の被害や対策を主張するだけでなく、「ツバルを救えば、世界を救える（If we save Tuvalu, we save the world）」と訴えている。

ツバル政府に応じるように、海外のマスメディアも気候変動に「沈む島」としてツバルを表象してきた。そこでは、侵食によって倒れるココヤシ、高潮による家屋の浸水、地中から湧き出す海水とタロイモの塩害といった「被害」の現状や、海外への移住の増加と全国民が将来的に「環境難民」になるといった悲劇的な未来が繰り返し描かれてきた。こうしたマスメディアによる表象の影響もあり、「沈む島」ツバルを見に行こうとする観光者も現れるようになった。日本の環境ＮＧＯであるツバル オーバービュー（Tuvalu Overview）も二〇〇〇年代から二〇一〇年代の初めまで「エコツアー」を主催しており、参加者の多くが「沈む島」ツバルをこの目で見てみたいという目的を持ってこの島を訪れている。他方で、科学的な研究はフナフチ環礁で起きているとされる現象が気候の変動というグローバルな要因に加えて、地形の改変の歴史などというローカルな要因もあることを指摘してきた［Yamano et al. 2007］。また、こうした注目を集める中で、海外、とりわけ日本から気候変動への対策として多様な援助がなされるようになっていった。

環礁

環礁を意味する英語のアトール（atoll）の語源はインド洋のモルジブの言葉atoluに由来し、ダーウィンが使ったことで広く使われるようになったという。環礁が自然科学者の注目を集めたのは、一八四二年に出版されたダーウィンの『サンゴ礁の構造と分布（*The Structure and Distribution of Coral Reefs*）』［Darwin 2013(1842)］に遡る。著書の中でダーウィンは裾礁、堡礁、環礁というサンゴ礁の多様性を火山島の沈降という時間軸に沿って位置づけて説明した。そして、火山岩が沈降し、サンゴ礁は上方に成長することによってできたのが環礁であった。以降、彼が提唱した沈降説が自然科学者の間で議論されてきた。沈降説が正しければ、環礁のサンゴの下には火山岩が存在するはずであり、ダーウィン自身も環礁でのボーリング調査によって自らの説を裏付ける有力な証拠を得ることを望んでいたという［Darwin 1887: 184 quoted in Royal Society 1904］。

このダーウィンの沈降説の正しさを証明するために初めて本格的なボーリング調査が行われたのがフナフチ環礁であった。ボーリング調査を実施したのはイギリスの王立協会（Royal Society）で、一八九六年、一八九七年、一八九八年の三度にわたってフナフチ環礁に調査隊を派遣している。調査隊は三回目の一八九八年には三四〇mの深さまで掘り進めたが、それでも基盤となっているはずの火山岩まで到達することができなかった。彼らの報告書を読むと、硬い土壌に阻まれて予定通りのスピードで掘り進めることができなかったり、機械がすぐに故障するので修理に時間を取られたりなど、様々な苦難を乗り越えて何度もボーリングを行っている様子がうかがえる［Royal Society 1904］。サンゴの層は当時の自然科学者が想像する以上に厚かったのである。環礁の基盤となる火山岩にまで到達するのはボーリングの技術が向上した第二次世界大戦後を待たなければならない。一九五二年に、マーシャル諸島エニウェトク環礁で行われたボーリング調査で、地下一二六七ｍと一四〇五ｍで火山岩にまで到達した［高橋一九八八］。なお、エニウェトク環礁はアメリカ軍によって人々が強制的に移住させられ、一九四八年から一九六二年の間に核実験が行われ、州島の中には文字通り消失してしまったものもある。このボーリング調査はこうした文脈で実施されたものである。

ツバルで最も大規模な島の改変が行われたのは、第二次世界大戦中に駐留したアメリカ軍による基地の建設である。フナフチ環礁では滑走路を建設するために、島の中央部に存在していた湿地帯が土砂で埋め立てられた。また、滑走路の強度を増すために、近隣の海域で採取したサンゴを敷き詰めて、それを凝結・硬化させている。他方で、埋め立て用の土砂を得るために島の両端が掘削されてボローピット（borrow pit）と呼ばれる巨大な窪地がつくり出された。ほかにも有用な木々が大量に切り倒され、人々はフォンガファレ州島からフナファラ州島へと村落ごと移された。フナフチ環礁以外にも、ヌクフェタウ環礁やナヌメア環礁でも滑走路建設のためココヤシをはじめとする有用な木が大量に切り倒された(6)［McQuarrie 1994］。こうして、ツバルの環礁はアメリカ軍によって「不沈空母（unsinkable aircraft carrier）」とされたのである。

二〇〇〇年以降になると、「不沈空母」は気候変動に「沈む島」となり、気候変動への適応策やレジリエンスの強化といった名目で環礁の景観がさらなる改変を受けつつある。中でも、最も大きな影響を与えているのが、サンドポンプによる土地の造成である。まず、先述のアメリカ軍によってつくり出されたフナフチ環礁のボローピットが、二〇一五年にニュージーランド政府の支援によって埋め戻された。これにより、それまで湿地帯となってしまっていたボローピット周辺の居住環境が劇的に向上するとともに、フナフチ環礁の総面積の八％に当たる土地が造成された。ツバル政府は同じサンドポンプを用いて政府庁舎前のラグーン側の海浜を幅二〇m、長さ五〇〇mにわたって養浜するとともに、幅八〇m、長さ三〇〇mの埋め立てを行っている。突如つくられたこの広大な埋立地は公園になり、二〇一九年に太平洋諸島フォーラムがフナフチ環礁で開催されるのに合わせて宿泊施設や会議場が建設された。日本のジャイカ（JICA）もこの埋め立ての北に位置する海岸に幅二〇m、長さ一八〇mほどの養浜を行っている。こちらは同じくサンドポンプを用いて浚渫した砂のほかに、一九七二年にハリケーン・ベベによって堆積したサ

写真1　造成地に植えられたココヤシ（2017年3月撮影）

ンゴ礫も用いている［小林 二〇一九b］（写真1）。

王立協会はフナフチ環礁の有孔虫についても調査していたが、フナフチ環礁の有孔虫は二〇〇〇年代になると気候変動の適応策として、今度は日本の自然科学者の注目を集めることになる。二〇〇〇年代以降、東京大学の茅根教授を中心とするグループが、気候変動への適応策として有孔虫を使った生態工学的な調査研究を始めた。彼らはツバルの土地の半分から四分の三が星の砂と呼ばれる有孔虫の殻によって構成されていて、この有孔虫（の殻）の生産・運搬・堆積を最適化することは海面上昇に対する国土のレジリエンスを高めることにつながると考えた。そのため、まず有孔虫の生産・運搬・堆積メカニズムとその定量的なモデルをつくり出すとともに、それを最適化するために、水質改善による生産の向上、コーズウェイの開削、桟橋の撤去による運搬の向上、養浜と植樹による堆積の向上などの対策をツバル政府に提案している。二〇一〇年には有孔虫養殖の実験施設をフナフチ環礁に開設し、飼育や繁殖技術の確立を図っている［茅根 n.d.；小林 二〇一九b］。

他方で、日本の環境NGOツバル オーバービューは二〇〇七年からマングローブの植林を進めている。初めは、フナフチ環礁の南に位置するフナファラ州島近辺から始まり、次第に主要な植林サイトをアバラウ州島に移していった。さらにはフォンガファレ州島の首相官邸前の海岸にも植林をしている。日本人駐在者やツバル人スタッフを中心に、現地でマングローブ種の採取から育苗まで行っており、植えたマングローブの中には大きく成長したものもあり、海岸侵食を防ぐとともに、砂の堆積を促進することが期待されるが、必ずしも植林したものが成長するとは限らず、潮の流れが強い場所では植林した苗がすべて流されてしまったサイトもある。また、植林すると浜辺に足を踏み入れることができなくなったり、「真っ白い砂浜の美しい景観」を損ねたりするともとらえられており、時に現地の人からの反対を受けることもあったが、近年では「マングローブ植林への理解が年々深まってきている」ことや、多くの政府関係者などの協力を得ることで、植林場所が拡大し、植林の本数も飛躍的に増大させている［Tuvalu Overview 2014］。二〇〇七年から二〇一五年までは毎年数百本から数千本程度であったのが、アバラウ島周辺だけでも二〇一六年度に約一万五〇〇〇本、二〇一七年度に約二万本、二〇一八年度に約三万本、合計約六万五〇〇〇本、約二万㎡の植林面積だという［Tuvalu Overview 2019］（写真2）。

フナフチ環礁の改変は今後も続きそうだ。「浮島（floating island）」が構想されることもあるが、近年有力視されているのが人工島の建設である。これは、日本のNGOツバル　オーバービューが提案してきた「エコアイランド計画」に端を発するものである。同計画では、フナファラ州島周辺の浅瀬をサンドポンプで浚渫した海底の砂で埋め立てて、人々が避難することができる新たな人工島を造成するというのである。これ

写真2　タロピットで育苗されるマングローブ（2017年3月撮影）

により「近い将来環境難民になるかもしれないツバル人が、安心して暮らせる新しい島を創出する」という［Tuvalu Overview 2014］。また、ツバルの「文化と伝統を守りながら、新しいエネルギー技術や産業廃棄物処理技術の実験場として機能する」としており、完成予想図にはフォンガファレの五倍の面積の土地に、滑走路や港、政府庁舎などが含まれると予想される首都機能が整備されているほか、フナフチ環礁の人口に匹敵する五〇〇〇人分の居住場所、さらに、太陽熱発電所などの新エネルギーの実験エリア、廃棄物処理施設、そして、リゾートホテルなどがイメージされている。計画がどこまで実現しうるのかは未知数だが、これを歓迎する声も聞かれる。例えば、フナフチ環礁の首長や年長者を中心とする島会議もこの計画に前向きな発言をしており、二〇一九年に選出されたカウセア・ナタノ首相はこうした人工島建設の可能性に言及している［Round 2019］。

フェヌア

それでは、ツバルの人々にとって自らの島とはどのようなものなのだろうか。ここからは筆者がフィールドワークを行ったツバルの離島の一つ、ナヌメア環礁を中心に説明していく。ツバル語で島を表す単語にはモトゥ（*motu*）とフェヌア（*fenua*）の二つがある。モトゥは辞書［Jackson 2001］では islet とあり、州島と記述してきた。基本的には物理的な島を指すが、常に海面上にあるからといってそれらがすべてモトゥかというとそうではない。砂州や岩が満潮時にも海面上に存在していたとしてもそれは単なる砂（*one*）や岩（*fatu*）であり、モトゥではないという。モトゥと呼ばれるためには、ココヤシなどの有用な植物が植えられ、人々に利用されるような場所である必要がある。他方のフェヌアは州島の連なりである環礁全体を示す。ただし、物理的な島だけでなく、そこに暮らす人々やコミュニティも含む。そのため、例えば、感情や心を意味するロト（*loto*）とフェヌアが足されたロト・フェヌア（*loto fenua*）は、自分の島を愛することとコミュニティ意識などと訳される［同：87］。なお、連なりを意味するアトゥ（*atu*）が足されてアトゥ・フェヌアとなれば、諸島や国という意味になる。ツバルは八つの島から構成される諸島＝国である。(7)

ツバルでは島というコミュニティの中に人々が生きている。島全体の共同作業に参加するのはいうまでもなく、島の饗宴の準備をしたり、そこに参加したり、島会議に出たりすることが求められる。喜びも悲しみも苦しみもすべて島の中にある。そこから外に出ようものならば、人々は文字通り生きていけない。島の平和を乱す者などに対する伝統的な制裁として行われていたのが、饗宴などの島の行事への参加禁止であり、それはその人物にとって社会的生命の停止を意味するほどの重大なものであった。島の理想はそこに暮らすすべての人々が「ともに集う（*kau fakatasi*）」ことである。

島は神に祝福された場所でもある。この点について説明するためにまずは島の象徴的分類を見ていこう。島は海（*tai*）との対比では陸（*uta*）である。海は幸福と災いの双方をもたらす両義的な存在である。海は社会の外部を意味し、海の方へ結婚した（*avaga ki tai*）というと他の島の者と結婚したことを示す。他方で、陸は人々が住むところであり、土着性などを含意する。そして、陸は村落（*fakkai*）と森（*vao*）

に分けられる。森には人々の手で下草が刈られて、等間隔に植えられたココヤシが並ぶ整備された林もあるが、ほとんど手がつけられていない茂みがあり、豚の囲いが点在し、夜は男女の逢引の場にもなり、精霊たちが飛び交うともいわれる。そこは人間以外の者が住む不浄な場所でもある。他方の村落は人間が住む場所であり、清潔で、秩序があり、「光＝理解（*maina*）」がある［小林 二〇一九a］。

陸＝島の中心は村落である。そして、「光」という比喩が示唆するように、村落の中心には教会がある。離島では人口の九割以上がツバル・キリスト教会の信徒であり、島と教会（*Ekalesia*）は大きく重なる。そのため、朝晩の祈りの時間では、村落内全体で外出や大きな物音を立てる行為が禁止される。祈りの時間を知らせるために、執事が教会と村落の四隅にある鐘を鳴らす。鐘が鳴り終わると、家々から賛美歌が聞こえ、祈りが捧げられる。島には他宗教・宗派の者もいるが、ツバル・キリスト教会は島の宗教であり、この瞬間は村落全体が教会の空間であることが顕現する。環礁が「祝福（*manuia*）」を得るためには普段の神への「祈り（*talo*）」が必要である。人々は先述の朝晩の祈りのほか、毎週日曜日に礼拝に行き、そして、共同作業の前後、漁労の前などに祈りを欠かさない、何か問題が起これば教会で祈りを捧げることも忘れない。信心深いキリスト教徒であることは、島というコミュニティで生きていくための必須の条件でもある。人々は日曜日には毎週欠かさず教会に通い、賛美歌を熱唱し、子供を教会のサンデースクールに通わせる。また、教会へ食べ物を貢納し、献金額を競い合う。ポーラヒ（Po Lahi）というクリスマスと新年をはさんで三週間にわたって繰り広げられる島最大の祭りのクライマックスの一つが賛美歌の歌合戦である。

筆者が滞在中によく聞いたのが、「私たちの島は祝福されており、たくさん食べ物がある」という表現だった。たくさんある食べ物として、ココナツ（*niu*）、パンノミ（*mei*）、タロイモ（*talo*）、プラカイモ（*pulaka*）などの栽培作物、マグロ（*atu*）、カツオ（*takuo*）、トビウオ（*hahave*）などの魚（*ika*）が言及される。環礁は淡水資源が少なく、土壌が貧困で、陸上の生態資源が乏しいことも多く、人間の居住にとって厳しい環境である。環礁に住み着いた人々は様々な動植物を持ち込み、島を改変しながら環礁を人間にとっての「楽園」にしていったという。ツバルの島々に初めて住み着いた人々もまた、環礁の景観に様々な形で変更を加えていった。ココヤシなどの木々を植え、広大なピット（掘削田）を掘り、そこにタロイモやプラカイモを栽培していき、豚（*puaka*）、鶏（*moa*）などの家畜飼養と漁労などを組み合わせた生業で、安定した暮らしをつくりあげてきた。

日々の努力もさることながら、島に食べ物が豊富にあるかどうかは、首長のマナ（*mana*）にかかっているという。マナとは広くオセアニアの諸社会に見られる概念で「超自然的な力」などと訳される。ツバルでは、マナがある人物が首長になると島が神によって祝福され、ココヤシが大量に実を結び、魚が大量に取れるなど、陸と海の両者に豊穣さが現れるという。他方で、首長にマナがなかったり、あるいは首長の言動が悪かったりすると、島が神によって呪われ（*malaia*）、ココヤシが枯れ、魚がいなくなるという。そのため、干ばつが続いたり、島全体で魚が取れない状態が続いたりすると人々は首長を交代させるように声を上げ始める。ここでいう神はキリスト教の神（*Te Atua*）であるという。かつては多様な神々あるいは精霊（*aitu*）が存在し、首長も土着の神々との結びつきが強かったが、宣教師が到来した時に首長がキリスト教を島の宗教として受け入れたという。(8) ツバル・キリスト教会は島の宗教とされ、首長になるためには事実上キリスト教徒でなければならない。

「神のためのツバル」

それでは、ツバルの人々にとって気候変動、とりわけ海面の上昇はどのようにとらえられているのだろうか。筆者が二〇〇六年から二〇一〇年に調査を行っていた時、すでに気候変動あるいは地球温暖化については離島においても広く知られていた。連日のようにラジオのニュースで頻繁に取り上げられ、時には特集番組も組まれていたり、また、年長者や若者、女性の代表を集めてNGO主催のワークショップも行われ、さらに、政府がつくった気候変動についてのツバル語の冊子［Faavae 2003］も各戸に配布された。もちろん、気候変動について聞いたことがないという者もいたが、少なくともツバル語で気候変動にあたるマフリフリンガ・オ・タウ・オ・アソ（*mafulifuliga o tau o aso*）という言葉は広く知られるようになっていた。

ツバルでは気候変動といえば、海面上昇のことを意味していた。季節の変化や降水量、台風などの気候に関する変化についてもよく聞かれたが、人々が最も言及していたのが、海面の上昇やそれにともなうとされる海岸の侵食、高潮などであった。調査をする中で、海岸の侵食や高潮などの影響に関しては、近年それがどの程度起きており、そしてどのような被害をもたらしているのかについて聞くことができた。ただし、海面が上昇しているかどうかについて尋ねると、多くの人々が海面は上昇していない、あるいはしないと答えてくれた。ある男性は、「海面は上昇しない。なぜなら、神がもう二度と洪水を起こさないと約束したからだ。神はその約束の証として虹をつくった。私はキリスト教徒で神を信じているから、そのように考える」といった返答をしてくれた。こうした語りはこの男性のみならず、広く聞かれた。彼らにとってみると、敬虔なキリスト教徒たるものは、神と神の御言葉が書かれた聖書を信じるという。聞き取りをしている中で、ツバルの人々は「科学（*science*）」ではなく、「科学者（*saienitisi*）のいうこと」と表現していたことに気づいた。ツバル語の辞書でも科学は「科学者の扱う事柄（*mea fakasaienitisi*）」となっている。科学者とされることによって、客観的なものというよりは、人間が考えたという点が強調される。そのため、前述の男性のように気候変動は起きていないとする者の多くは、科学者である人間は必ず間違いを犯す、間違いを犯さないのは唯一、神のみであると説明する。「真実」は科学によって明らかにされるのではなく、神のみが知るというのである。

ツバルの人々にとって、自らの島は神が自分たちに与えてくれたものであり、神がくれた島が海に沈むわけがない。そうであるならば、気候変動によって島が沈む、などというわけにはいかない。反対に島が沈むといってしまうと、自らの信仰心のなさを露呈してしまう恐れがあるのだ。他方で、離島の人々の多くがキリスト教的な神学を用いて気候変動を否定してきたが、ツバルの人々の間でも、首都のフナフチ環礁の官僚、政治家、教師を中心に気候変動に関する「科学者のいうこと」が受け入れられていることも確かである。

こうした中、「科学者のいうこと」をどのように神学的に解釈しうるのかという方向で考える者もいる。例えば、ツバル・キリスト教会には気候変動担当の牧師がおり、彼はノアの方舟は大雨による洪水であり、それは極地の雪がとけることによる海面の上昇と異なるものである。よって、海面の上昇は聖書の記述とは矛盾しないと語っていた。この牧師はツバルの島々を回って礼拝などで気候変動への備えを訴えてきたが、こうした説明が受け入れられて、海面の上昇に対する人々の考えが変化したかというと必ずしもそうではない。いずれにしても、国歌にあるように、八つのフェヌアで構成されるこの島国は「神のためのツバル（*Tuvalu mo te Atua*）」であり、キリスト教の神学の中で気候変動を考える必要があるのである。

「沈む島」に萌える

「沈む島」ツバルに魅きつけられ、援助関係者、政治家、マスメディア、NGO、研究者、そして観光者までツバルを訪れるようになった。そして、現在ではツバルが「沈む島」になることを防ぐために、島が物理的に改変されつつある。他方で、必ずしもツバルの人々は自らが暮らす島をそのようにとらえてきたわけではなかった。ツバルの人々、とりわけ調査当時の離島に住む人々の多くにとって、自らの住む島は神に祝福された場所であり、神がそれを沈めるわけがないと考えていた。

それでは、「現地の人々の立場に立つ」ことを標榜する人類学者（である筆者）はどう応答すればいいのだろうか。人々がいっているように「ツバルは沈まない」と論じた方がいいのであろうか。しかし、それでは気候変動の対策を取るために気候変動の被害を訴えてきたことが台無しになってしまい、適応策の実施を妨げるものにもなりかねないし、最終的にツバルの人々のためにならないとも考えられる。では、現地の人々がいっていることへの理解を示しつつも、自らは科学的な予測を信頼して「ツバルは沈む」と主張した方がいいのであろうか。しかし、それではツバルの人々のエージェンシーを否定することにつながりかねない。彼らは自らのやり方によって常に変化する環境に応答してきたはずであり、今後も彼らなりのやり方を生起させていくはずである。どちらを選べば「現地の人々の立場に立つ」ことになるのかは思った以上に難しい問題である。

そこで参考としたいのは、栗田博之［一九九九］による食人をめぐる政治性の議論である。栗田はかつて食人の慣習が存在したと論じることはパプアニューギニアの周縁性を強化しかねない点を認めつつも、食人の存在を論じることの政治性のみならず、食人が存在したことを隠蔽することの政治性も問われるべきだと喝破する。そして、様々な問題があるにせよ、食人を売りにしてパプアニューギニアに観光客を呼び込むことを是と判断し、「皆でパプアニューギニアへ食人族を見に行こう」と呼びかける。栗田は「食人」が持つ周縁性を否定するのではなく、それを「武器」にすることを主張するのである。

本論の議論に引きつけていうならば、ツバルが沈むと主張することもそれを否定することもどちらにも政治性をともなう。しかし、今後、気候変動の影響により島に多大な影響を与えるのならば、様々な問題を含みつつも、「沈む島」を「武器」にツバルに注目を集める方が援助を呼び込むことに繋がり、彼らの島を守ることに繋がるだろう。そうであるならば、現地の人々の見方を一旦保留にした上で、筆者を含む外部の者が「沈む島」に萌えることは、少なくとも悪いことではないだろう。(9) ただし、本当に沈むかどうかは神のみぞ知る、だが。

【注】

(1) 星の砂ともいわれるアメーバ様原生生物。
(2) 一八八〇年から二〇一二年の間に〇・八五(〇・六五～一・〇六)℃の上昇。
(3) 一九〇一年から二〇一〇年の間に〇・一九(〇・一七～〇・二一)mの上昇。
(4) 一九八六から二〇〇五年までの平均に対する二〇八一から二一〇〇年における上昇。
(5) 一九八六から二〇〇五年までの平均に対する二〇八一から二一〇〇年における上昇。
(6) この時に作られた滑走路はフナフチ環礁では現在でも使われている。ヌクフェタウ環礁やナヌメア環礁では戦後、滑走路にココヤシなどが移植されたが、土壌が固まってしまっているため、ココヤシの育ちが悪く、現在でも小さな実しか結ばない。
(7) ちなみに、ツバル(Tuvalu)のツ(*tu*、現地での発音ではトゥー)は伝統、バル(*valu*、現地での発音ではヴァル)は八という意味であり、それぞれの島には独自の伝統があるという。
(8) もっとも、実際には宣教師の受け入れに対する反対も多く、また、その後も牧師と首長は対立していたという。
(9) ただし、「沈む島」を見に行くためには、気候変動の原因となる温室効果ガスを大量に排出する航空機を使用する必要があり、それにより、島が沈むことに寄与してしまうという危険性も指摘しうるが、この問題については別稿で論じたい。

【参考文献】

茅根 創 n.d. 「海面上昇に対するツバル国の生態工学的維持 終了報告書」(地球規模課題対応国際科学技術協力(SATREPS))。(https://www.jst.go.jp/global/kadai/pdf/h2002_final.pdf 二〇二〇年二月一二日閲覧)

栗田博之 一九九九 「ニューギニア「食人族」の過去と現在」『オセアニア・オリエンタリズム』春日直樹編、一三〇-一五〇頁、世界思想社。

小林 誠 二〇一九a 「『陸』の景観史――ツバル離島の村落と集会所をめぐる伝統、キリスト教、植民地主義」『アイランドスケープ・ヒストリーズ――島景観が架橋する歴史生態学と歴史人類学』山口徹編、二九三-三〇九頁、風響社。

―― 二〇一九b 「『沈む島』への援助――ツバルにおける気候変動対策」『太平洋諸島の歴史を知るための60章――日本とのかかわり』石森大知・丹羽典生編、二五九-二六三頁、明石書店。

高橋達郎 一九八八 『サンゴ礁』古今書院。

Darwin, Charles 1887 *The Life and Letters of Charles Darwin* vol. 3.

―― 2013(1842) *The Structure and Distribution of Coral Reefs: Being The First Part Of The Geology Of The Voyage Of The Beagle, Under The Command Of Capt. Fitzroy, R.N. During The Years 1832 To 1836*. Cambridge University Press.

Faavae, Poni 2003 *Te Mafulifuliga o Tau o Aso iluga o Fenua ote Pasefika*. WWF South Pacific.

Falefou, Tapugao 2017 *Toku Tia: Tuvalu and the Impacts of Climate Change*. PhD Thesis. The University of Waikato.

IPCC　2013　Summary for Policymakers. In: *Climate Change 2013: The Physical Science Basis. Contribution of Working Group I to the Fifth Assessment Report of the Intergovernmental Panel on Climate Change*. Cambridge University Press.（ＩＰＣＣ第５次評価報告書第１作業部会報告書政策決定者向け要約（Summary for Policymaker）気象庁訳）

Jackson, Geoffrey W.　2001　*Tuvaluan-English Dictionary*. Oceania Printers.

Lusama, Tafue　2004　*Punishment of the Innocent: The Problem of Global Warming with Special Reference to Tuvalu.*

McQuarrie, Peter　1994　*Strategic Atolls: Tuvalu and the Second World War*. University of Canterbury and University of the South Pacific.

Round, Sally　2019　Tuvalu's Fight to Stay above the Waves. Radio New Zealand.（https://www.rnz.co.nz/national/programmes/insight/audio/2018706787/tuvalu-s-fight-to-stay-above-the-waves　二〇二〇年二月二二日閲覧）

Royal Society（Great Britain）　1904　*The Atoll of Funafuti: Borings Into a Coral Reef and the Results. Being the Report of the Coral Reef Committee of the Royal Society*. The Royal Society of London.

Tuvalu Overview　2014「フナファーラ　エコアイランド」（http://www.tuvalu-overview.tv/pdf/funafala-eco-island-2014.pdf　二〇二〇年二月二二日閲覧）

――　2015「特定非営利活動法人 Tuvalu Overview ２０１４年度活動報告書」（http://www.tuvalu-overview.tv/pdf/activity_report_in_2014_at_TUVALU.pdf　二〇二〇年二月二二日閲覧）

――　2019「特定非営利活動法人 Tuvalu Overview ２０１８年度活動報告書」（http://tuvalu-overview.tv/pdf/activity_report_in_2018_at_TUVALU.pdf　二〇二〇年二月二二日閲覧）

Yamano, Hiroya, H. Kayanne, T. Yamaguchi, Y. Kuwahara, H. Yokoki, H. Shimazaki, and M. Chikamori
2007 "Atoll Island Vulnerability to Flooding and Inundation Revealed by Historical Reconstruction: Fongafale Islet, Funafuti Atoll, Tuvalu." Global and Planetary Change 57 (3-4): 407-416.

第2部

内旋する萌え

The Anthropologist as *Homo Affectus*

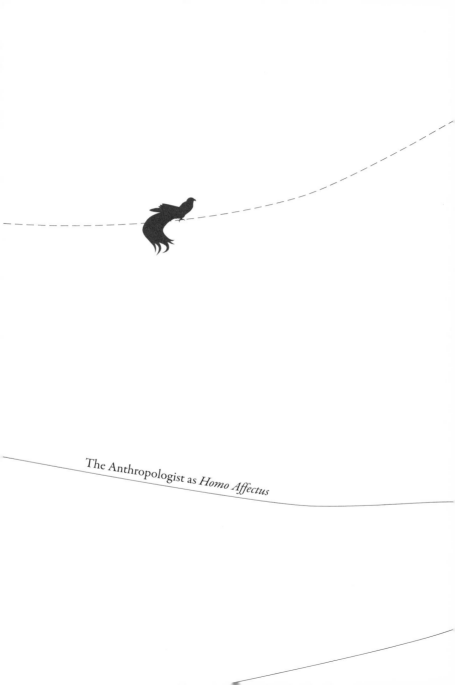

第5章

西オーストラリアの町の日本食に萌える

――ブルームの日本人移民の過去と現在

山内　由理子

「ブルームという町に日本食を食べに行こう」

栗田［一九九九］はかつて「ニューギニア『食人族』の過去と現在」で「ニューギニアに食人族を見に行こう」「みんなでニューギニア料理を食べに行こう」と呼びかけている。実際にそれにのってニューギニアに行った人がいるかどうかは私は知らない。むしろ、栗田がここで行っているのは、「食」を通じての中心／周縁、文明／未開といった自他の境界創出をめぐる多層的言説の読み解きであった。メアリー・ダグラスが喝破したように、「食」には社会関係がコード化されている［Douglas 2019］。「いつ」「誰と」「何を」

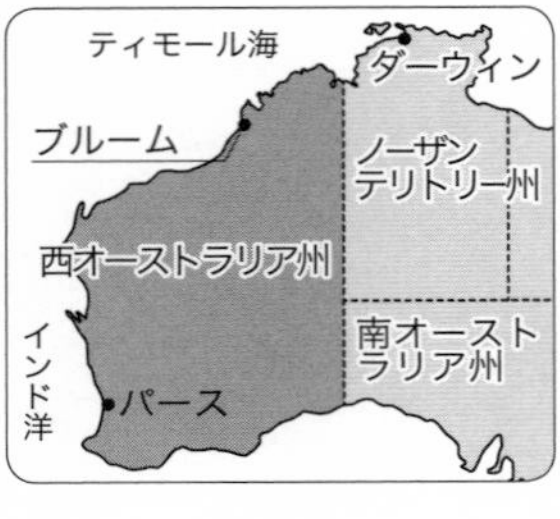

「どこで」食べるか、飲むか、といったことのなかには親密性と距離のポリティクスがうごめいている[cf. Carsten 1997]。「同じ釜の飯を食った仲」といえば、何かの特別な絆がありそうな感じがするし、敵対するグループを罵る際には「あいつらは○○を食う連中だ」などといったりする。栗田がオセアニアにまつわるオリエンタリズムの批判的検討に取り組んだ『オセアニア・オリエンタリズム』に寄せた論考で、「食」から議論をはじめているのは、きわめて理にかなった方法なのだ。

ここでは、それにならって「ブルームという町に日本食を食べに行こう」といってみる。何が見えてくるだろうか。残念ながらインパクトはだいぶ落ちる。ブルームはオーストラリア北西部の町なのだが、たいていの読者は知らないであろうから、はじめに「それはどこだ」という話になるだろう。さらに、「日本食」であるが、日本語で書かれ日本で出版されるこの本を読む方のほとんどは日本での日本食になじみがあると考えられる。そこに「日本食」である。なぜ「ブルーム」という得体のしれない場所で「日本食」なのか、ほとんど意味がないように思われるかもしれない。

しかし、オーストラリアに足を踏み入れてみると、この言葉はあながちおかしくもないのだ。オーストラリアは一九七〇年代より「マルチカルチュラリズム(多文化主義)[1]」を看板に掲げ、さまざまな移民との共生を目指した多文化主義政策をとっている。シドニーやメルボルンのような都市ならばアジア系移民もアジア系レストランも多い。しかし、このあたりの「日本食」はどうも怪しげなものが混じっている。だからといって「まずい」わけでは必ずしもないが、ラーメンに生のもやしがドーンとのせられていたり、スシ・ロールと称するもののなかに地中海風の天日干しトマトやダッチ・スモークチーズが入っていたりすると、「日本食」の看板から期待していた身としては、違和感はやはり否めない。[2]この「期待」の枠組みさえ緩めれば結構おいしいものもあるし、ほとんど違和感がなく食べられるお店もある。ほかのアジア料理や中東料理ならその出自地域から来た人びとがどう考えているか等考慮に入れず食べてしまうのだから、問題の根本はこちらの「日本食」への「期待の枠組み」かもしれない。ただ、これはやはり都市だからであって、田舎では「日本食」どころか中華料理があればめっけものである。後は、アングロ・サクソン風の食べ物に甘んじるしかない。もちろん、これらもモノによってはそんなに悪くなかったりもするのだが……。

さて、このようなかでオーストラリアの北西部にある町ブルームである。この町の特徴は、一九〇一年より一九七〇年代までオーストラリアは白豪主義政策により「有色の」移民を締め出してきたはずなのに、日本人移民が一九世紀後半より二〇世紀後半までほぼ継続して流入してきたということである。ちょっとブルーム市役所のホームページをのぞいてみよう。ブルームの町について「マルチカルチュラルな歴史」「マルチカルチュラル・コミュニティ」などの言及がなされ、さらに「この町のマルチカルチュラルな社会は、食通を満足させる幅広い『味』、カラフルな性質と文化的な影響が味わえることを請け合います」[Shire of Broome 2017] とまで書いてある。

ここまでくると、何かありそう、という感じはしてきたかもしれない。逆にいうと、「ブルームに日本食を食べに行こう」という言葉に意味があるということを探るだけで、これだけの歴史的社会的背景がでてくるわけだ。栗田［一九九九］の「食人」とは違ったかたちではあるが、ブルームの「日本食」

も多層的な歴史的社会的関係を見る窓口なのだともいえる。本章ではここからさらに、ブルームにおける「日本食」とそれを取り巻く語りから見える幾重にも重なった歴史と人びとの関係の面白さをお伝えしたいと思う。「萌え」というものが、一見ほかの人にはわかりにくい対象に対する深い好意や興奮を表すものだとしたら、この「日本食」はまさに筆者の萌えの対象である。その魅力の片りんでも、ここでは読者の方々にお話ししたいと考えているのである。

移民と食

さて、ブルームへと足を運ぶ前に、移民と食というトピックについて少し整理してみよう。先述のダグラス［Douglas 2019］が主張するように、食は人びとが「自分／我々はだれか／何か」ということを構築し表現する際に大きな役割を果たしてきたし、そのような観点から文化人類学をはじめとしてさまざまな分野で研究が行われてきた［e.g. Bourdieu 1986; Gabaccia 1998; Heldke 2005; Janowski and Kerlogue 2007; Levi-Strauss 1970; Lupton 1996; Mintz 1996］。しかし、移民と食の関わりに関しては、移民の間における食の大切さは指摘されていたものの、それを真っ向からとらえた研究は比較的少なかった［e.g. Gasparetti 2012; Janowski 2012; Johnson 2016; Kershen 2002; Ray 2004; Rosales 2012; Walker 2012］。そのようななかで指摘されてきたのは、ホスト社会とのさまざまな関係や移民グループ内部のダイナミズムのなかで、食が移民個人やグループのアイデンティティ構築に大きな役割を果たしてきたということである。移民社会が自らのグループの絆を保とうとする際には、メンバーを集めて彼ら「特有の」食べ物を共食したりする。ホスト社会と交流し関係を築こうとする場合には、相手を招待してお互い「特有の」食べ物を取り入れてやはり共食を行ったりする。つまり、食は移民社会とホスト社会の境界を示す場合にも、お互いの「適応」のプロセスを示すのにもつかわれるのだ。さらに、食はこのようなややもすれば二者択一的な状態だけではなく、トランスナショナルな状況下における移民グループのあり方を表象することもある［Chapman and Beagan 2013］。

エミリー・ウォルムスリーは、人びとのアイデンティティは日々の生活の中で絶えず作り出されているという。そこにおいては食の示す比重は決して小さくはない［Walmsley 2005］。デイヴィッド・サットンは、食というものが味だけではなく匂いや触感などいわゆる「共感覚（synesthesia）」をともなう経験であり、それゆえにその食にともなう記憶や感情を鮮やかに呼び覚ます力をもっていると論じる［Sutton 2001］。「共感覚」といわれると難しそうであるが、要はプルーストのマドレーヌである。かつて味わった紅茶に浸したマドレーヌを口に含むことで、プルーストが「失われた時」を見つけ出したように、食は人びとを時空を超えて過去を再び経験させる力をもつ。一挙に庶民的になってしまうが、「おふくろの味」というフレーズを思い出してみればよい。

つまり、食というのはこれだけ強力なのだから、アイデンティティや人間関係において大きな役割を果たしていないわけがないのだ。エイミー・ロウは、普段は自分を既に「アメリカ人」だと主張し周りからもそうみなされているレバノン人移民が、レバノン料理の話となると「レバノン人だから食材に使うミントをこれだけ生やすのだ」などといいはじめるケースを報告している。「同化」されたと自他ともにみなしている人びとの間でさえ、食の話となるとホスト社会との差異が浮かび上がってきたりすることもあるのだ［Rowe 2012］。このような観点から見てみると、古くから日本人移民の入ってきた歴史をもつブルームにおいて、食に関して何かあると考えてもおかしくないであろう。

ブルームという町

ここまで頭のなかで下準備をしたところで、それではブルームに行ってみよう。ブルームは一八八〇年代より一九六〇年代までオーストラリア北東部の木曜島と並んで真珠貝採取業の拠点として栄えた(3)。真珠貝採取業では当時高級装飾品であったボタンの原料とする真珠貝を採取する。熱帯であるオーストラリア北部では主要産業の一つであったが、貝を採る労働力として、先住民の使用が制限された後に、一八八〇年代頃より東南アジア人、日本人が導入された。彼らが従事した仕事は、全装備で八〇キログラムを超す潜水服を使用し、サメや潜水病、サイクロンとの遭遇など危険が多いものであった。デイビッド・シソンズ［一九七四：三二］は、一九〇八年から一九一二年の間で木曜島の日本人ダイバーの死亡率は毎年一〇%としている。ブルームも同様であったと考えられるが、当時の日本人にとっては、破格の給料もあって十分魅力的な仕事であったらしく、真珠貝採取業の労働力として、あるいはそれにまつわるさまざまなビジネスに従事すべく、日本人はブルームに流入していった。

一九〇一年の白豪主義導入以降も、真珠貝採取業にまつわる労働力は例外とされ、第一次大戦前には一〇〇〇〇人を超えるオーストラリア最大の日本人コミュニティがブルームに形成された。第二次大戦が始まるとオーストラリアにいた日本人のほとんどは強制収容され、その後強制送還された。しかし、ブルームでは一九五三年より日本人労働者の流入が再開され、規模は縮小したが一九六〇年代まで日本人契約労働者の流入は続いたし、その後も一九八〇年代くらいまで日本人労働者が入ってきていた。ただし、一九六〇年代に真珠貝採取業はプラスチックのボタンの登場により衰退し、日本人は徐々にブルームを離れていった。筆者がはじめてブルームを訪れた二〇〇九年には真珠貝採取業時代のルーツを引く日本人は四人となっていた［Bain 1982; Dalton 1962; Ganter 2006; Jones 2002; Kaino 2009; Sissons 1979：小川 一九七六：加茂 一九七八：シソンズ 一九七四：山内 二〇一四］。

このような歴史の中で、日本人移民はブルームにおいて先住民や先住民のルーツを引く現地の人びと(4)とさまざまな形で関係をもってきた。現在ブルームにいる当時のルーツを引く人びとは、ほとんどがこのような関係を基盤とするミックスの人びとである。真珠貝採取業の被雇用者は基本的に男性の契約労働者であったから、必然的にそうなったともいえる。ちなみに、ブルームの電話帳を見れば、日系の名字が一〇くらいは簡単に見つけられる。

現在のブルームに足を踏み入れてみると、一九七〇年代にはじまった観光地化もあり、日本人墓地や昔の日本人商店の看板など、日本人移民の歴史を表象するものはかなり見ることができる。先ほどの電話帳の件からしても日本人移民の子孫もそれなりに存在しているはずである。それでは、我々はここですんなりとブルームの歴史から何となく期待していたような「日本食」にありつくことができるのだろうか？

実のところ、それは少し難しい。移民のいるところでエスニック料理を食べようと思えばレストランが一般的だが、ブルームにある日本食レストランはシドニーで修業してきたという西洋人のシェフによる創作系和食の店が一軒だけである。この店の評判自体は決して悪くないが、これでは、大本のシドニーで創作系和食を食べてもあまり変わらないような気がする。さらに、この店は二〇一七年に閉店してしまった。そのほかにショッピングモールでテイクアウトのスシ・ロールを売っているが、こちらは大量生産商品であり味としても今一つ、という評判である。ブルームの隣にリゾートとして発展したケーブルビーチのホテルにもう一軒日本食レストランはあるのだが、ブルームの住人の生活圏としては、こちらはあまり射程圏内には入ってこない。

そもそも、エスニックレストランは移民コミュニティを基盤としていることが多いが、ブルームの場合この「日本人／日系人コミュニティ」の存在自体あやふやなのだ。真珠貝採取業時代のルーツを引く日本人移民一世は既に数少ないので、「日本人／日系人コミュニティ」を形成するとすれば二世以下の人びとがすることになるのだが、彼らのほぼ全員が日本語を話さず、集住もせず、定期的に集まるようなこともなく、特定の職業に固まっているようなこともない、という状況にある。彼らの日本側のルーツとのかかわりは、日本人である父親や祖父が戦前から移住しているもの、戦後に来たもの、父親や祖父にあたる人びとが定住して日本側の親族ともかかわりのあるものから、日本人側のルーツに関しては話にしか聞いたことのないものまでさまざまであり、それに先住民側のルーツの多様性までが重なって、それぞれの家族が千差万別といった様相を呈している。「日本人コミュニティ」という言葉はブルームの町のイベントであるシンジュ・マツリ(5)や姉妹都市である日本の和歌山県の太地町からの交換留学生のレセプションなどの時に一応、現れる。しかしその際に実質的に活躍しているのは日本人のルーツを引く二家族の、さらにそのうちの二人が中心であり、彼らが駆け回ることでその家族や知り合いが集まる、というかたちになっている。このような状況を表して、日本人移民一世やその子孫の人々のなかには「日本人コミュニティはもうない」という人もいる。確かに彼らは経済的社会的リソースへのアクセスの問題や文化的差異などのために固まったり孤立したりしているわけでもないという点で、社会学でいうブルームのホスト社会への「統合（integration）」の指標を満たしてしまっている状態にある［e.g. Alba and Nee 2003］。

さて、ここまで来ると、少し困った感じとなる。「コミュニティ」もそれらしいレストランもないなかで「日本食」を探すにはどうしたらよいのか。しかし、あきらめても話が進まない。ここでは気を取り直して個々の日本人移民一世あるいは二世以下の人びとに話を聞いてみることにしよう。彼らは存在はしているのだ。ブルームの真珠貝採取業時代からのルーツを引く人びとは、誰が日本人か、日本人の子孫であるか、ということをよく知っている。決して大きくはない町で一〇〇年近く日本人が流入してきた歴史を経てきたのだ(6)。誰と誰が親しいかという点にかんして大きな役割を果たしているのは、先住民側のルーツを通じたネットワークである。つまり、日本人の子孫を知るために役立ってくれるのは彼らとさまざまなかたちでパートナーとなっていった先住民の親族関係というわけだ[7]。このように知り合いの知り合いを通じて、日本人移民やその子孫の人びとに話を聞くことで、何が見えてくるだろうか。

ブルームの「日本食」とそれにまつわる語り

私がはじめてブルームで「日本食」にありついたのは、日本人移民一世であるS氏のところでであった。S氏が鉱山で働いている息子一家がブルームに帰ってきているのに合わせて用意した食事の相伴にあずかったのである。出されたものは味噌汁や鶏の手羽先の照り焼き、現地で「サーモン」と呼ぶ魚の握りずしなどであった。おいしい家庭料理、の趣をもつそれは、手羽先の照り焼きなどのように私にとってなじみ深いものから、サーモン、と呼ばれてはいるものの日本の鮭とは異なる白身の魚を握りずしの具になるように巧《うま》く調理したS氏による「創作料理」まで、いかにもオーストラリアに長くいた日本人が作った日本食という感じであった。

日本人移民の子孫の人びとの語りのなかでは、食にかんする語りは少なくない。「コミュニティ」のような活動はしていなくとも、彼らはその育った経験やルーツをよく語ってくれるのだが、そのなかで食はしばしば言及される。S氏のように日本人の父親がいる家庭では、彼らの作る日本食の「おいしさ」が往々にして強調され、その評判は拡大家族のメンバーや友人の間にまで広まっている。興味深いことに「料理がうまい」という評判を得ているのは一世のみである。その次の世代以下で「料理を習った」とか「作れる」といわれる人びとの話を聞くこともあるが、そのような人びとはなぜかブルームには在住していなかったり（例えば、S氏の息子がそうである）、その料理の腕や確かさが疑われていたりする。つまり二世以降の日本人移民の子孫と話して出てくるのは、日本食を作る実践ではなく、もっぱら父や祖父などの作った日本食にかんする語りになるのである。ナディア・セレメタキスはグローバル化により作られなくなってしまった種類の桃を懐かしむ語りに目を向け、グローバル化のような「変化」というものは往々にしてこのような感覚的な変化として体感されるという。特に周縁にいる人びとの「主流派の物語」になりえない経験は、作られなくなった桃を嘆くように感覚的な「お話（anecdote）」として語られざるをえないのだ［Seremetakis 1994］。それでは、ブルームの日本人移民の子孫の語りに出てくる経験はどのようなものだろうか。

ここでは、S氏の長女であるM氏の語りを見てゆきたい。M氏はS氏とアボリジニ女性J氏の間に一九七〇年代に生まれた。以下のコメントは私が彼女に二つの異なるエスニシティの間でどうやって育ったのか、を聞いたときのものである。

M：どうやって育ったかって…私のお父さんは真珠貝採取業のダイバーで真珠貝を採るために潜っていたから…お父さんは海に行っていることが多かった。だから私たちはお父さんにはあまり会えなかった。お父さんは海に長い間行っていることが多くて、で、町に帰ってきて、私たちと少し時間を一緒に過ごして。［お父さんが帰ってくると］おいしいご飯をいっぱい食べたわ、シーフードを一杯。それから、もちろんお母さんがいて、お父さんのいない間はお母さんの家族がやってきて面倒を見てくれたから…（省略）…一緒にキャンプに行ったり、魚釣りに行ったり…[8]

当時真珠貝採取業に携わる人びとは、四～六週間は海上で生活し、五～六日間陸に帰る、という生活を送っていた。M氏の語りは、日本人とアボリジニのミックスを自認する彼女にふさわしく、両親の実践を対照させているのだが、それは父親の作る食事と母親側の親族との食にかかわる実践（魚釣り）という食を通じての対比なのである。

では、M氏はS氏の食事自体についてどう語っているのだろうか。

M：お父さんの料理！　スシ！　ああ、もう、素晴らしいスシ…みんなが言うんだけど…私たちお父さんのスシで育ったから舌が肥えてしまっているの。ええと、日本に行ってきた人が、帰ってきて、お父さんのスシを食べて、で「なんておいしいんだ！　まるで本物の（authentic）日本のスシみたいだ！」っていったわけ。で、私は「だってねえ…台所に何時間もたってスシを巻いて…そりゃ、それくらいでないと」て返したの。だから、まず、スシでしょ。それから、お父さんはここの特別な食べ物、ジュゴンだけど、そのために特別なペーストを作ったの。ジュゴンは知っているわよね、海牛の。お父さんはそのために特別なソースを作ったわけ。誰も今まで作ったことがないと思うわ。

S氏の料理は絶賛されているわけだが、その語りが、日本へ行った人がS氏のスシを「まるで本物の日本のスシみたいだ!」というくだりに続いているのは興味深い。ここには、「日本のスシ」と同じようにおいしい、と誇る気持ちもあるだろう。だが、M氏の返しはそれだけではない。S氏のスシを「本物の（authentic）日本のスシと同じだ」と主張し返すのではなく、彼女はここで少しシニカルに「台所に何時間もたってスシを巻いて…そりゃ、それくらいでないと」と返しているのだ。

リサ・ヘルドゥクは西洋的な孤立した「個」としての自己のあり方から、近年の西洋人旅行者の純粋かつ本物の「エキゾチックな味」を知る欲求が導き出されるとする。孤立して境界のはっきりした「自己」にとってあり得る「他者」とは、自己と明瞭に区別される存在である。「ハイブリッド」で「何となく自分と似たようなところのある」曖昧な「他者」は、自己と他者の輪郭をぼかしてしまうので困るのだ［Heldke 2005］。そのようななかで、「食べる」という行為は食べる対象を自分の中に取り込む、ということで自己と他者の境界を試す行為となる。なかでも自らにとってエキゾチックな「味」を味わう、ということは、それが食べられるか食べられないかの選択を通じて「自分は誰か」という感覚を研ぎ澄ますことに通じるのだ。食べられなければ、自分は「彼らではない」し、食べられるならば、自分は「彼ら」を「吸収できる」ということだ。旅行先で「現地の人と同じように、自分のために味を合わせようなどとせずに料理をしてくれ」と注文する西洋人旅行者の心理はそこにある。手心を加えてもらっては困るのである。しかし、とヘルドゥクは問う。もし食を味わう、ということが感情や記憶、経験などを巻き込むような深いものであるなら、自己と他者の「違い」を知ることだけに収れんしてしまうこのような「本物さ（authenticity）」はあまりにも貧しすぎないか、と［Heldke 2005］。ヘルドゥクは、デューイの「製品としてのアート（art as product）」と「アートの仕事（work of art）」の区別に拠りつつ、製品それ自体ではなく、製品とそれを見るものの相互行為として成立するアートとしての「アートの仕事（work of art）」という観点から別のかたちの「本物さ」を提唱する。アートを製作者や鑑賞者そしてそれを取り巻く文脈から切り離し、製品という観点だけからしかとらえない態度は、エスニックな食事をその料理自体としてしか見ない従来の「本物さ」を求める態度に通じる。これに代わり、「アートの仕事」のような観点を料理に取り入れた「料理の仕事（work of cuisine）」を考えるのだ。「アートの仕事」がみるものとの相互行為から成立していたように、「料理の仕事」も作る側と食べる側の相互行為から成り立つものとなる。その場合、作る側は食べる側のことを考えつつ料理を行う。この人は辛いものが好きだろうか、酸味や苦みは大丈夫だろうか、場合によっては当人に聞いてみるかもしれない。その結果できたものは、作る側、食べる側、当時の状況によって毎回異なるものとなる。このような料理こそ、相手への配慮から作られた「文化の間を超える」経験となるのだ［Heldke 2005］。

さて、この「料理の仕事」を念頭に、S氏のスシが「本物の日本のスシみたいだ！」といわれたことへのM氏の反応を考えてみよう。ここで「本物の日本のスシ」という側に見られるのは、その料理だけを取り上げている従来の「本物さ」を基準とした態度である。これに対して「台所に何時間もたってスシを巻いて…そりゃ、それくらいでないと」というM氏の返しに含まれているのは、M氏がS氏のスシを作るプロセスを間近で見てよく知っている、ということである。そして、S氏がそれだけ手間をかけて作っているのは自分たちのためである、ということも。S氏の料理は日本におけるものそのままなのではなく、ブルームにおいて現地の食材などと折り合いをつけながら創られていったものである。そのプロセスにはもちろん、現地の先住民である妻とその子供たちが食べる、ということが考慮に入っていたはずだ。橋本［二〇一二］は現代の観光旅行において、旅行者は見るものの「真正性（authenticity）」ではなく、それを提供する側の「真摯さ」より満足を得る、と論じている。この「真摯さ」とは、相手の観光客のことを考えて見世物やパフォーマンスを提供するという相互行為として観光経験をとらえる立場からきている。そこからすれば、ヘルドゥク［Heldke 2005］の提唱する新たな「本物さ」は「真摯さ」といいかえてもよいかもしれない。M氏は父親のスシへの従来の「本物さ」による評価に対して、それは「真摯さ」によるものだと返しているのだ。

M氏の根底には作るプロセスを含め父親の日本食をよく知っているという自信がある。これにかんして日本食レストランと父親の料理を対比する次のようなコメントが別の興味深い側面を示している。

M：私たちはお父さんの料理で舌が肥えちゃっているから、日本食レストランか何かに行く必要はないの。時々町に出て［レストランに］行ってみると、「あら、これ、家でできるじゃない」て、なってしまうの…

ブルームにある日本食レストランは前述の創作系和食の店だけである。ここで「父親の料理」と「お金の対価として一律に提供されるレストランの料理」を対比するのは、前述のように「真摯さ」を重んじているからなのだろうか。その側面もあるかもしれないが、創作和食料理の場合、旧来の「真正さ（authenticity）」を振り回してくる可能性もあまりない。当人たちとしては、単にお金を出すほどのこともない、というだけかもしれない。しかし同時に、彼女のこのコメントはブルームという町の独自性を浮かび上がらせる。ブルームの日本人移民の歴史は一八八〇年代からはじまり、約一〇〇年間続いてきた。木曜島などの少数の町とともに、ブルームは長い間白豪主義政策を取り続けてきたオーストラリアにおいて、例外として日本人との接触が続けられてきた場所であった。現在でこそシドニーやメルボルンにおける日本食料理店は珍しくはないが、シドニーに最初の日本食レストランができたのは一九五七年、ブルームにとり一番アクセスしやすい都市であるはずのパースにできたのは一九七二年である［O'Connell］。その一方で、ブルームには戦前すでに日本食を提供する店があった［Jones 2002］。その店は戦前に閉じられたが、このような歴史を経てきた人びとにとっては、シドニーで修業してきた西洋人シェフによる「創作系和食料理」は「いまさら」感満載なのではないだろうか。彼らは約一〇〇年間小さな町で日本人移民と接触を続け、「料理の仕事」を経験してきたのだ。今でこそオーストラリア都市部の日本食レストランで「あら、これ、家でできるじゃない」といえる人間はそう珍しくないかもしれない。だが、M氏のようなオーストラリア生まれのミックスで、一九七〇年代という白豪主義政策が廃止されるかされないかの時期、あるいはそれ以前に生まれた人びとのなかで、そのようにいえる人間がどれだけいるだろうか。このような人びとがいるのはブルームや木曜島のような場所くらいなのである。

「ブルームの町に日本食を食べに行こう？」

ここまで見てきたところで、ブルームの日本食とそれを取り巻いてきた幾重にもわたる歴史的社会的関係の層の一端でも感じられたであろうか。そこにあるのは、単にオーストラリアにおいて日本人が作ってみた食事、ではない。現地の友人や家族になった人びととのやり取りのなかから長い間かけて醸成されてきたものなのだ。ブルームの「日本食」を考えてみることは、かつての日本人移民が長い間かけて築いてきた現地の人びととの関係を考えてみることに繋《つな》がる。かつてブルームにやってきた日本人移民は現地の人びとと親密になってゆくなかで彼らと自分たちのためにブルームの「日本食」を作っていった。その味が、真珠貝採取業が衰退しそれに関わってきた日本人移民が減少していったなかでも、歴史的に育まれた親密性を表すものとして語り継がれる一方、マルチカルチュラリズムを採用したオーストラリアでは西洋人が日本食を学び店を開く時代となった。(9) そのなかではブルームの日本食に関する語りは、マルチカルチュラリズム採用よりはるか前から、日本人移民との接触を続けてきたブルームの特別さを主張する言葉となる。一見何気ない一言のなかにこのような歴史的社会的深みを覗き見ることができるということが、この町で日本食を考えてみることの面白さなのである。

最後に、最初に皆さんに投げかけた言葉に戻ろう。ブルームで日本食は食べられるのだろうか。前述した創作系和食料理屋が閉店してしまった今、方法としてはS氏かその他の日本人移民一世に食事に招いてもらうしかない。ダグラスが主張したように、食は関係性を表すのだ［Douglas 2019］。ドリンクだけをともにする相手と食事に招く相手の区別をねちっこく定めるイギリスの中流階級に比べ、ブルームの人びとはずっとフランクで気軽に食事に招いてくれる。だが、問題もある。ブルームではおいしい日本料理の作り手という名声を得ているのは日本人移民一世だけなのだが、彼らももうかなりの年である。S氏と同様に家族から料理を絶賛されていたK氏は現にほとんど料理ができなくなっている。さらに日本人移民一世のもう一人であるA氏は自分は料理が苦手だと公言している。つまり、チョイスはかなり少ないし、チョイスとして可能な数人に人が押し寄せるのも問題であろう。

だが、ブルームで日本食を食べる方法はもう一つある。手前みそになるが、数年前、私は町のイベントで焼き鳥のたれを作ることを頼まれた（写真1）。インターネットのレシピを見ながらなんとか作り上げたのであるが、それをイベントのケータリング業者は、味見をして「H氏の作ったものと同じだ！」と喜んだのである。H氏とは故人であるがやはりブルームの古くからの家族に属す

写真1　ブルームの町のイベントのために地元出身のケータリング業者が用意したディナープレート。日本風の焼き鳥、マレー風のカレーパフ、中国風の食器などがみられる（2014年8月撮影）

ることの業者の叔母と結婚した日本人である。そして例によって、料理が上手だったという評判が今でも語られる人物である。焼き鳥のたれごときでここまで偉そうに言うのも何なのであるが、ブルームの日本人移民の日本食が現地の人びととの相互行為の上に築かれてきた「料理の仕事」であるなら、これから我々が「料理の仕事」を築いてゆく可能性もあるわけである。私は先ほどブルームの日本食について考えることで歴史的深みを覗ける面白さを説いたが、この歴史的深みは「料理の仕事」の可能性に象徴されるように閉ざされたものではない。人間関係をそれが繋げてゆく歴史は開かれているのである。ここで少し自分の矮小さを棚に上げてあえて言ってみよう、「ブルームに日本食を食べに行こう」。あなたが自分で作ることになる、かもしれない。

【注】

(1) 多文化主義とは国家の内部に複数の文化共同体の存在がありうるとし、その多様性を認めつつ国民社会の統合を維持しようという考え方である。オーストラリアでは一九七〇年代より多文化主義が政策として取り入れられ、非主流派であるエスニック集団の文化・言語を尊重し、ホスト社会の人びとへの異文化の理解にかんする啓蒙促進を目的とするさまざまな政策がとられてきた。オーストラリアの多文化主義政策にかんしては関根[二〇〇〇]、塩原[二〇〇五]などを参照のこと。

(2) ただし、知人の話によると、旭川の味噌ラーメンでは生のもやしがのっているものもあるようである。

(3) 木曜島の真珠貝採取業とそれに従事した日本人にかんして著名な作品として司馬[二〇一二]がある。

(4) ブルームを含むオーストラリア北西部のキンバリー地方には、真珠貝採取業の繁栄を背景として先住民とアジア系、ヨーロッパ系のミックスの人びとが数多く存在している。オーストラリアの現在の政策によれば「先住民」であることに先住民以外のルーツをもっていることが問題となることはないが、過去のオーストラリア政府は「先住民」と「先住民と非先住民のミックスの人びと」を別々に取り扱う政策をとった。地域により事情は異なるが、その影響はそのような政策の廃止された現在でも続き、両者の間にはグループとしてさまざまな差異がある。本章ではブルームにおけるこの歴史的背景のニュアンスを示すために、このような書き方となった。この歴史的背景の詳細にかんしてはChoo［2001］、Ganter［2006］を参照のこと。

（5）シンジュ・マツリとは一九七〇年に日本人、マレー人、中国人コミュニティの三つの祭りを統合するかたちではじめられた。現在はブルーム市役所が運営の中心となっている。語源は日本語の「真珠」「祭り」である。

（6）たとえば、一九八一年のブルームの人口は三五九七人だった［Taylor 2006: 9］。

（7）先住民や先住民のルーツを引く人びととアジア人の結びつきをかつてのオーストラリアの当局は嫌い、正式なかたちで結婚するのは非常に難しかった。そのため、事実婚、一次的な関係など法律上表には出ないかたちでのアジア人と先住民や先住民のルーツを引く人びととの関係が多く生まれた。詳細はGanter［2006］を参照のこと。

（8）本章で扱うM氏のインタビューはすべて二〇一五年八月一八日に収録されたものである。収録されたインタビューはテープ起こしの後、M氏に確認してもらい、使用の許可を得ている。

（9）現在のオーストラリアのシドニーやメルボルンなどの都市では、日本人ではない人びとが日本食屋を開いている光景は決して珍しくない。

【参考文献】

小川　平　一九七六『アラフラ海の真珠——聞書・紀南ダイバー百年史』あゆみ出版。
加茂富士郎　一九七八「豪州移住調査見聞録——見たまま、聞いたまま」『移住研究』一五号、五一-三八頁。

栗田博之　一九九九　「ニューギニア「食人族」の過去と現在」『オセアニア・オリエンタリズム』春日直樹編、一三〇-一五〇頁、世界思想社。
塩原良和　二〇〇五　『ネオ・リベラリズムの時代の多文化主義——オーストラリアン・マルチカルチュラリズムの変容』三元社。
シソンズ、デイビッド　一九七四　「一八七一-一九四六年のオーストラリアの日本人」『移住研究』一〇号、二七-五四頁。
司馬遼太郎　二〇一一　『木曜島の夜会』新装版、文藝春秋。
関根政美　二〇〇〇　『多文化主義社会の到来』朝日新聞社。
橋本和也　二〇一一　『観光経験の人類学——みやげものとガイドの「ものがたり」をめぐって』世界思想社。
山内由理子　二〇一四　「日本人との交流史」『オーストラリア先住民と日本——先住民学・交流・表象』山内由理子編、九八-一一二頁、御茶の水書房。
Alba, Richard and Victor Nee　2003　*Remaking the American Mainstream: Assimilation and Contemporary Immigration*. Cambridge MA: Harvard University Press.
Bain, Mary A.　1982　*Full Fathom Five*. Perth: Artlook Books.
Bourdieu, Pierre　1986 [1979]　*Distinction: A Social Critique of the Judgement of Taste*. London: Routledge and Kegan Paul.
Carsten, Janet　1997　*The Heat of the Hearth: The Process of Kinship in a Malay Fishing Community*. Oxford: Clarendon Press.
Chapman, Gwen E. and Brenda L. Beagan　2013　"Food Practices and Transnational Identities: Case

Studies of Two Punjabi-Canadian Families." *Food, Culture and Society* 16 (3): 367–386.

Choo, Christine 2001 *Mission Girls: Aboriginal Women on Catholic Missions in the Kimberley, Western Australia, 1900–1950*, University of Western Australia Press.

Dalton, Peter 1962 *Broome: a Multi-Racial Community: a Study of Social and Cultural Relationship in a Town in the West Kimberley, Western Australia*. Master Thesis, The University of Western Australia.

Douglas, Mary 2019 [1972] "Deciphering a Meal." In *Food and Culture: A Reader*, Fourth Edition. Carole Counihan, Penny van Esterik, and Alice Julier (eds), pp. 29–47. New York: Routledge.

Gabaccia, Donna R. 1998 *We Are What We Eat: Ethnic Food and the Making of Americans*. Harvard: Harvard University Press.

Ganter, Regina 2006 *Mixed Relations: Histories and Stories of Asian-Aboriginal Contact in North Australia*. Crawley: University of Western Australia Press.

Gasparetti, Fedora 2012 "Eating *tie bou jenn* in Turin: Negotiating Differences and Building Community Among Senegalese Migrants in Italy". *Food and Foodways* 20: 257–278.

Heldke, Lisa 2005 "But Is it Authentic? Culinary Travel and the Search for the 'Genuine Article'". In *Food and Culture: A Reader*, Fourth Edition. Carole Counihan, Penny van Esterik, and Alice Julier (eds), pp. 385–394. New York: Routledge.

Janowski, Monica 2012 "Food in Traumatic Times: Women, Foodways and 'Polishness' During a Wartime 'Odyssey'". *Food and Foodways* 20: 326–349.

Janowski, Monica and Fiona Kerlogue (eds) 2007 *Kinship and Food in Southeast Asia*. Copenhagen:

RoutledgeCurzon.
Johnson, Michelle C. 2016 "'Nothing is Sweet in My Mouth': Food, Identity and Religion in African Lisbon", *Food and Foodways* 24 (3-4): 234-256.
Jones, Noreen 2002 *Number Two Home: A Story of Japanese Pioneers in Australia.* North Fremantle: Fremantle Arts Centre Press.
Kaino, Lorna 2009 "Broome's Japanese Community: Its History and Legacy". In *An Enduring Friendship: Western Australian and Japan: Past, Present and Future.* David Black and Sachiko Sone (eds.), pp. 40-50 Crawley: The University of Western Australia Press.
Kershen, Anne 2002 *Food in the Migrant Experience.* Aldershot: Ashgate.
Levi-Strauss, Claude 1970 [1964] *The Raw and the Cooked.* New York: Harper Torchbooks.
Lupton, Deborah 1996 *Food, the Body and the Self.* London: Sage Publications.
Mintz, Sydney 1996 *Tasting Food, Tasting Freedom.* Boston: Beacon Press.
O'Connell, Jan "1957 Australia's first Japanese restaurant". In *Australian Food History Timeline.* O'Connell, J., https://australianfoodtimeline.com.au/australias-fi rst-japanese-restaurant/ （二〇二〇年一月一八日最終確認）
Ray, Krishnendu 2004 *The Migrants Table: Meals and Memories in Bengali-American Households.* Philadelphia: Temple University Press.
Rosales, Marta Vilar 2012 "My Umbilical Cord to Goa: Food, Colonialism and Transnational Goan Life Experiences". *Food and Foodways* 20: 233-256.
Rowe, Amy E. 2012 "Mint Grows Through the Cracks in the Foundation: Food Practices of the

Assimilated Lebanese Diaspora in New England (USA)". *Food and Foodways* 20: 211-232.
Seremetakis, Nadia　1994　*The Senses Still.* Chicago: The University of Chicago Press.
Shire of Broome　2017　"About the Shire". In *Shire of Broome Home Page.* (http://www.broome.wa.gov.au/About-Council/Our-Shire/About-the-Shire　二〇二〇年一月一八日最終確認)
Sissons, David　1979　"The Japanese in the Australian Pearling Industry", *Queensland Heritage* 3 (10): 9-27.
Sutton, David　2001　*Remembrance of Repasts: An Anthropology of Food and Memory.* Oxford: Berg.
Taylor, John　2006　*Indigenous People in the West Kimberley Labour* Market. Working Paper No. 35/2006. Centre for Aboriginal Economic Policy Research.
Walker, Iain　2012　"*Ntsambu,* the Foul Smell of Home: Food, Commensality and Identity in the Comoros and the Diaspora". *Food and Foodways* 20: 187-210.
Walmsley, Emily　2005　"Race, Place and Taste: Making Identities Through Sensory Experience in Ecuador". *Etnofoor* 18, 1 *SENSES* (2005): 43-60.

第6章

むらの空間
——隠岐島、重なりあう神と地と人

佐々木　悠

島と人の暮らし

むらに萌える。そこには人の暮らしの手触りがある。

舞台は、日本海に浮かぶ島根県の隠岐の島町である。松江市の沖合に位置し、島前と島後を合わせて「隠岐」と総称される。西側の島前はカルデラの沈降により多島海をなすが、東側の島後は、日本海では佐渡と対馬に次いで大きな一つの島である。島前、島後ともに奇岩や断崖絶壁がみられ、観光客をひきつける。隠岐の島町は島後に位置し、東京二三区の三分の一ほどの面積におよそ一万四〇〇〇人が暮らす。

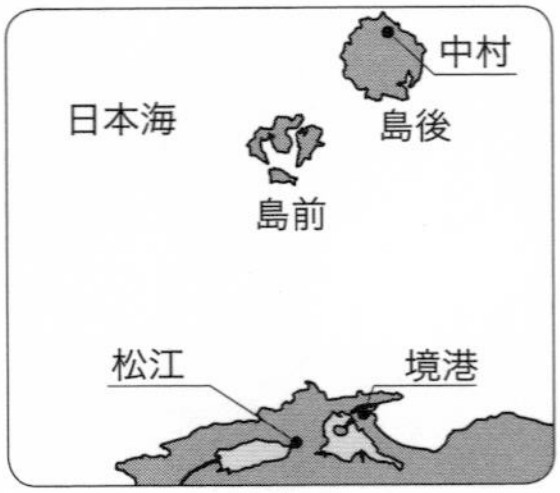

島でありながら山の険しいことが島後の特徴である。中央部には最高峰の大満寺山をはじめ五〇〇メートル級の山々が連なる。山は木々の生育に適し、多くの固有種をもつ独特な生態系が発達する。一つの島であるが、島の北側と南側では気候や天気が違う。方言や人々の気質も地域によって異なるという。島の周りは、サザエやバイ貝、アジ、シイラといった魚介の豊富な海に囲まれる。町の港には大きなイカ釣り漁船が停泊し、日の沈むころ強烈な光を放って出港する。海岸には時折大きなイカが打ち上げられ、河口ではワタリガニが捕れる。人家には柿やみかんの木が植えられ、小さな畑でさまざまな野菜が作られる。二、三の大きな平野は穀倉地帯である。杉や檜の黒々とした山と一面の田は、島であることを忘れさせ、東北や北陸の農村を思わせる。収穫された稲はそこかしこでハデという横木に干され、島民の食事や地酒の原料となる。

島には大規模な神社や祭りが多く残る。古事記には「隠岐之三子島」と記され、貴人の流刑地とされた。江戸時代には北前船の寄港地として栄えたという。日本海側一帯から中継地として帆船が集まり、各地の文化を伝えた。幕末には隠岐騒動といい、短期間ながら島民が自治政権を成立させたこともあった。

筆者は隠岐に入り、この島の地形とそこに息づく暮らしに惹かれた。隠岐は島らしい本土からの隔絶を感じさせながら、同時に豊かな農業生産に支えられた、一つの国であるようにみえた。筆者は本土とも小島とも異なるこの島の二面性に萌えた。

調査の拠点は北部の中村に置いた。島後の最北端に位置し、景勝地や海水浴場で有名な集落である。

かつては中村という一つの村だったが、昭和三四（一九五九）年に島後の中心都市である西郷町に合併された。現在は中地区といい、伊後、西村、湊、中村、元屋の集落からなる。中地区の東には布施地区がある。こちらは近年まで単独の村として残ったが、二〇〇四年の町村合併で隠岐の島町に組み込まれた。地形に恵まれて島内でも特に森林が発達し、林業が長らく村の主要産業であった。

この二つの地区が、古くは武良郷と呼ばれた一つの地域であった。六つの集落を表す「むうら」に由来するともいう［中村郷土誌編纂委員会 一九九六］。戦国時代には河渡氏が城を築き、武良郷一円を治めた。今も、後述する「武良祭」をはじめ地域の施設やイベントに「武良」の名が残る。行政的には北の中地区と東の布施地区に分かれるが、人々の生活のなかでは一体の地域である。人々の生活空間は、行政区分と歴史認識が合わさり、重層的に形成されている。

筆者は港のある西郷で数日を過ごし、島の反対側にある調査地へ向かった。第一印象は、寂れた集落だった。歩く人が見当たらない。寂しげな農協や役場の建物に、数十年前の錆びた看板がかかる。村で一軒だけ見つけた商店に入り、店主の高齢男性につい無遠慮に話しかけた。

「人が歩いていないですね。」

男性は言う。

「昔は楽しそうに人々が歩いていた。今は山に入っても、この木は金になるというものが何一つない。こんな島で、人間が生きていけるはずがない。」

生活がその土地から乖離しつつある。はじめて入った隠岐は、集落の寂しい雰囲気に代表され、「過疎地」という第一印象を形作った。

数日後、筆者は人に連れられて調査地を再訪した。中村において、民謡団体のもとで参与観察を行うためである。民謡は隠岐の代表的な伝統文化である。各地域に「持ち歌」という得意な歌があるといい、島のなかでも多様性がある。とりわけ中村は「酒の席ではだれかが民謡を歌い出し、三味線を弾ける者が合わせる。一家に一丁三味線があるくらいだ」という民謡の盛んな土地柄だ。「民謡は好きだからやっている」と人々は言い、民謡が本来の娯楽という性格を保つ。

「私たちは小さい頃から歌ったり踊ったりを見聞きしてきた。今の子はそういう機会が少ないのが残念」と団体の一人が語る。「ギターから始めて、そのうち三味線にも興味を持ってくれたら。」しかし、なかには踊りを熱心に練習して大人を感心させる子もいる。移住者や離れた地区の人も、つてをたどって参加する。一時滞在の筆者も快く迎えられる。

知り合った民謡団体の方に連れられて、筆者は中村でのはじめての練習に参加した。そこでは、過疎化の進む集落という印象とはまったく違う側面がみえた。集落の姿かたちは、もちろんのことながら最初に訪れたときと変わらない。しかし、民謡協会の方々が練習に集まり楽しいひとときを過ごす場所として経験される家や神社は、一人で訪れたときの「寂れた集落」とは違う、生き生きとした色合いをもっていた。

物理的には同じ空間が、彼ら民謡協会の人々の実践でその様相を変えていた。このことに、筆者はフィールドワークで大きな感銘を受けた。それゆえ本稿では、空間という視点から、民謡協会の人々の実践を考察する。

空間とは何か

空間の概念については、哲学や地理学、人類学といった専門領域の論者が、様々な見解を述べている。まず、都市論や日常生活の研究で知られる哲学者のルフェーヴルは、物理的な空間に加えて、認識の空間や社会生活の空間を検討し、空間が社会的に生産されることに注目する［ルフェーヴル 二〇〇〇］。一方、現象学で著名な哲学者のケイシーは、近現代に支配的となった座標で規定される空間（space）と区別して、人間の生活する場所（place）という概念の重要性を指摘する［Casey 1997］。

こうした議論を受けて、人類学者のロウは空間論を人類学に応用する。彼女はラテンアメリカやニューヨークでの都市人類学的研究を踏まえ、場所と空間に関する議論を展開する。空間の構築には地理的位置に加え、身体や言説、政治、経済が関わり、身体化された空間において、グローバルな要素が愛着や感情の作用する日常的な空間とむすびつけられるという

写真１　川沿いに漁師の家が並ぶ港町西郷の風景（2019 年 9 月 7 日撮影）

[Low 2009]。本稿では、隠岐における空間の変容を考えるにあたって、この視点を採用する。すなわち、多様な言説や身体、政治権力の作用に注目して、社会的に構築される空間を考える。

次に、「意味をもつ空間」という本稿で鍵となる概念を検討したい。地理学のレルフは、著書『場所の現象学』において「人間的であるということは、意味のある場所で満たされた世界で生活することである」と述べる［レルフ 一九九一：一－二］。彼はオーストラリア先住民研究の成果を引用しながら、「空間は意義に満ちており、景観は物理的・地質的な特徴で構成されているというよりも、私たちには岩や木にみえるものが、アボリジニーにとっては祖先や精霊として体験されるような伝説的な歴史の記録となっているのである」［同：二六－二七］と述べる。

空間が歴史の記録を担うということは、ニューギニア研究者の栗田も指摘する。栗田は、地名が歴史的出来事と結びつけられたマーカーとなることを指摘し、次のように述べる。「特定の過去の出来事は、伝承として、人々の記憶に残り得る。しかし、それが、このような特定の土地との結び付きを保持しない限り、出来事の固有性は次第に失われて行ってしまい、単なる神話の一つとして、浮遊状態に置かれてしまうであろう。」［栗田 一九八八：三一四］

空間論ではなく歴史伝承の視点からではあるが、栗田もまた、歴史伝承という人々の文化が土地に結びつけられ、地名が歴史伝承を担うことを指摘する。このように、空間は単なる物理的実体ではなく、文化的意味を背負わされているのである。本稿では、空間が人々の生活のなかでもつ意味にも注目する。

次節では、かつての隠岐でどのような空間があったのか、文献および現地の人の語りから再構成しよう。

かつての空間——生活との結びつき

かつて隠岐の「島」という地形は、生活に有意義に作用していた。たとえば隠岐の中心都市である西郷は、島の南東岸に深い湾を擁する地形から、長らく日本海側屈指の港として栄えた。島内でも北海岸などの遠隔地に住む人にとって、西郷は「美味しいご飯を食べ、映画を見る大都会」だったという。この時期に発展した町の面影は現在でも港近くの商店街に残る。船が交通の主役だった時代に、隠岐は決して交通の不便な土地ではなかった。島の地形が商業の発達をもたらし、賑やかな町の空間を作り出していた。

一方、北東部の布施地区は地質や降水量に恵まれ、島内でも有数の深い森林を育んだ。元来は農業に適した土地が少ないことから島内一の貧村といわれたが、一八世紀に青年が吉野から杉の苗を持ち帰って植林を行い、植えた木を伐採して巨利をあげた。それを見た村民は競って植林に励み、放棄耕地や谷間、牧畑に始まって、次第に天然林や畑も杉林に植え替えたという〔竹谷 一九六三〕。この結果「當國第一の山林は、島後布施村の杉林にして、大満寺山の東麓に位し、欝々葱々たる大森林は、數里に亘りて繁茂し、時價數拾萬圓に上れりといふ」〔隠岐島誌編纂係 一九三三：五六〕という森林が出現した。布施ではこうした大規模な森林の存在に加えて、離島という地形も作用して林業が栄えた。『西郷町誌』によると、「隠岐はまわりが海で、材木の浜出しも谷川を上手に下ろせばよく浜で船積みし、北九州や越中、瀬戸内いずれの方にも船送りができ、本土の深い山から材木出しをして材木商売するより、はるかに低い生産費で材木商売ができた」［西郷町誌編さん委員会 一九七六：七二七］という。伐採された木材は、島内の河川を流して海に浮かべられ、布施の港から帆船で出荷された。隠岐の経済史研究で著名な田中によると、当時船舶輸送の運賃は陸送の三割以下で済んだ［田中 一九七九：一五五］。出荷先は対岸の松江や米子、九州のほか、盛時には朝鮮や中国にも及んだという。昔を知る村民は「布施は田畑は少なく、良い港もなかったから、林業の村だった」と語り、漁業や農業の困難さを林業が補っていたことがわかる。この頃には、林業で富裕になった村民が他村に小作地を所有するほどであった。

植林と伐採のサイクルは常に持続的だったわけではなく、乱伐に加えて山火事による森林の焼失も頻発した。各地の村落は、木材資源を管理するため共有林の整備を行った。多くの集落が江戸時代の地下（ぢげ）山と呼ばれた入会林を引き継ぎ、集落単位で山林を所有する一方で、布施村は集落の入会林を統合して大規模な村有林を作った［武井 一九七三：一二］。村有林は村に莫大な林業収入をもたらした。一九五〇年代に隣の中村や西郷町との合併が提案された際にも、布施村は豊かな財政を背景に合併を拒んだという。林業の最盛期には、村役場にも「山守」といい林業労働を専門に担う役職が設けられた。村民は「男も女も皆が山に入って枝打ちや下刈りを行っていた」と語る。布施はまさしく、山の森林を生活の糧として栄えた集落であった。

このように、商業や林業といった生業の観点からは、島の地形が人々の生活に有利に作用して、町や村の繁栄を形作っていたといえる。こうした「山林の島」という隠岐の地形は、信仰の形でも人々に取り込まれ、生活と密接に関わる空間を形成していた。そこで次に空間の宗教的側面に注目しよう。

布施地区の大満寺山は、かつて摩尼山、古くは布施山と呼ばれた、島後のみならず隠岐の最高峰である。中世には修験道の山伏が修行する霊山であった。山中には大山神社があり、瀬戸内海の大三島にも祀られる大山祇命を祭神とする。船の民が海上から目印となる高い山に見出した航海の神である。現在は「山祭り」と呼ばれる祭礼が行われる。巨大な杉の神木に、男たちが山中から伐り出した葛を勢いよく巻きつける。こちらは海上民の信仰とは異なり、山の神を鎮め山仕事の安全を願う祭りである［「布施の山祭り」行事調査委員会 一九九七］。海上民が遠方から目立つ山を信仰したのに対し、島民は山全体のみならず、そこに生育する木々を神聖視した。すなわち、大満寺山はその地形という外面だけでなく、樹木を含めた空間として神聖であった［竹谷 一九六三：一］。布施では、人間の居住する海岸沿いの集落と、神聖な山や森との対比による宗教的な空間認識が成立していた。

武良地区で数百年前から行われる武良祭では、こうした空間の宗教的な意味づけがより明らかである。祭りにおいては、西村、湊、元屋、飯美の各集落が東方の八王子神社に集合し、中村集落の人々が西方の一之森神社に集合する。東方に集まった人々は月神を奉じ、西方に集まった人々は日神を奉じる。両者はタイミングを合わせつつ、頃合いを見計らって中村集落の中央にある「祭場」へ行列する。その後、巨大な「唐傘の松」の下で祭儀が行われる。祭りの際には、ふだん表出しない各集落の関係が、東西の区分と集落中心への集合という形で空間に明示される。

これらの事例が示す通り、隠岐では生業や信仰といった身体活動を通じて、「離島」や「山」という地形が社会的な意味をもっていた。とりわけ武良地域一帯では、集落の配置も宗教的意味と関連づけられていた。地形という地理的条件が人々の生業や信仰を支え、それらと社会的な意味が一体となって、隠岐の空間が構築されていた。

現在の空間――生活との乖離

前節で述べた島の空間は、戦後になって大きくそのあり方を変えた。現在の隠岐では、島という地形が生活に積極的意味をもたない。

はじめに、戦後進められたインフラ整備に着目して、政治権力の作用による空間の構築を検討しよう。交通網の不足によって経済的後進地にとどまっていた離島を開発するため、国は昭和二八（一九五三）年に離島振興法を制定した。これにより、各地の離島で港湾や道路の整備が積極的に行われた［宮本 一九六〇］。隠岐ももちろんこれに該当する。従来県道だった島内の幹線は国道に格上げされ、昭和四〇（一九六

写真2　大山神社にある樹齢800年の御神木（2019年12月19日撮影）

五）年には隠岐空港が開港した。国家という政治権力が「離島」と指定された地域での開発を通じて、行政施策のレベルで島嶼を周縁に位置づけた。近年でも、隠岐は竹島に近い「国境離島」に指定され、船舶や航空機運賃の補助を受ける。

こうしたインフラの整備に伴って、交通の形態が変わったことも重要である。隠岐における交通の主役は、道路整備に伴って船から道路に移行した。たとえば昭和二九（一九五四）年には東海岸のバス路線が開通し、かつて西郷を出て各集落に寄港しながら島を回った船が廃止された。これは全国的な自動車交通の普及と軌を一にしており、船の時代には港として重要だった隠岐は僻地化する［cf. 山下 二〇一二］。交易で繁栄した西郷も、一九五〇年代に人口減少に転じてから一貫して人が減っている。

昔を知る人々は「昔は西郷まで山道を一日かけて行った」「西郷の春祭りと中村の秋祭りなど、年に一、二回行き来があるだけだった」と語る。それが現在では、町の方針で各集落を三〇分以内で行き来できるように道路整備が進められる。身体の活用ということから空間のあり方を考えるならば［cf. Low 2009］、道路整備と自動車交通の普及に伴って移動に身体的労力を伴わなくなったことは、時間距離の短縮と相まって、認識される空間の縮小に作用しているといえる［cf. Harvey 1994］。

一方で、こうした空間の変化は島内に限定されている側面もある。高速船や関西圏への空路の整備にも関わらず、多くの島民にとって島外との交流は身近ではない。島民は「本土には病院通いのときに行く」と語り、大阪や神戸へ観光で訪れた知人は「田舎慣れしているからすぐに都会に疲れた」と話す。島外との位置づけについては、「離島」という隔絶した空間が認識されているようだ。

現在の隠岐においては、縮小する島内の空間と孤立する離島という二つの空間のあり方が併存している。これに政治的文脈における「辺境」という位置づけが覆いかぶさる。

次に、生業の観点から空間の変容をみていこう。現在の布施地区では、主要産業だった林業の衰退が顕著である。住民は「今は林業だけで生活する人はほとんどいない」と語る。かつて旧布施村の財政を支えた村有林は、二〇〇四年の町村合併時に、管理が大変であるとして全域が町有林となった。こうした林業の衰退について、関係者はしばしば材価の下落をその要因にあげる。外材との価格競争のなかで木材の価格が下がったことにより、離島からの輸送コストを上回る収益があげられなくなったという。

かつて利点であった「離島」という地形が、現在では「高い輸送コスト」として言及されることは興味深い。前述の交通網整備に伴って、伐採された木材の輸送方法は河川による流送から索道の利用、さらに林道を通じたトラック輸送へと変化した。材木の積み出しも、かつては布施の港から直接行われていたものが、西郷の港までトラックで運んでから積み出されるようになった。輸送における離島の優位性が失われた。交通の変化による離島の僻地化が、土地の産物を利用する生業に破壊的な影響をもたらした。現在では、細々と続く林業も国や県からの補助なしではやっていけないという。

林業のみならず第一次産業の衰退が隠岐全島でみられる。現在の隠岐の島町では、第三次産業が就業人口の七割を占める。布施においても役場の仕事や第三セクターとなった林業の仕事があるほかは、高齢者は年金で生活する。彼らは、少ない年金を漁業や商店の経営で補塡して暮らさざるを得ないという。

こうした状況は戦後の隠岐全体で、若者の島外への流出として表れてきた。進学や就職のために若者のほとんどが島外へ出ることに、島民は懸念の声を上げる。再生産を担う人口の不足は、一九五〇年代からの一貫した人口減少となって表れている。多くの集落で、人口は戦後すぐにピークを迎えた後、現在は江戸末期頃の水準にまで落ち込む。小中学校は統廃合され、残った学校でも「生徒数は激減です」と悲痛な声が聞こえる。

人々がその土地に依存して暮らすことができなくなっている。島の空間は、人間の身体との絶え間ない交渉を通じてその生活を支える生業の空間から、人口流出と外部資金への依存が示すように、人間の生活と交渉しない空間となりつつある。

冒頭の男性は語る。

「その土地の木を伐って生きていこうというのが本当だ。補助金だけで生きていこうというのは間違っている。」

人間の生業を支えなくなった空間は、言説によって意味を付与される。その一つが「過疎地」であり、もう一つが「自然の島」である。

「過疎」という言葉を隠岐の集落に冠することは、すでに一九七六年発行の『西郷町誌』にみられる。現在では役場の文書の数々に「過疎」の文字が載る。行政と学術の両面から、隠岐の空間の「過疎地」という表象が固められる。さらに住民の間でも、事あるごとに「人が減っている」という言葉が口をつく。

「麻雀の後におばちゃんが出してくれるご飯を食べ、話すのが楽しかった。仲間が減った。あの人も最近亡くなった。あの人も強かったのに。」

「店がなくなって名残惜しいと言ってもね、継ぐ人がおらんよ。」

「新築のまま廃校になった小学校を民泊にでもしたらいいと思う。だがやる人間がおらんからな。」

人々の語りの面からも、「人のいない島」という空間の認識が形づくられていく。

人の減った島は、それを補うかのように「自然の島」という性格を付与される。隠岐はその特異な地質や生態系、伝統文化を評価され、二〇一三年に世界ジオパークに登録された。観光ガイドブックには、それを受けた「自然」の二文字が宣伝文句に躍る〔地球の歩き方編集室 二〇一七〕。同時に称揚される「古代からの文化」は、集落のものとして山の「自然」とは切り離される。現在の隠岐は、「太古からの独特な生態系」や「巨木」「奇岩」の彩る空間として表象され、その文句を繰り返すかのように、現地の人も巨木や奇岩を隠岐の魅力として語る。観光向けの「自然の島」という表象が、日常的な語りのなかで、隠岐の空間として人々のなかに実体化される。人類学者の中島が屋久島の自然礼賛について批判的に語るように〔中島 二〇一〇〕、隠岐においても礼賛される自然はかつての徹底的な伐採と植林の歴史の上にある。かつて人の身体が作用した空間は、「自然の島」という言説に上塗りされ、霊山という宗教的意味すら失って、人間が関わらない空間として形づくられる。

政治や経済の圧力による言説は、日常生活で人々の口に上ることによって実体化する。こうして、「辺境」であり、土地の人々の生活と乖離した「過疎地」としての隠岐の空間が構築される。

次節では、こうした政治、経済、言説の絡み合いによる島の空間の変容を、フィールドワークの記述とともに捉えなおす。書物や言説の分析では得られない、人々の生活に根ざした情報を得られることが人類学最大の強みである。

フィールドでみえたこと――日常生活の営み

筆者は中村の民謡団体において隠岐民謡を習いつつ、数ヵ月間の参与観察を行った。対象となる団体は、隠岐で毎年開催される「しげさ節全国大会」の優勝者を中心に、三〇～四〇代の若手が主体となって設立した。三味線の伴奏による隠岐民謡を主として、ギターや他地域の民謡も練習する。普段の練習は神社の建物で行い、月に一回ほどの頻度で西郷や中村をはじめ各地の集まりで民謡や踊りを披露する。

民謡には縮小の側面もある。たとえば楽器の種類は減り、かつて尺八を吹く人がいたが数年前に亡くなった。踊りの技術についても、人々は先生がもっていた昔のビデオを見て「〇〇さんだ、やっぱりうまい」と言い合う。しかし、そこでは習俗本来の日常性をたしかに保った活動が行われ、集落に活気がもたらされる。構築された「過疎地」の空間における豊かな生活は、調査において度々見受けられる。次に述べるのは、日常生活において空間に様々な意味が付与される事例である。

地域の福祉施設で演奏があった後、九〇歳近い先生の自宅で飲み会が行われる。しかし先生宅での会はすぐに切り上げられる。先生宅は仲間うちのくつろいだ飲み会にはふさわしくないようだ。ふだんの練習場所である神社へ移動して夜遅くまで飲み会が開かれる。囲炉裏を囲んでの飲み会は定期的になされ、地域の話題を話し合う会も兼ねる。若手を中心に会が開かれる一方で、その場にいない地区の上役たちとも関係が保たれる。区長に就任して渋々公民館へ地区の集まりに行く男性は、「出来上がってから行ったら怒られる」と酒を飲まない。

先生の自宅、練習場所の神社、地区の上役が集まる公民館の間で、空間の意味づけが行われている。先生に礼儀を示す必要からか、最初の集まりは先生の自宅で行われる。しかしそこは身内でくつろげる空間ではなく、ふだんの練習場所で打ち解けた飲み会が行われる。公民館は目上の人が仕切る公的な空間である。身体と社会関係が作用して、空間の意味づけが行われる。

次に、前節で述べた交通網の整備に関わらず、意味づけられた空間が存続する事例を示す。

ある日の練習の後、皆での食事の場所が検討される。店が集まる西郷へ出る案は「遠い」の一言で退けられ、数キロメートル離れた布施の店が提案される。会の「御用達」の店だという。道路交通が整備された現在では、西郷へ出るのも布施へ行くのも、時間的には車で大差ないように思われる。しかし、電話をかけても応答しない布施の店に彼らはこだわり続ける。

同じ武良地区に属する近い土地という認識が、交通網の整備に関わらず存続している。同様の認識は、布施の住民が実際には七キロメートル以上ある中村までの道のりを「三、四キロ」と表現し、筆者に徒歩で行くよう勧めたことにも表れている。交通網の発達以前に、身体感覚とともに形作られたであろう空間認識が、移動様式の変化に関わらず残っている。

空間の構築は、観察者の解釈のレベルにとどまらず、実践としても行われる。次に述べるのは、そうした実践が「過疎化」の言説とそぐわない事例である。

ある日のこと、練習の合間に囲炉裏を囲んで世間話が行われる。新規の診療所を地区内に建設することをめぐって、一人が助成金の利用を提案する。彼は「田舎の人だからと使い方がわかっていないのは損だ。ああいうのは言ったもん勝ちだ」と、積極的な利用を勧める。集落の空間を自立的に構築しようとする動きは、地区内に役場の出張所しか置かれていないことについて、他地区と同様に支所への格上げを求める働きかけが行われたことにもみられる。

より直接的に、「過疎化」言説との相違が見受けられた事例もある。

西部の集落で自治会長を務める男性は、地域活動の現状を筆者に説明しながら、集団就職のあった頃から若者が就職や進学のために流出していると話す。筆者は、過疎化により様々な行事の運営ができなくなっていることを予想した。しかし実際には「いっぱいいっぱい」でなんとかやっているという。彼は「集落の土地や文化を最低どれくらいで維持できるかという問題だ」と語り、行事の衰退や廃止ではなく継続した運営を念頭におく。同様に、北西部の地区で神主を務める男性は、地区で有名な神楽について「魅了された若い人も集まってくる。運営に人手が足りず四苦八苦していることはない」という。

「過疎化による祭礼継承の困難さ」という問題が一般的にみられるのは確かである。よそ者であって、その脅威という状況を十分に理解できないまま、額面通り「問題ない」という発言を受けとっている可能性もある。とはいえ、過疎集落は静態的に衰退へ向かうという思い込みがあるとすれば、それは日常生活における活発な空間の構築という現実を覆い隠している。日常生活は過疎化に常に彩られているわけではない。

ここでは過疎化言説の批判よりも、民族誌的調査によって日常生活における意味づけられた空間の構築を見出したことを強調したい。隠岐においては、生業が変化し、人口が減少し、島の空間が人間から乖離しつつある。それは、国家という政治的空間のなかでの「辺境」という位置づけや、商業的な「自然の島」という位置づけを生み出す言説にとりまかれ、当の隠岐の人々の口にも上ることによって、「過疎地」の空間を実体化する。しかし、そこに一つだけ抜け落ちているものがあるとすれば、日常生活におけるその場限りの空間の意味づけである。通り一遍の観察ではこれが見落とされ、集落は単なる「過疎地」にみえてしまう。言説に覆われて、集落における積極的な空間の構築がみえなくなっている。しかし、過疎化言説の合間にも日常生活の営みは存続するのだ。

描ききれないむらの姿

日常生活における空間の意味づけの礼賛を簡単に結論にはできない。構築された空間と対比して、日常生活における空間の意味づけを描く試みは、再帰的に言説として隠岐の空間を構築する。地元へ帰れば調査地の人たちと利害関係をもたない調査者が書いたテクストは、調査地の人たちのあずかり知らぬところで流通する。隠岐の空間の変容に関する記述自体が、彼らの日常生活における空間と乖離した、言説としての空間を作る。

「研究なんかじゃないんだ、今のここのお前だ。」

といって抱きあった調査地の人たちの日常生活の営みを、筆者は書く術をもたない。

それでも、表象の営みとは切りはなされて慈しまれる日常生活の姿は魅力的である。隠岐武良地区、そこはただの「過疎地」ではなかった。そこには、政治と経済と言説が構築する空間に抗して豊かな意味をもった空間が育まれる、描ききれないほど多彩な日常生活がある。隠岐におけるその時その場の人々の生活は、説明しがたい引力をもつ。ゆえに、筆者はむらに萌える。

【参考文献】

隠岐島誌編纂係編　一九三三『隠岐島誌』島根県隠岐支庁。

栗田博之　一九八八「歴史のマーカーとしての地名と人名――パプアニューギニア、ファス族の歴史意識について」『民族學研究』五二巻四号、二九九―三一六頁。

西郷町誌編さん委員会編　一九七六『西郷町誌　下巻』西郷町役場。

武井正臣編　一九七三『隠岐群島の入会林野』林野庁。

竹谷素信　一九六三『布施村の林業』周吉郡布施村。

田中豊治　一九七九『隠岐島の歴史地理学的研究』古今書院。

地球の歩き方編集室編　二〇一七『地球の歩き方　島旅09　隠岐ＯＫＩ』ダイヤモンド・ビッグ社。

中島成久　二〇一〇『森の開発と神々の闘争』明石書店。

中村郷土誌編纂委員会編　一九九六『中村郷土誌』中村郷土誌編纂委員会。

布施村誌編さん委員会編　一九八六　『布施村誌』布施村。
「布施の山祭り」行事調査委員会編　一九九七　『大山神社祭礼　布施の山祭り　調査報告書』布施村、隠岐島後教育委員会。
宮本常一　一九六〇　『日本の離島』未來社。
山下祐介　二〇一二　『限界集落の真実――過疎の村は消えるか?』筑摩書房。
ルフェーヴル、アンリ　二〇〇〇　『空間の生産』斎藤日出治訳、青木書店。
レルフ、エドワード　一九九一　『場所の現象学――没場所性を越えて』高野岳彦・阿部隆・石山美也子訳、筑摩書房。
Casey, Edward. S.　1997　Smooth spaces and rough-edged places: The hidden history of place. *The Review of Metaphysics* 51(2): 267–296.
Harvey, David.　1994　The social construction of space and time: A relational theory. *Geographical Review of Japan* 67(2): 126–135.
Low, Setha M.　2009　Towards an anthropological theory of space and place. *Semiotica* 175: 21–37.

第7章

布に萌え、パッションに燃える

塩谷　もも

萌えのはじまり

私が今、とくに萌えているのは、布、なかでもここ二年ほど習っている機織りである。織物と出会ったのは、二〇一八年の三月とわりと最近のことだ。研究しているインドネシアではなく、今住んでいる島根県で、出雲市平田町にある木綿街道を訪れたのがきっかけとなった。ここで木綿街道や綿栽培の歴史を地元ガイドが語るのを聞きながら、機織りを体験するという内容のツアー（その日の参加者は、私だけだった）に参加した。会場となる部屋には、二台の機が置かれていた。

最初は、良家の嫁入り道具だったという由緒ある機で、木綿糸を使った機織り体験をした。最初にガイダンスがあり、織り始めたその瞬間に、機の精霊にとりつかれてしまった。織るのが楽しくてやめられなくなり、準備されていた糸を使い果たしてしまった。次に農家で使われていたというもう一台の機で、裂き織り体験をした。もと呉服屋の店主だったというガイドの方は、私の織ることへの情熱を感じ取ったのか、ツアーの時間が終わった後も、しばらくそのまま織らせてくれた。

平田から松江に戻ってその足で、出雲かんべの里へ機織りの体験に向かい、ランチョンマットを一枚織らせてもらった。体験用は毛糸を使って織るが、できるだけ長い時間織れるように、一番細い糸を選んで織った。童話の「赤い靴」で踊るのをやめられなくなるように、あの日は本当に織りたい衝動を抑えることができなかった。まさに、機織りに萌えてしまったのである。その後、出雲かんべの里ものづくり学校に入学し、それ以来、高機を使った織りを学んでいる。

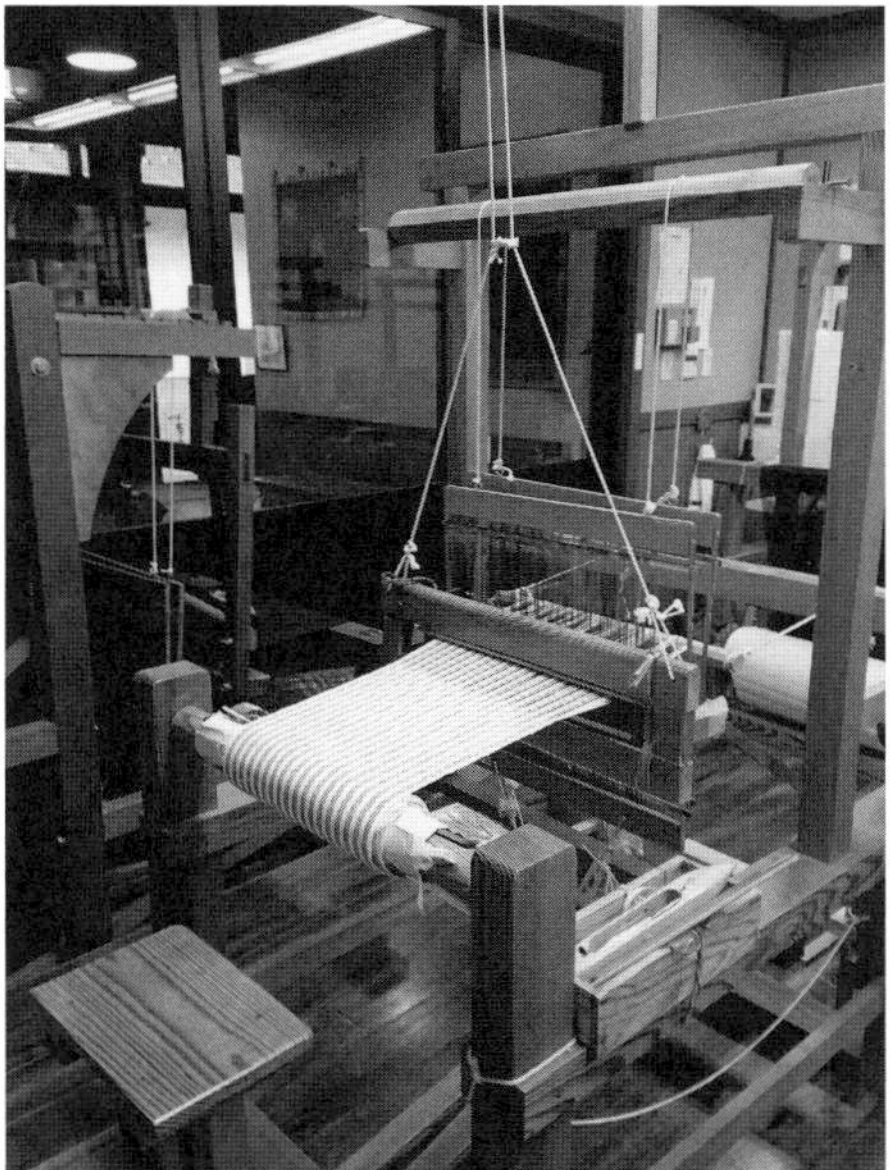

写真１　出雲地方の高機（2020年１月撮影）

織物に興味を持った理由を考えてみると、インドネシアの布を収集するなど、もとから布が好きだったこと、子どもの頃から手芸などものを作るのが好きだったことが浮かぶ。ものづくりからは遠ざかっていたが、久しぶりに織りの体験をしたことで、その楽しさに目覚めたのである。また、織物に興味を持ったという話をしたときに、父に「だって、もとは機屋の娘じゃないか」と言われ、はっとした。すっかりと忘れていたが、父の家は、かつて織物業を営んでいたのである。もしかしたら、織りに出会って血が騒いだのかもしれない。

前述の出雲かんべの里のように、染織の体験は各地で行なわれており、織物に興味を持ってから参加するようになった。二〇一八年三月~二〇二〇年二月の間に、北は北海道から南は沖縄まで、一二か所の工房を訪れ、染織体験をする機会を得た。さらにインドネシアでは、バリ島で行なわれたスレッド・オブ・ライフという団体が主催する五日間のワークショップに参加し、二〇一八年に染物（バティック）、二〇一九年に織物（イカット）を学んだ。染織体験に加えて、布に関する各地の博物館展示なども見に行くようになった。

染織体験は工房へ行って、普段と違う織機で織り方の指導を受けながら、お話を聞けるのも楽しみである。書き留めたいという衝動にかられることも多いが、作業をしながらであるため、思うようにそれができないことも多い。可能なときは部分的にメモを取り、終わった後でノート整理をする。織りや染めを学びながらも、半分はフィールドワークをしている。

本稿では、機の精霊に突き動かされるように、二年の間に訪れた日本の工房での体験と、インドネシアで参加したワークショップについて記述する。栗田［二〇一〇］は、文化人類学の比較の歴史を追い、その困難さを論じた。時代ごとの流れをまとめながら、比較という行為を考察した結果、以下のように結論づけている。「文化人類学の根本を支えているのは比較という作業である点は依然として変わらないし、文化人類学者は文化の共通性と差異性を問題にし続けなければならない。結局のところ、文化人類学は比較という不可能な道を歩むほかないのである」［栗田 二〇一〇：三一七］。本稿の記述は、各工房を比較し、共通性に基づいて二〜三の工房を並べている。共通性はありながらも、差異性を持つ複数の工房を比較できる構造になっている。それぞれの工房について、工房の概要、工房での体験と聞き取り、工房で感じたパッションと学んだこと、の流れで記述する。布を通じて、この本の中心テーマである萌え（本稿ではパッションと表現する）に着目する。

多彩な活動と、時代にあったものづくり
：島根県松江市・かんべの里機織り工房（二〇一八年三月〜訪問）

出雲かんべの里は松江市の施設で、工芸館に機織りを含めて四つの工房が入っている。工房の見学に加えて、ものづくり体験もできる。織工房は、安来織の創始者の孫にあたる女性、その娘さんと二人で創作と指導を行なっている。安来織は、昭和のはじめに確立された綿織物で、藍で染めた紺色の糸と染めない糸の白の部分を組みあわせ、絣《かすり》の技法で文様を作る。藍染めの絣は、山陰を代表する織物である。機織り工房では、出雲地方の高機を使って、コースター、ランチョンマットなどを作ることができる。

また、ものづくり学校は、六か月間で一二回の講座となっている。糸から約三メートルの縞模様の織物が仕上がるまでを、段階的に学んでいき、三か月で一枚の作品を織りあげる。

工房の作品は、テーブルセンター、のれんなどに加えて、ベスト、クッション、ポーチ、髪ゴムまで多様である。時代によって売れるものは変わるので、伝統は守りつつ、時代に合わせることが必要な面もあると話されていた。注文品を作ることもあるが、これが新しいものを生みだしたり、次の作品づくりに生かされたりする場合もある。

工房で代表に聞いた話では、異業種交流会に参加し、多様な分野の人と交流しており、これは作品づくりの上で大切なものになっている。また、子どもの頃から、「民藝」に関心を持ち続けており、夏期学校への参加などもしている。織り以外にも、パン・菓子作り、刺しゅう、ガーデニング、海外の学生をホームステイ受け入れ、子ども達に料理を教えるなど、多彩な活動をされている。話題も豊富で幅が

写真2　縞模様と絣の織物（2019年12月撮影）

広く、広い分野に関心を持たれていることが分かる。体験や見学などで工房にやってくる人々とも、いろいろなお話をされている。

ものづくり学校の受講生にもこれは共通しており、編み物、シャドーボックス、草木染など、機織り以外のものづくりもされている人が多い。また、ものづくりの好きな人々はインドアな印象を持っていたが、実際には出かけるのが好きで好奇心もある。作業をしながら、行った先について、あるいは近く行なわれるイベントなどが話題になることも多い。

工房の道具には、来歴が書かれているものが多く、道具を入手した日付、前の持ち主の名前や「母から」と書かれたものもあった。大事な道具を壊しはしないかと不安になることもあるが、しまって保管するよりも使うことを優先されているのだと理解した。また、新しく購入した道具よりも、古い道具の方が使い勝手がよいことが多いのだそうだ。短く余った糸をつないで作ったリサイクル糸の束が機にかけられているなど、創作に使うものを徹底して大切にされている。工房で聞いた話の中で意外だったのは、作った作品の記録をそれほど残さないという話だった。「布には思いが宿る」ということで、心をこめて作る過程を大切にされることが、道具の扱いにも表れているのだと思った。

織り方には、その人の個性が出るそうで、きっちりと目がつまるようにきつく織る人、緩やかにやわらかい感じで織る人がいるとのことである。また、縞模様は「その人にとっておさまりのよいものがある」とのことで、同じような作品を作る傾向があるのだそうだ。自分がこれまでに作った作品を並べてみると、意識していなかったが、確かに同じような縞模様が多い。また、織物を始めてから、それまで何気なく見ていた縞模様が気になる。テレビの時代劇や写真で縞の着物を目にしても、糸の配置や配色を意識して見るようになった。

織る前に糸を準備する作業は、最初は決まった動きがなかなかできず苦手だったが、繰り返すことで慣れた。頭で考えると逆に間違いやすく、体で覚える方が早いことを学んだ。また、作業ごとに必ず終わりがあるので、そこまで頑張ると達成感がある。糸の準備も織りも動きが決まっており、リズムのあるところは、踊りと共通していると感じた。

外に目を向けつつ地域らしさを大切に：北海道二風谷・藤谷民芸店（二〇一九年九月訪問）

アイヌの人々に伝わる樹皮布のアットゥシを、後帯機（腰機）で作る工房の一つである。二風谷のアットゥシはイタ（木製の盆）とともに、二〇一三年に経済産業省の伝統的工芸品に北海道ではじめて指定された。工房内には布に加えて、帯、ポーチ、アイヌ文様のはちまきなどの作品が並んでいる。一人工房なので、できること、作れる数にも限界があるが、本当に気に入って作品を買ってくれる人がいることは、うれしいと話されていた。もとは、彫刻をしていた亡き夫とそれぞれ作品を作り、実演販売していた。工房にかけてあった色とりどりの樹皮について聞いてみると、すべて草木染と生成りとのことだった。

アイヌ文様の刺しゅう、アットゥシの糸つみの二つを体験した。刺しゅうは、文様が描かれた下絵にチェーンステッチをして、文様を作っていく。糸つみは、アットゥシに使う糸を作る体験で、短く切れないように注意して樹皮を細く裂くのが難しい。裂いた樹皮は機結びという結び方でつないで糸にして、最後は巻きとって小さな糸球になった。

作品づくりでは、地元、地域らしさを守る作品が大切と思っている。全国古代織連絡会に入られており、そこでアットゥシの着物のように自然布と刺しゅうを組み合わせたものは、日本ではここだけであることを知った。他を知ることで、自分たちでも頑張れる。勉強会に参加し、ハワイ、自然布会、沖縄なども訪れて学び、他の人の作品を見ることは大事なのだと言われていた。

技術伝承のため、後継者育成事業に参加されている。子育てが一段落した後に、熱心に学んでいる人がおり、ものづくりはやりたいと思ったときに始めるもので、年齢は関係ないと話されていた。

指導をしてくれた女性は、母親の糸結び作業の手伝いから始め、小学生のときのいたずらが、織り始めとのことである。本格的に織るようになったのは中学三年生のときからで、それ以来織りを続けてきた。しかし、反物を業者へ卸していたときは、収入のために同じものを織っていたので、あまり面白さを感じなかった。三五歳くらいから自分の織った反物で作品を作るようになり、織りが好きになった。注文品は、相手の要望を直接聞いて作れるので、楽しいものづくりだと話されていた。

工房にうかがったときは、ちょうど注文品だというアットゥシの着物に刺しゅうをされていた。アイヌ文様の組み合わせで、北海道の広大な大地のように広げていくことさえできるようなイメージで、文様は魔をよけるという意味を持ち、祖先からの大事な宝物だと話された。

自由な織りの追求：鳥取県米子市の工房（二〇一八年三月訪問）

全国に展開されているさをり織りの工房の一つで、創始者である城みさを氏の理念のもと、自由な織りが大切にされている。女性一人で指導をされていた。さをり織りの機が何台も並んでおり、教えることに重点を置かれていることがうかがえた。

二時間ほどの織体験では、マフラーのような長い布を一枚織った。工房の糸は、色も太さも素材も多様で、小さなポンポンがついていたり、ラメ素材もあった。自由な発想と織りを大切にしているため、細かな指導はなく、布の端の部分がまっすぐにならなくても、気にすることなく織るように、織り方もきっちり力を入れて織る必要はなく、わざと緩く織るやり方もあると言われた。デザインも前もって決めず、ときどき糸を変えて織る。

工房ではあまりお話ができなかったので、創設者である城みさを氏の著書を参考に、さをり織りのパッションを見る。著書［城・城 二〇一二］は、「教えないで引き出す」と「自己を見つけ、自己を表現する」という章から始まっている。この章に表れているように、自由さと個性を大切にする教え方が、体験教室でも実践されていた。自由な織りは、型を大事にする生け花を自然の美と個性を生かして教える体験を経たからこそ、生まれたものである。また、五七歳になって織りを始めた城氏が、自らの手で織機まで作ってさをり織りにいたる記述は、織りに対するパッションに満ちあふれている。

多様な人との出会いや気づきが記述されており、感受性に優れた行動力のある人だったことがうかがえる。本の中にちりばめられた言葉の一つ一つにインパクトがあるが、なかでも機械ではない人間が機械のような布を織る必要はない、と説かれているのが印象的だった。

また、創設者である母のあとを継いだ息子の城英二氏は、知的障がいのある人たちに織りを教えた経験について記述している［城・城 二〇一二］。彼ら・彼女らが作った個性的で才能ある作品を前に、自由な発想と感性がさをり織りの理念と一致していたことを発見する。障がいのある人の素晴らしい感性に出会ったことで、城氏のパッションもさらに膨らんでいったのである。

門戸を開きつつ、きちんと織ること：東京都台東区・和なり屋（二〇一九年三月訪問）

藍染めと織りをしている工房で、藍染めのTシャツなど現代的な作品も多く作っている。最近は、藍染めの体験が忙しいそうで、訪問時も海外からの観光客と思われる人々が英語で指導を受けていた。ホームページは英語版も準備されており、染めや織りを通じて日本文化の入り口になることがコンセプト、と書かれているように、門戸を広げて体験の受け入れをしており、出張教室もしている。

一時間ほどの体験では、ティーマット一枚を作った。細い綿の糸と、太い麻の糸を組み合わせて織る。男性二人で、藍染めと機織りを行き来しながら指導されていた。布の両端については、一度で決めて織る必要はないと話され、まっすぐに直すために、糸のほどき方の指導もあった。「人生は戻れないが、機は戻れる」と言われていた。体験の途中や作品が仕上がった後で、声をかけて積極的に写真を撮ってくれるのも、他の工房と違っていた。外国人観光客を含め、体験を広く受け入れている工房ならではと感じた。

前述のさをり織が、布の両端にこだわらずに織るのと、とても対照的だった。他の工房でも、端をまっすぐに織ることは、体験ではあまり重視されず、むしろこだわらないように言われることが多い。この工房のように体験の受け入れに積極的だと、多くの人を受け入れることになるので、織りの細かな指導は難しい印象を受ける。しかし、この工房ではまっすぐ織ることを指導しており、きちんと織ることにパッションを感じているに違いない。

また、前述のホームページの内容や、英語での体験指導に表れているように、門戸を広く開くことにもパッションを感じている。体験者が分かりやすいように、作業工程を描いたイラストが工房内に何枚も貼ってあり、藍染めや織りの魅力を伝えたいという思いが伝わってきた。

織りは糸を煮るところから：宮城県仙台市・染織工房つる（二〇一九年五月訪問）

各種工房が集まる施設内にある藍染めと織りの工房で、代表の女性が一人で織られている。工房の建物は大きく、広い玄関スペースには、ストール、ネクタイ、ランチョンマット、コースターなどの作品が並べられていた。工房は染色と織りに部屋が分かれている。織機は日本各地のものに加えて北欧のものまであり、かなりの台数があった。

この工房では、機織りは体験できず、藍染め体験しか受け入れていない。藍染めは、白い布に輪ゴムをとめて、模様を作っていく。その布を丁寧にかき混ぜながら煮て、布についているのりを落としてから、藍の染料液に浸して染める。染まった布を冷水でしっかりと水洗いし、完成だった。

機がたくさんあるのに、なぜ織る体験を受け付けないのか、質問してみた。織りは、糸を煮て不純物を取り除くという最初の工程がはじまりなので、そこから学ぶことが大切なのだそうだ。確かに短時間の体験コースでは、そこから始めたら織るところまでいけない。織りは、美術大学で基礎から学ばれたとのことである。

藍染めの体験は、他の工房でも何度かしたことがあったが、染める前に布を煮る工程はどこでもなかったはず、と作業をしながら考えていた。しかし、織りは糸を煮るところから始めるというお話を聞いたとき、きれいに染めるために布を煮るという作業とつながり、すっきりした。

織りは美術大学で一から学ばれたと言われたように、非常に基本を大切にされている。織りを教えるならば、基本となる糸を煮ることから始めるのでなければ、という姿勢にもしっかりとご自分の大切にされていることが、反映されていた。

また、作品づくりについては、今では入手が難しいという緑色の絹糸がとれる天蚕の繭が置かれていたり、北欧の機で織ったという絨毯風の敷物があったり、藍染めの布に限らず多彩な織りをされていることも分かった。

祖父の代から受け継ぐ大切な織機：北海道札幌市の工房（二〇一九年二月訪問）

北海道の気候を反映した織物で、羊毛一〇〇％の糸を使って作品づくりをしているホームスパンの工房である。工房で作った糸を使って服地、ショールやマフラーなどの他、名刺入れや小銭入れなどの小物も作っている。工房では、家族で作業をしている。金属製の小型織機はスプリング式と呼ばれ、道立工業試験所と協力して開発したものだそうだ。五〇～六〇年前に作られた機を調整して、大切に使っている。また、木製の大型織機は、大正時代に旭川で開発されたものだという。

体験に使われたのは、スプリング式の機で、三〇㎝ほどのランチョンマットを一枚織った。織るのに慣れるまで、糸の入れ方、力を入れすぎないで織るなど、丁寧な指導が入った。普段使っている機との違いか、素材の違いか、織り方の癖かは不明だが、織るときに力が入りすぎていると、何度も指摘された。織り始めと織り終わりは、とじ針を使って糸ですくって、教わりながら自分でとじた。

工房を訪問して最初に驚いたのは、「撮影禁止」の紙が工房と廊下を隔てたガラスに、何枚も貼ってあることだった。これは、織り手の顔が写ること、集中力が失われるためかと最初は思っていたが、お話を聞くうちに織機がとても大切なものであるためと理解できた。織機の写真を撮ることを許可してくださったが、撮る角度については注意があった。このように、創設者である代表の祖父が工夫を重ねて作られた織機、そして長い間使ったものを調整して現役のものとして使うことを、とても大切にされている。また、手織りの体験では、織り始めと織り終わりの処理は、手間をかけて一針ずつ縫うことがよいと考えられているとのことだった。

手づくりのぬくもりが伝わる織機：愛媛県今治市・工房織座（二〇一九年五月訪問）

タオル会社に勤務されていた男性が、独立して立ち上げた工房で、レトロな織機を使った作品づくりをしている。天然素材の糸を使って、ストール、マフラー、帽子などを作っている。電動式の力織機は一〇〇年ほど前のもので、四台を解体して使える部品を組み合わせ、二台を動くように再生したという。独自の織りを開発して受賞もされており、個性ある作品を作っている。

体験に使われるのは、明治時代に使われた足踏み織機である。手で織る高機と電動の力織機の過渡期に使われたもので、使われた時代は短かったそうだ。織るのはストール一枚で、しっかりとデザインを決めてから織り始める。糸は作品づくりの残糸を使っているとのことで、様々な素材と色のものがある。

足踏み織機は、行進するくらいのペースで、リズムよく一定の早さで踏む練習をしてから織る作業に入る。手織りに比べるとかなり早く織れるが、リズムよく踏むことは難しく、布の両端は手織りと同じようにまっすぐにならない。最後は、フリンジを結んで仕上げる作業をするが、簡単に織れた反面、これは手間がかかる手作業だった。休憩時間を含めて、全体で四時間ほどかかった。力織機の見学もさせていただいたが、この日は休業日だったので動いていなかった。

タオルは安く大量生産する作り方が基本だが、この工房では少なく価値のある作品を作る。ファッション性が大切で、他が真似のできないものを作っているのだという。安く大量生産をすることの逆の発想で、働き方改善にもつながっているそうだ。

工房の代表は、大量生産が可能な昭和の機械織から入り、大正時代の力織機、明治時代の足踏み織機と、時代をさかのぼっていった。自らの手で古い機械を解体して再生してしまうなど、織機に対するパッションが強い。機械織でありながらも、手づくりの味が感じられるのは、手間のかかる力織機であるためだ。最後のフリンジ処理も自分で時間をかけて行なうなど、手づくりのぬくもりが伝わるものとなっている。

知識の共有と伝承の大切さ：イカット（絣）ワークショップ（二〇一九年八月参加）

ここからは、インドネシア・バリ島・ウブドで行なわれた二つのワークショップに参加した経験を記述する。ワークショップの主催者は、インドネシア各地の伝統的な織りと天然染料での染めの技術伝承を目的として活動する団体、スレッド・オブ・ライフである。ウブドにある同団体のギャラリーで二〇一八年に買い物をした際、商品を入れてくれた袋にワークショップ情報が印刷してあったのがきっかけで、参加することになった。機織りに萌える

以前から布は好きだったが、それまでは作る経験をほとんどしたことはなかったので、五日間で集中して織りや染めを学べるプログラムは、とても魅力的だった。

最初に主催者の一人であるイギリス出身の男性から、約一五年にわたる織りに関する活動の紹介があった。さらに、知識の共有、それによる人のつながり、伝承の大切さが説明された。ワークショップは、五日間で毎日九時から一七時まで行なわれ、糸を染めるところから、座って織れるように台を使った腰機で、絣のショールを一枚織りあげるまでの工程を体験する。作業については、見て、やってみることから学んで欲しいと話があった。

受講者は三人で、講師の女性三人が、一対一で指導をしてくれた。その他、天然染料での染めを担当してくれる男性スタッフが数人いた。模様になるように白い糸をくくって染めるところから始まり、左右に縞模様を入れて、真ん中の部分が絣になるように、一メートル半ほどの布を織る。

糸がかなり細く扱いにくいが、これは絣の模様が見えやすいようにとのことである。作業については、あまり考えずに動きを身につけること、慣れることが大切なことが徐々に分かってきた。まさに最初に主催者が説明した「見て、やってみて、学ぶ」の意味が理解できた。教える側も細かな説明はしないので、同じように習得したのだろうと想像する。縞模様、絣、いずれもデザインを事前に決めておくことはなく、作りながら決める方法だった。

なんといっても、主催する団体の、インドネシア各地の布とそれを作る技術を守ろうというパッションがあってこそ、このワークショップは成立している。朝から夕方まで五日間学べるワークショップ自体、珍しいのではないだろうか。この団体の代表は、イギリス人とアメリカ人のカップルである。二人の長年にわたるバリとインドネシア、布に対するパッションがあってこそ、インドネシアの人々と信頼関係を構築しつつ、各地での活動が続いているのだろう。

創作のエネルギーと受け継ぐこと
：バティック（ジャワ更紗）ワークショップ（二〇一八年九月参加）

前述のバリ島での絣ワークショップの前年の二〇一八年、同団体が主催するバティックのろうけつ染めワークショップに参加した。こちらも五日間で、九時から一七時までの講座だった。

受講者は四人で、講師はジャワ島に長く住むアメリカ出身の女性であり、インドネシア人の夫と三〇年以上バティック制作を行なっている。技術だけでなく、文様の意味や背景についての講義もあった。まずは点を打つ練習から始まった。溶けた蠟を道具ですくい、穴から出る蠟を白い布に置いていく。次は線を引く練習で、どちらも練習用だが、点と線を生かして自分の作品を作る。蠟置きした布は藍で染め、その上に再び蠟置きで、染めを繰り返すことで、点や線に濃淡ある作品ができあがる。

布に下絵をつけた作品の蠟置き練習をするため、自分を象徴するパーソナル・シンボルを、デザインしてくる宿題がでた。私は四つのシンボルを描いてみたが、悩みながらもデザインにできず、翌日の朝をむかえてしまった。朝、参加者の一人と話した結果、すぐにデザインにまとまった。自分一人で考えないといけない、と思い込んでいたところがあったが、実は人からの指摘やアイデアが重要だった。卒業作品は、この工房にあったインテリアで気に入っていた二つを組み合わせ、デザインにすることにした。蠟置きも、最後になるとだいぶ思い切ってできるようになり、順調に仕上がった。

ワークショップでは、講師のバティックへのパッション、そして創作に向かう姿勢を学んだ。毎朝、創作のエネルギーを高めるため、「体を動かす瞑想」から講座は始まった。これは講師がバティック職人だったジャワ人の義父から学び、夫と今の形にしたそうだ。講師の指示にあわせて体を動かし、自分の体や感覚に意識を向ける。自分を解放して自由な創作をするため、一人ずつ大声で叫ぶというのもあった。講師は義父から二三年間バティックを学び、この「瞑想」にあるように、技術だけでない多くのものを受け継いだ。それを自分だけのものにするのでなく、伝えて、共有することにも、強いパッションを持っている。

このワークショップを通じて、大きな意味でものを作る、表現するということについて様々な示唆を得ることができた。例えばデザインと言われると、全くの白紙の状態から何かを自分の力で考えなければいけないと思っていたが、何かにインスピレーションを得て、そこから自分のオリジナルの作品を作ればよいのだということが分かってきた。また、講師がワークショップの最初に話されていた創作に必要な三つのこと、感性を磨く、集中して継続する情熱、参加者同士のつながりの大切さは、五日間のワークショップで実感できた。

パッションに燃える人への萌え

ものづくり学校のコースと各地の工房で得た経験から、学んだことは何であろうか。各地の工房を訪れる中で、私が一番萌えたのは、実は職人の方々から聞くお話だった。染織体験で、普段と違う機や環境でものづくりをすることは、もちろん楽しかった。しかし、それに加えて興味がわいたのは、教えてくれる講師の先生がその世界に入ったきっかけ、作品づくりをどう考えているのか、大切と思われているること等々のお話だった。工房体験を振り返ってみると、織物そのものよりも、私が萌えていたのは、実はパッションに燃える人だったことに、改めて気づかされた。様々な質問を投げかけてお話を引き出していくフィールドワークを兼ねているからこそ、各地の工房を訪れるのが楽しかったのだと思う。

私はいろいろなことに興味・関心を持つタイプなので、一つのことを極め、そこにパッションを持って打ち込んでいる職人さんへの憧れがある。自分にはない、ひたすら一つのことにパッションを持ち続けるという才能を持つ人、その人がどのように生きてきたかに萌えるのである。そのため、こうした人々を特集したドキュメンタリー番組や、インタビュー番組も好きでよく見ている。これを知っている友人からは、「パッション好き」と言われている。まさに私は職人がパッションを燃やすさまに、萌えているのである。布を介してパッションを持っている人々に直接会って話を聞き、織りや染めの指導を受けるということは、まさにこのパッションに生で触れられることだった。そして、実は一つのことを極めている人も、外からの刺激を受け、いろいろなことに興味を持ちながら作品づくりをしているのも、発見の一つだった。

木綿街道で織りにたまたま出会ったことが、布の作り手である人々の生のパッションに触れることにつながった。また、各工房での体験を通じて、自分の「パッション好き」を再認識することになった。今後も、機の精霊が去っていく日まで、私は布とパッションの二つに、とりつかれ、萌え続けるだろう。

謝辞

本稿の執筆にあたり、ご協力をいただいた工房の皆様に深く感謝いたします。大変お世話になった栗田博之先生、原稿をまとめる際に有益なコメントをくださったKプロジェクト編者の皆様に、深謝申し上げます。

【参考文献】

栗田博之　二〇一〇「科学か、非科学か――文化人類学における比較の歴史」『国立民族学博物館調査報告』九〇、三一一–三二七頁。

塩谷もも　二〇二〇「伝統工芸品としての織物の現状――山陰の絣と各地の織物の事例から」『日本をめぐる北の文化誌――岡田淳子先生米寿記念論集』岡田淳子先生米寿記念論集編集委員会編、岡田淳子先生米寿記念論集編集委員会。
城みさを・城英二　二〇一一『さをり織り――好きに好きに織る』ぶどう社。
多々納弘光　一九九三『染めと織り』ふるさと〝斐川〟探訪シリーズ4、斐川町教育委員会。
福井貞子　一九八一『改訂　日本の絣文化史』京都書院。
文化学園服飾博物館編　二〇一一『世界の絣』文化学園服飾博物館。

第8章

出会いに萌える

――パプアニューギニアでのフィールドワーク

槌谷　智子

ニューギニアとの出会い

フィールドワークのために初めてパプアニューギニアに足を踏み入れたのは一九九二年七月のことで、それから二九年になろうとしている。パプアニューギニアを選んだ理由はなりゆきに過ぎないが、今でもパプアニューギニアの研究を続けているのは、その文化と人間に惹かれ、相性が良かったということだろうか。

本論では、フィールドに初めて入ったとき、そこの生活に驚いたり、異なる文化との葛藤に悩んだりしながら、しだいに惹かれていった過程を私の視点から語ってみたい(1)。フィールドワークでは、自文化のものさしで見ないこと、客観的に見ることを常に心がけなくてはならない。そうした視点で集められたデータから論文は書かれる。しかし、そこに至るまでには、初めての経験に戸惑ったり、お互いの理解に齟齬があったり、そのなかでいろいろな気づきと相互の理解が深まっていく過程がある。論文の背後にあるフィールドワークの裏側ともいえるエピソードが語られることは少ないが、ここでは私の異文化との出会いを記すことにしたい。

ニューギニアという国を知ったのは、叔父が仕事で長く滞在していて、帰国するたびにいろいろおもしろい話を聞いていたからだが、まだ文化人類学と出会う前で、自分がその地に出かけることになるとは思いもよらないことだった。

紆余曲折を経て、二〇代後半になってから文化人類学を学び始め、学部の卒論でニューギニアのトロブリアンド諸島のモノグラフ[2]について論じた縁から、修士論文でもニューギニア高地の儀礼的交換について書いた。フィールドはパプアニューギニアにすることに決め、修士論文を書き上げるとすぐにフィールドワークに行く準備を始めた。一九九二年当時、東京大学助教授だった船曳建夫先生から、パプアニューギニアの南部高地州のファスの研究をしていた

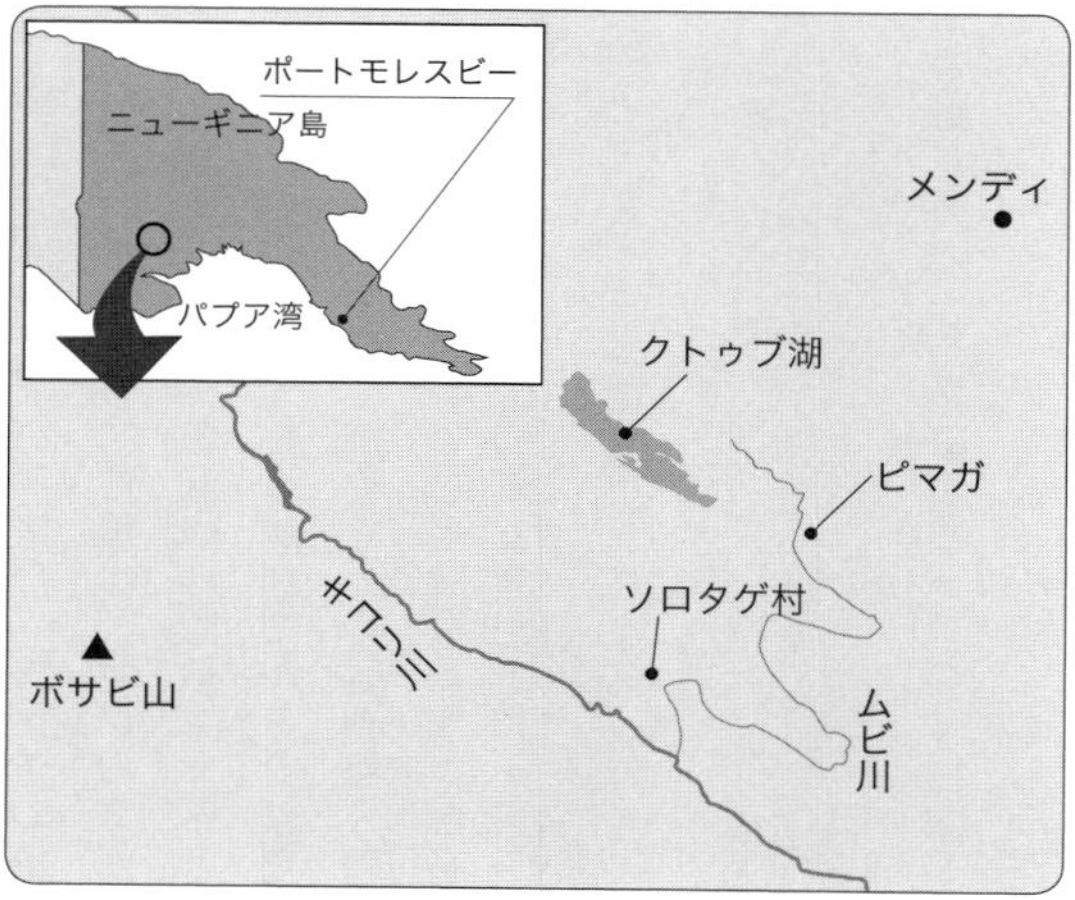

栗田博之先生（当時東北学院大学助教授）を紹介していただいた。栗田先生のアドバイスで、ファスの東隣に暮らすフォイ語を話す民族を調査地とすることに決めた。ファスやフォイの居住地は、アクセスが不便なため人類学の調査が遅れていた地域で、特にフォイのなかでも比較的緯度の低い「低地フォイ」と呼ばれる地域には人類学者がフィールドワークに入ったことがないと聞いて、心惹かれたからだった。

栗田先生のきめ細かいアドバイスのおかげで、日本での準備は順調に進んだ。持って行くべきものの一覧に「計量カップ」があって、熱帯雨林のブッシュの中、ガスも電気もない所でなぜ計量カップが必要なのか疑問に思ったが、船曳先生から「何が必要で何が必要でないか、簡単に判断してはいけない。その人にとっては大事なものかもしれない」と諭されて、なるほどと思ったことを覚えている。

栗田先生とともに

首都ポートモレスビーで、一週間遅れて調査に来た栗田先生と落ちあい、一緒に州都メンディに向かった。メンディでは、栗田先生の友人のフォイ出身の州議員（当時）モンターゲの家に泊めてもらった。彼の一家には、その後たびたびお世話になることになった。先妻の子どもたちと、結婚したばかりの若い妻、それに居候をしているフォイ出身の若者、村から出てきたフォイの人々など、いつも多くの人が出入りしていた。

ここで、最初のカルチャーショックを受けることになった。シャワーがないため、数日滞在して我慢できなくなって体を洗いたいとお願いしたら、バケツ一杯のお湯を渡された。これでどうやって髪と体を洗うのだろうと、途方に暮れたことを覚えている。栗田先生はいつも調査期間中は体を洗わないとのことで、すました顔をしていたが。また、栗田先生はご自分の結婚式のビデオを持参していて、ある日それを上映すると、初めはみんな興味津々だったがしだいに飽きてしまい、栗田先生が最後のお色直しで顎髭を切り落として（ジャニーズ系の顔で）現れるというアッと驚くオチがあったのだが、ウケたのは私だけだったということもあった。

調査地に入る前に、栗田先生が人類学者のシーフェリンとフェルド[3]に会いにカルリの居住地へ行くというので、一緒に連れて行ってもらった。カルリとファスの居住地は近く、シーフェリンと栗田先生は共著で論文[4]を発表していた。セスナ機に乗って、小さな簡易飛行場に降りると、シーフェリンが迎えに来てくれた。そこから四五分歩いて村に到着した。そこは私が日本で想像していた通りの、静かで美しい村だった。何よりうれしかったのは、きれいな泉がすぐ近くにあり、そこで思い切り体を洗うことができたこと

写真1　カルリの人々、フェルド、栗田先生とともに（1992年7月23日、シーフェリン撮影）

だ。シーフェリンたちは大きな家に住んでいて、村の女性が朝晩ご飯を作りにきていた。驚いたのは、トイレに洋式便座が置いてあったことだ。便座をわざわざニューギニアの奥地まで運んできたことに驚くのと同時に、人によって何が必要であるのかは違うのだという船曳先生の言葉がよみがえった。意見交換をしたり、日本に行ったときのことや日本人人類学者の話をしたり、フェルドの冗談に笑ったり、楽しい時間を過ごした。

その後、栗田先生の知人でファス出身の有力者ソソロの家を訪ねた。ファスの土地では石油開発が進められていて、ソソロは土地所有者ファスの代表として力を持つ人物だった。翌日私の体調が悪くなり、石油施設に併設されたクリニックに行くことにした。どんどん体調は悪くなり、歩くのも辛くなり、ようやくクリニックに到着することができた。そこはプレハブ作りとはいえ、電気も水道もあり、アメリカ人の医師がいた。すぐに検査でマラリアであることがわかり、そこに入院させてもらうことになった。日本大使館に電話で相談したところ、医務官から日本に帰ったほうがいいとアドバイスされた。まだフィールドの村へも入っていないのに、このまま日本へ引き返さなくてはならないのかと絶望的な気持ちになった。日本の夫の元には大使館から電話が入り、マラリアで命の危険があるかもしれないと言われたとのちに聞いた。私がかかったのは熱帯性マラリアで、日本人が罹患した場合の致死率は三〇パーセントだとのちに聞いたので、あながち大使館員の話は大げさではなかったのかもしれない。幸い五日もすると熱も下がり、食事もとれるようになった。石油開発の運営を請け負っていたのはアメリカの石油メジャーであるシェブロン社で、クリニックは小さいながらもパプアニューギニアの中では最も恵まれた医療施設の一つだった。

入院している間に栗田先生は調査地に向かい、次に会ったのは一か月後、ファスで婚礼があるから見に来いという連絡をもらって出かけたときだ。ヒロ（現地での呼び名）は人気者で、一挙手一投足が注目の的だった。ヒロが面白いしぐさをするとみんな大喜び。ロングハウス（男性の共同住居）に寝転んでおしゃべりしていたかと思うと、突然腰を上下させるちょっと卑猥なしぐさをして大ウケだった。また、壊れたラジオの修理をよく依頼されていたが、魔法のように直してしまうのが不思議だった。夕方から夜明けまでお祝いの祭礼が行われ、栗田先生はすぐに寝てしまったが、大事な場面ではぱっと目を覚ますので、さすがプロだと感心した。栗田先生にお土産に論文と料理本をもらい、持ち帰るのに重くて「どうしてこんなところで料理本？」と帰り道で捨てたくなったのを覚えている。

また、一九九三年にはテレビ朝日のニュースステーションの取材チームと一緒に私の調査地に来てくれたこともあった。村の祭礼と女性人類学者の卵が調査する様子を特集番組として作成したいとのことだった。栗田先生は、村人とテレビ局との間に立って精力的に働いてくれた。栗田先生がいなければ、無理難題を言う村人相手に取材を無事に終えることはできなかったと思う。もっとも、料理オタクの栗田先生から、カレーを作るために玉葱をあめ色になるまで炒めるように命じられたときには、灯油が貴重な場所でなぜそんなことを？　と不満に思ったこともあったが……。

フィールドとの出会い

マラリアから回復してメンディに戻り、いよいよ低地フォイの村へ向かうことになった。モンターゲの所で知り合った小学校の先生が一緒に行ってくれることになり、彼の家に当面住めることになった。メンディから四人乗りのセスナ機をチャーターして、不安と期待を胸に、三二五キロもの荷物とともに村へ降り立った。飛行場で多くの人々に取り囲まれ、それ以降、いつも大勢の村人に見られる生活が始まった。荷物の中身は、家の建築道具（鋸、釘、トンカチなど）から、当面の食料や大量の電池、文房具、テープレコーダー、カメラ類、石油ランプと料理コンロ、灯油、マットレス、枕、鍋、食器、大量のタッパーウェア、薬、トイレットペーパーや生理用品、石鹸まで、あらゆる日用品と調査に必要な物を持って行く必要があった。現地は湿度が高いため、カメラなどは、乾燥材を入れてタッパーで密閉してもカビが生えるほどで、何でもタッパーで保管する必要があった。雨季は簡易飛行場がぬかるんで一か月以上飛行機が離着陸できないことがある。村には一軒商店があったが、車道がないため飛行場が閉鎖されれば商品は手に入らない。もっとも、人々は自給自足の生活をしているので、商品がなくても別に困ることはなかったが(5)。

村の人々の生活がわかってくるにつれ、私は何と多くの物に依存し、不自由な生活をしているのだろうと思わされた。例えば、普段は運動靴、雨のときには長靴、家の中ではサンダルを履いていたが、雨が降るとすぐに湿地のようになってしまう地域で、長靴は足を取られて歩きにくい。彼らは裸足でどこでも身軽に歩くことができる。私は毎日着替えて洗濯し、行水用の大きなワンピースに着替えて、見られないように川の中で、石鹼で体を洗っていたが、彼らは着の身着のまま川で泳いで服が乾くのを待つというあんばい。他の村へ泊まりがけで出かけるときには、私は石油ランプ、カメラ、筆記用具、トイレットペーパー、カヌー用のガソリン、着替えなど多くの荷物が必要だったが、彼らの荷物はブッシュナイフ一本だけ。大便は近くの葉を取って拭けばいいし、ガソリンが手に入らなければ漕げばいい、というわけだ。

低地フォイには七つの村があるが、どこを拠点にするのかを決め、自分の家と言葉を教えてくれるアシスタントを探す必要があった。簡易飛行場がある村からモーターカヌーで二時間ほど川を遡ったところにある静かで美しいソロタゲ村に暮らすことに決めた。住民八〇人ほどの中規模の村で、飲み水を確保できる小川がすぐそばにあったことと、通訳兼アシスタントをしてくれる青年がいたことが決め手となった。その当時、村の小学校はできたばかりで、それ以前は遠い高地フォイの学校しかなかったため、学校教育を受けて英語を話せる若者は低地フォイ全体で数人しかいなかった。ソロタゲ村の長老が私の後見人となってくれ、長老の息子がアシスタントを引き受けてくれることになった。

私の家を建ててくれるように頼み、一か月後、約束の日に荷物を持ってソロタゲ村へと向かった。しかし、行ってみると家は土台しかできておらず、途方にくれ、泣き出したくなった（のちに、こうしたことはよくあることで、困ったときには誰かが助けてくれるので何の心配もないということがわかったが）。村の牧師[6]のところで、家が完成するまで泊めてもらえることになり、まずはフォイ語を一から覚える生活が始まった。やがて牧師一家は他の村へ移ることになり、一人で暮らして、家が出来上がるのを待った。

村の生活でもっとも悩まされたのは、ネズミの存在である。毎晩出没するネズミに睡眠を妨げられ、あらゆるものをかじられ、本当に手を焼いた。一晩でいいからネズミに起こされずにぐっすり眠ってみたいといつも願っていた。牧師の家にいたとき、使用済み生理ナプキンをかじられてしまった。ニューギニアでは、月経血は人の健康を害したり死に至らしめることもあると恐れられており、トイレに捨てるというのは絶対的タブーであったため、いずれ自分専用のトイレを作ってもらったらそこに捨てようとまとめてあったものだ。

村の女性は月経中は月経小屋に滞在し、その姿を見られることはタブーで、血は穴を掘って埋めていた[7]。栗田先生には、月経のときはそう話したほうがいい、それでないと誰かが病気になったときに、私のせいだと言われたら困るからとアドバイスを受けたが、月経中に重要な出来事が起こってそれに参加

写真2　バスケットを編みながら談笑するソロタゲ村の女性たち（1993年2月17日、槌谷撮影）

できないのは困るため、私は月経に関しては何も言わないことに決めた。彼らも何も聞いてこなかった。ロングハウスへの女性の立ち入りは禁じられているが、それでは調査に支障がでるため、私は特別に出入りを認めてもらった。女性の性器からもれる体液が男性の健康を損ねると考えられているからだが、私は村の女性たちが穿かないズボンを常に着用していて、どこかジェンダーレスな存在だとみなされていたのかもしれない。

三か月が過ぎたある日、毒ヘビが牧師の家に入り込んでしまった。怖くなった私は、まだ出来上がっていない我が家に移った。結局家が完成したのはその三か月後だった。

フィールドでのトラブル

フォイ語を覚えることに苦労したものの、限られた言葉でもできる親族調査と、口頭伝承の録音を始めた。無文字社会のフォイにはたくさんの口頭伝承があり、子どもも含めて誰でもが、抑揚や絶妙な間合いを入れてドラマチックかつリズミカルに実に上手に語ることができる。そうした伝承を人々は喜んで語ってくれた。録音したものを子どもたちにゆっくりと繰り返して言ってもらい、それをノートにローマ字で書きとり、後でアシスタントに意味を聞いて翻訳していった。(8) 村の人々は実に親切で、何くれとなく気にかけてくれたし、調査にも協力的だった。誰かが神話を語り始めると、大勢の野次馬がやってきて、邪魔になることもしばしばだった。来客には薄くてお砂糖たっぷりのインスタントコーヒー

（彼らの大好きな飲み方）や煙草をふるまった。これが功を奏したのか、私の家に来る人は引きも切らず、調査は順調に進んでいった。

ソロタゲ村の隣にあるファスの村の近くで、石油の埋蔵調査が始まることになった。そのためのブッシュ・キャンプが作られ、海外から招かれた地質学者らが調査を始めた。調査を請け負った会社の社長が親切な方で、不自由な生活をしているであろうと私を一週間に一度キャンプに招いてくれた。ヘリコプターが迎えに来てくれて、キャンプで熱いシャワーを浴び、清潔なベッドで寝て、ネズミに悩まされずに熟睡することができた。発電機があったため、洗濯機やコピー機まであり、毎日洗濯されたバスタオルが出てくるのには驚いた。

ある日、ソロタゲ村に石油関連の作業のために他の部族出身の男性がやってきた。訪問者はロングハウスに寝るのが普通だが、その男性はビニールで屋根を張っただけのテントに寝るという。それでは毎晩降る雨を防げないので、私の家には空いた部屋があるので泊めてもいいと申し出た。初め、長老たちは結婚していない男女が同じ家に寝ることに難色を示したが、最終的に長老に頼まれて、作業の期間中泊めてあげることになった。彼が滞在中、私はブッシュ・キャンプに招かれて一晩留守にした。そのとき、汚れた下着をたたんで、帰ってから洗濯するつもりでベッドに置いて出かけた。戻ってくると、その下着の股の部分が破られていることに気がついた。私はその男性の仕業ではないかと考えて問い詰めたが、「知らない。自分が出かけている間に誰かが忍び込んだ気配があった」と言う。それで、村の女性に下着を見せて相談した。女性たちは口々に「これは誰か男がやったんだ」と言った。

ところが、話は思わぬ方向へと進んでしまった。村のコミッティー[9]が、私に村を出て行ってほしいと言い出したのだ。なぜ彼がそんなことを突然言い出したのかわからず、調査を中止しなくてはならないのかと絶望的な気持ちになった。ロングハウスで話し合いをすることになり、そこで何が問題なのかが明らかになった。服などの一部を破って持ち去ることは、服の持ち主に邪術をかけるための手段であり、私が服が破られたことを問題にしているのは、村の誰かが邪術をかけようとしていると疑っているからだととられたのだ。[10]そのことが政府や派出所に報告されることを恐れていることがわかった。私はそんなことは考えたこともないと説明し、村人も「汚れた下着はよく虫が食べるものだ」という結論を下して、この問題は一件落着することができた。まだ邪術についての調査を始めていなかった私は、身をもって邪術について知ることとなった。この事件から、邪術に対する強い信仰を知ると同時に、彼らの問題解決への柔軟な対応をも知ることになった。

Mの死亡事件とイ・ホー

同じころ、悲しい出来事が起きた。出産時に母親Mが亡くなった。彼女は明るく気さくな性格で、最初に仲良くなった女性だった。推定二〇歳ぐらいで（フォイでは年齢を数える習慣がない）、隣のフマネ村の出身で、自分の村で出産することもできたが、現在住んでいる夫の村ソロタゲで出産することにした。

フォイの出産は座産で、月経小屋で出産するのがふつうである。私はぜひ出産に立ち会いたい、ビデオで撮影したいとお願いしていた。陣痛が始まったと知らせが来てビデオカメラを持って駆けつけると、高床式の月経小屋の下でいきんでいた。部屋のなかは空気が悪いから外で産みたいという本人の希望ということだった。月経も出産もケガレにかかわるため、男性に見られることはタブーであり、これは異例なことだった。やがて彼女が疲れて地面に横になり、皆が見守っていると、赤ん坊が生まれた。人々が赤ん坊を見るために、彼女が掛けていた布を棒で押し上げてのぞき込んでいるのが不思議だったが、産血は男性ばかりでなく女性にも危険であると考えられているため、手で触れることはできないのだとのちに知った。

赤ん坊は一〇時半ごろ生まれたが、胎盤がなかなか出てこないため、親子で地面に横たわったまま時間が過ぎて行った。私はやきもきして、早くへその緒を切った方がいいのではないかと提案したが、胎盤が出てからへその緒を切るのが彼らのやり方だった。ブッシュ・キャンプへ連れて行ってくれれば、ヘリコプターで病院へ運んでくれるように頼むことができると提案したが、キャンプへはカヌーで二時間半、歩いて一時間半かかり、今からでは遅すぎるから明日にしようと言われた。ヘリコプターなら一五分ぐらいで行けるのに、何とももどかしかった。彼女におにぎりでも作ってあげようと家にもどって準備していると、彼女が亡くなったという知らせが届いた。急いで駆けつけると、彼女の周りで夫が怒り狂ったように泣きながら歩き回っており、人々が泣き叫び、異様な雰囲気だった。やがて、知らせを受けたMの母親や親族もかけつけ、母親はMの遺体に覆いかぶさって泣き続けた。赤ん坊は、Mの死後にへその緒から切り離され、助かった。

Mの死は、その後大きな問題を引き起こした。当時、フマネ村で暮らすMの兄はトラブルを抱えていた。フマネ村で死亡した男性Sの未亡人と姦通を犯し、未亡人はそのときMの兄の子を身ごもっていた。未亡人は夫が死んだ後、自分の生まれた村に帰っていた。フォイでは、婚資を払うことで結婚が認められるが、それ以前の性行為はタブーである。未亡人の親族は賠償と婚資の支払いをMの兄に求めていた。

一年前に死亡したSは、邪術によって同じ村のDに殺されたと言われた。その根拠は、Sの弟が見た夢である。フォイでは誰が邪術をかけたのかを夢で知ることができると信じられている。

Mの葬礼の場で、Mの親族とMの夫の親族の間に意見の対立が起きた。Mの親族はソロタゲで適切に世話をしてくれなかったからMが死んだ、遺体はフマネへ連れて帰りたいと言い、Mの夫側は遺体をフマネに持って行くことに反対した。葬礼の場で、ソロタゲ村の長老が立ち上がって演説した。「Mの兄が未亡人を妊娠させて、未亡人の親族が非常に怒っている。そのため怒った彼らのイ・ホーがやってきて、Mの胎盤が外へ出るのを妨げたのだ。Mの兄のようなことをしてはならない。さもないと、多くの人が死ぬことになるだろう」。この演説は一晩に三回行われた。イ・ホーとは目に宿る霊で、夢はイ・ホーが眠っている間に目から抜け出して見たものだと考えられている(11)。

その後、Mの死因と賠償をめぐって数回にわたる公的な話し合いが行われた。Mの夫側は、Mの兄が賠償を請求するつもりであるという噂に腹を立てていた。最後の話し合いの場で、ソロタゲ村の長老は、死体の示した兆候について、Mの死因を示す証拠として述べた。Mの葬礼で、妊娠中の未亡人とMの兄の妻が座った側にMの頭が動いたこと。お棺を未亡人の兄弟が持ったときとても重く階段が壊れたこと、他の人間が持ったときには紙のように軽かったこと、遺体の鼻の片側から体液が流れたことなどから、Mは出産時の問題で死んだのではなく、兄の問題で死んだのは明らかだ、イ・ホーが胎盤が出てくるのを母胎に押し戻して殺したのだ、と主張した。Mの兄は何も反論することなく、Mの賠償を請求するつもりはないし、そんなことを言ったことはないと主張した。結局、そうした噂話が軽はずみな女たちによって広められたということで、この問題は終結した。また、DはSの妻が欲しくてSを邪術で殺したと言われていたが、それは間違いであったとMの夫の親族によって語られた。

この出来事からフォイの観念の一端を知ることができる。ふだんイ・ホーについて人々に尋ねても明確な答えは返って来ない。ところが、イ・ホーの存在が、出来事の解釈のなかで具体的な形となって立ち現れ、説得力を持っていく。イ・ホーは、死をもたらした実体であるかのように人々に語られる過程を目の当たりにした。また、ある出来事を解釈するために、過去の出来事が再解釈されて、新たな一連の物語が紡ぎだされていく。栗田先生はファスが夢によって死因や殺人者を知ることついて論じており、そのなかで「様々な夢が、特定の意味を持ったものとして、人々の解釈を受け現実の出来事に結び付けられる」［栗田　一九八九：二四五］と述べているが、同様なことがこの事例でも言える。

別れ

一旦調査を終えて引き上げる日が近づいた。引き上げるにあたり、たくさんの生活用品や雑貨をみんなに不満が残らないようにどう配分するかが問題だった。ここでも栗田先生のアドバイスが役立った。みんなが欲しい高価なもの（例えば石油ランプやパトロールボックス、ラジカセなど）は、安く売ることにした。それ以外の洋服、タオル、食器類、調味料、石鹸、洗濯バサミ、軍手、缶詰、ライター、ボールペンなどは、なるべく平等に贈ることにした。荷作りをしていると、「あれを欲しい」「これを欲しい」次々に言ってくるので、なかなか仕事がはかどらず、出発の間際までてんてこ舞いだった。出発のとき「あの人にはこれをあげたのになぜ自分にはくれないのか」「出かける用事があるから先に欲しい」とは、村の男性が総出で荷物をカヌーに運び込んでくれた。ところが、出発しようとしたとき、二〇リットルのドラム缶が一つ見当たらない。皆で探し回り、草の陰に隠されたドラム缶を見つけた。若者がどさくさにまぎれて、こっそり自分のものにしようとしたのだ。長老は怒りだし、皆も大騒ぎするなかでのとんだお別れとなった。フィールドワークで、人々の率直さにいつも驚かされた。人々との付き合い方で、いろいろな齟齬や迷いがあったものの、私なりの「誠実さ」を貫くしかないという思いに至り、その姿勢を今も続けているつもりである。

この約二年間の調査のなかで偶然遭遇した事件や出来事を通して、「ケガレ、邪術、霊」などの概念がしだいに理解できるようになっていった。それらは単なる観念ではなく、生活において意味を持つものであり、人々に直接影響を与えるものなのだと、実感することができた。また、出来事の解釈は、その後の状況によって再解釈されることもあり、解決や決定は最終的なものとは限らないということもわかった。彼らの物語は、常に未完なのである。彼らの文化を知るほどに、その未知なる奥深さに惹かれ続けている。泥に足を取られても、長靴を履き続けている自分の不自由さを感じつつ……。

【注】

（1）最初のフィールドワークは一九九二年七月から九四年五月にかけて行った。この調査は大和銀行アジア・オセアニア財団研究助成金によって可能となった。その後、一九九五年、一九九六年、二〇〇四年、二〇一四年に短期の調査を行った。

（2）Weiner, A. 1976 *Women of Value, Men of Renown*. University of Texas Press. トロブリアンド諸島はマリノフスキーの研究で有名であるが、女性人類学者ワイナーは、それまで男性人類学者たちが見逃してきた女性による重要かつ大がかりな交換を発見した。ワイナーが「女の葬礼」と名付けた「喪明けの儀礼」における女性たちによる女財の交換について論じたのが、本書である。

（3）文化人類学者のSchiefferin, Edward L. とFeld, Steven。

（4）Schiefferin, Edward L. and Hiroyuki, Kurita 1988 "The Phanton Patrol: Recording Native Narratives and Colonial Documents in Reconstructing the History of Exploration in Papua New Guinea." *The Journal of Pacific History*, vol 23, no 1, 52–69.

（5）フォイの食生活はサゴヤシから採取するデンプンを主食とし、焼畑移動耕作と狩猟採集による食料を副食としている。

（6）ふだんは村人と同じ生活をして、日曜日に礼拝を行う。第二次世界大戦後、急速にキリスト教が広まった。現在ではほとんどのフォイはキリスト教徒と自認している。

（7）フォイのケガレ観念については槌谷［一九九九］で論じた。

（8）フォイの口頭伝承は槌谷［二〇一三、二〇一四、二〇一五、二〇一六、二〇一七、二〇一八、二〇二〇］で発表した。

（9）行政的な村の責任者だが、必ずしもリーダーとは限らない。

（10）フォイの邪術のやり方には何種類かあるが、相手の服の一部や髪の毛、爪を取ってきて、竹筒に呪薬と一緒に入れて隠しておくと、相手は病気になったり、死に至ると信じられている。

（11）イ・ホーは人が死ぬ直前に体から抜け出し、喪の期間中は村の近くにとどまり、喪が明けると、人々が行くことを禁じられている禁忌の地や洞窟、川の渦巻きなどに行って暮らすと言われる。

【参考文献】

栗田博之　一九八九　「ニューギニア・ドリーミング――ファス族の夢について」『異文化の解読』吉田禎吾編、二三九‐二六五頁、平川出版社。

槌谷智子　一九九九　「ジェンダーとコスモロジー――パプアニューギニア・フォイ族のセクシュアリティ・空間・儀礼」『社会科学ジャーナル』四〇、一一一‐一三八頁。

――　二〇一二　「石油開発と『伝統』の再構築――パプアニューギニア、フォイの土地所有権をめぐる実践」東京大学提出博士論文。

――　二〇一三、二〇一四、二〇一五、二〇一六、二〇一七、二〇一八、二〇二〇　「語り継がれるもの」～「語り継がれるもの　その7」『国立音楽大学研究紀要』第四七集～五二集、五四集。

Weiner, J.F.　1988　*The Heart of the Pearl Shell: The Mythological Dimension of Foi Sociality*. Berkeley: University of California Press.

第3部

人類学への萌え

The Anthropologist as *Homo Affectus*

第9章 ボンジュール・トーテミスム

栗田 博之

一九八三月五月二三日、夕食後、いつものようにファス族の人々に対してインタビューを始めた。数日後に行なわれる予定の婚資の交換を見るために、カカテマユと呼ばれるロングハウス・コミュニティーに滞在していたときのことである。一五カ月間（一九八二年七月〜八三年九月）のフィールド・ワークも、既にその後半に入り、そろそろ調査の重点を社会構造の問題から、儀礼・神話の問題に移そうかと考えていたので、前日のインタビューが終わった後、「明日は、何かおじいさんやおとうさんが話してくれたような話をして下さい」と頼んでおいた所、それに答えて、人々は幾つかの昔話や神話を語ってくれた。そして、次に、一人のインフォーマントが、「では、父親から聞いた我々ワグトゥバ氏族の起源を話してあげよう」と口を開き、次のような起源神話を語り始めた。

老婆と若い娘が住んでいた。ある日、二人は祭礼を行ない、ブタを殺しアース・オーブンで料理した。しかし、肉が焼け過ぎてしまったため、客の男達は熱くて取り出すことができなかった。そこに一人の大男が出て来て、ヤケドすることもなく、何なく肉を取り出し、一人で食べてしまった。その大男が帰るとき、老婆はそっとその後をつけて行った。ある山まで来たとき、男はどうしたかとそっとのぞき見ると、何と、男は消えてしまい、椰子の木が一本立っているだけだった。大男は椰子の木になってしまったのだ。その晩老婆は家に戻り、翌日再び行ってみると、その椰子の木にはゴクラクチョウ（極楽鳥）の巣がかかっていた。そして、そこに一羽の雛がいた。老婆は雛の脚にひもを結び付け、その先を近くの枝に結んで、家に帰った。数日後戻ってみると、雛はひもで脚を結ばれたまま、あちらへこちらへと飛び回っていた。また数日経って戻ってみると、今度は、驚いたことに、雛は人間の赤ん坊になっていた。そして、あちらへこちらへと地面をはい回っていた。老婆はこの赤ん坊を家に連れて帰り、娘にみつからないように、ひもを家の柱に結びつけ、赤ん坊は家の外の藪に隠しておいた。そして、水だけを与えて育てて

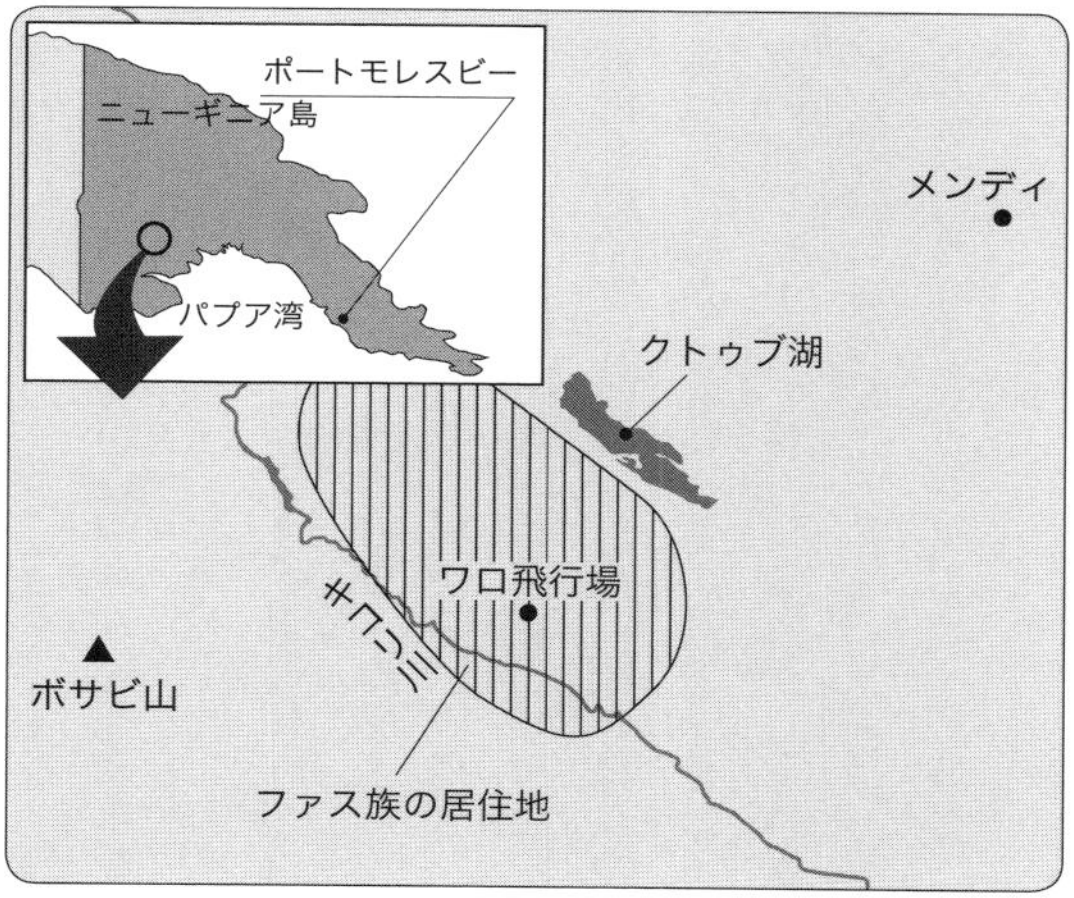

いた所、赤ん坊はみるみるうちに大きくなった。そして、赤ん坊に与える食べ物が必要となり、娘に、これからはもっと多く食べ物を持って来てくれ、と言った。娘は、老婆がいつもと違う要求をするので変に思ったが、言われた通り、いつもより多くの食べ物を老婆に与えるようにした。この食物によって赤ん坊は少年に成長した。少年が老婆に家のなかに住みたいと言うと、老婆は、まだダメだ、そのまま外にいなさい、と答え、少年を外で育て続けた。しかし、少年は更に成長し、家のなかの男性の区画に住むべき年齢になったので、老婆は家を半分に区分して、男性の区画の方にこの若者を住まわせた。女性は男性の区画には入れないので、娘はまだこの若者の存在を知らなかった。その後、若者は、イニシエーションの過程で、体に彩色を施すようになったが、ついにこのときになって、娘はその若者を見た。非常に美しい若者であった。娘が老婆に、あの若者を育てるために多くの食べ物が必要だったの、と問うと、老婆は、その通りだよ、と答え、これからお前がブッシュに仕事に行くときにはあの若者と一緒に行きなさい、と娘に言った。そして、二人は一緒にブッシュに行くようになり、その後結婚した。そしてこの二人の子孫が我々ワグトゥバ氏族なのだ。つまり、我々の起源はゴクラクチョウなのだ(1)。

この話を聞き終えた瞬間、ついにあのトーテミズムに出会えたのだという想念が頭に浮かんだ。いや、このような発言は、現在の人類学の世界では、多少危険かもしれない。過去の人類学者たちが長い間抱いて来たトーテム幻想を、一時的にではあるが、追体験することができたとしておいた方が良いだろう。

レヴィ＝ストロースの『今日のトーテミスム』、『野生の思考』(2)が公刊されて以来、人類学者の間ではトーテミズムという言葉を口にすることがはばかられるようになってしまった。確かに、それ以前から、トーテミズムの問題は人類学の話題の中心からはずれて来てはいた。しかし、レヴィ＝ストロースがその息の根を止めたのである。あのレヴィ＝ストロースが、トーテミズムは人類学者の幻想だと言っているのだから、という訳だ。現地の人々の間だけではなく、人類学者の間でも、トーテムはタブーになってしまったかのようだ。しかし、レヴィ＝ストロースが攻撃したのは、人類学者がトーテミズムを議論すること自体ではなく、その議論のなされ方なのである。まして、これまでにトーテミズムという名の下に報告されて来た民族誌的データを、すべて人類学者の幻想だとして排除している訳ではない。アレンズが「人喰い」を人類学自体の「神話」とした、即ち「人喰い」の民族誌的事例などは存在しないとしたのとは事情が異なるのである［アレンズ　一九八二］。現地の人々が「我々は人を食う」と言ったとき、本当は彼等は食っていないのだと主張することには、多少意味があろうが（といっても、勿論アレンズの主張に賛成する訳ではない）、現地の人々が「我々はゴクラクチョウとある特別な関係にある」と言ったとき、本当はそんな関係は存在しないのだと主張しても仕方のないことであろう。トーテミズムを語るときに問題となるのは、目に見える事実なのではなく、民族誌的な事実なのである。実際、少なくとも、ファス族の人々は以上のような神話を語り、我々の氏族の起源はゴクラクチョウであると述べるのだ。我々がトーテミズムと伝統的に呼ばれて来た現象について論じること自体は、誰も否定してはいないのである。

しかし、トーテミズムについて議論されることが稀になったということには、以上とはまた別に、やはりレヴィ＝ストロースが絡んでいる。トーテミズムの問題は既にあのレヴィ＝ストロースがケリをつけており、過去の問題でしかない、という印象が広まってしまっているのだ。現在、例えば、母権制とか乱婚の問題が人類学史の講義のなかでしか語られなくなったように、今更再びトーテミズムについて議論しても始まらない、という訳である。勿論、民族誌のなかでは、トーテムという用語が用いられ続けている。しかし、誰もトーテムの問題をまともに取り上げようとは考えていない。また、『今日のトーテミズム』が公刊された直後に、イギリスの社会人類学者達はシンポジウムの一部としてトーテミズムの問題を議論したし［Leach (ed.) 1967］、現在でも、毎年、少ないながらも、論文は書かれ続けている。しかし、誰も正面からレヴィ＝ストロースの主張に反論を加えようとはしていない。『今日のトーテミズム』以降の論文では、「この論文はレヴィ＝ストロースの主張の正否を問うという意図を持って書かれている訳ではない。単に、レヴィ＝ストロースとは違った角度から、トーテミズムを分析してみようという試みに過ぎないのである」という語り口が、常套手段として用いられているのである。

と、ここまで述べたならば、トーテミズムに関するレヴィ＝ストロースの主張をひっくり返すような試みが期待されることになるであろうが、残念ながら、この小文でも、そのようなことは全く意図されていない。しかし、これには正当な理由があるのだ。簡単に言ってしまえば、問題は別の所にあるということが言いたいのである。即ち、レヴィ＝ストロースの説明自体が問題とされるべきだと主張したいのだ。この点を以下で述べようと思う。先ずは、レヴィ＝ストロースのトーテミズム理論を簡単に述べておかなければならない。

レヴィ＝ストロースによれば、トーテミズムの基本的性格とは、「社会集団と自然種の間の相同性ではなくて、一方で社会集団のレベルで現われる差異と、他方で自然種のレベルで現われる差異の間にある相同性」〔『野生の思考』：一三六〕である。この点を、それまでの人類学者の大半は見逃して来た。トーテム崇拝やトーテムに対する食物禁忌などをトーテミズムの構成要素として扱って来たのである。しかし、基本的性格が以上の通りだとすれば、トーテミズムをこの崇拝や禁忌などの点から説明するのは、無意味な試みでしかない。例えば、機能主義者のように、トーテムが「食べるに適している」から選ばれているのだと論じても、それは全く何の説明にもなっていないのである。トーテミズム自体、つまりその基本的性格を問題にしなければならないという訳だ。そして、レヴィ＝ストロースによれば、それは知性の領域に属する問題である。即ち、トーテムは「考えるに適している」から選ばれているのだ〔『今日のトーテミズム』：一四五〕。トーテミズムという制度は、「一方は自然のなかに、他方は文化の中に位置する二つの差異体系の間の相同性という公準の上に」のっており、「純粋トーテム構造」は「氏族1と氏族2の差異は」自然種1と自然種2の「差異のごとし」なのである〔『野生の思考』：一三六―一三七〕。このレヴィ＝ストロースの主張を別の言葉で言い換えるならば、この構造にあるのは同一レベルにある要素間の（自然種同志の、そして氏族同志の）関係（横の関係）の、異なったレベル間での関係（縦の関係）であり、異なったレベルにある要素間（自然種と氏族の間）には縦の関係はない、ということになる。

「純粋トーテム構造」

```
自然：  種1    ≠    種2    ≠    種3    ≠  ………   種n
               |          |          |
文化：集団1    ≠  集団2    ≠  集団3    ≠  ………  集団n
```

変換された「純粋トーテム構造」

```
自然：  種1    ≠    種2    ≠    種3    ≠  ………   種n
         |          |          |
文化：集団1    ≠  集団2    ≠  集団3    ≠  ………  集団n
```

以上が、『今日のトーテミスム』のなかで展開されるレヴィ＝ストロースのトーテミズム理論であるが、これを更に発展させた形で論じた『野生の思考』のなかの、「純粋トーテム構造」の変換の可能性にも触れておかなければならない。レヴィ＝ストロースによれば、この構造の「相同性の全体系を関係から要素に移せば」、構造は変換されて、「氏族1は」自然種1の「ごとく、氏族2は」自然種2の「ごとし」となる［『野生の思考』：三六―三七］。即ち、「自然と文化の差異の体系の形式的関係が問題になるのではなく、氏族1の性質と氏族2の性質が別々に問題にされる」ことになる［同：一三七］。これを別の言葉で言い換えるならば、この構造にあるのは異なったレベルにある個々の要素間（自然種と氏族の間）の縦の関係であり、しかも同一レベルの要素間の（自然種同志の、そして氏族同志の）横の関係は保持されている、ということになる。レヴィ＝ストロースは、更にこの変換の可能性を展開し、種と集団が結び付いたものが体系をなさずに独立している構造を提出する。ここまで来ればカースト制まではあと一歩である。しかし、差し当たってここでは、このようなカースト制とトーテミズムの結び付きの問題、また外婚と内婚の問題は、議論に関係して来ないので、省略しよう[3]。

さて、レヴィ＝ストロースはトーテミズムの基本性格を、異なったレベルにある二つの横の関係同志の縦の関係と規定し、異なったレベルにある二つの要素の間の縦の関係を議論から排除してしまった。この背後には、明らかにレヴィ＝ストロースの理解による言語学（記号学）の、シニフィアンとシニフィエの関係の図式がある。そのことはレヴィ＝ストロースも随所で認めている。シニフィアンとシニフィエの（縦の）関係は恣意的なものだというのは、言語学のイロハである。自然種と社会集団の関係がこれと同じだとすれば、その関係は当然恣意的なものであり、自然種1と社会集団1との間には、何ら特別な関係は存在しないはずである。レヴィ＝ストロースはこのことを発見したときに、それまでのすべてのトーテミズム理論が崩壊することに気付いたに違い無い。そして、それを本の形にした訳だ。しかし、これは、言わば、トーテミズムに対して言語学のモデルを適用したにすぎないのである。このモデルを適用した根拠というのは、レヴィ＝ストロースにとってすべてがうまく説明できた、ということだけであろう。従って、必然的に、トーテミズムの基本性格をあのように、一方的に設定しなければならなかったのである。これは、よくある手口だ。一所懸命ある現象を説明しようと努力しているときに「君はその現象の本質を見

写真1　上空から眺めるファス族のロングハウス（1987年撮影）

逃している。本質はこうなんだから、こうすれば簡単に説明できてしまうではないか」というやり方である。そして、こういう人に限って、何故それが本質なのかという質問には答えてくれないものなのである。レヴィ＝ストロースもこのような質問には答えていてはくれない。我々からすれば、分類、或いは野生の思考の問題に関心があるので、その面からトーテミズムに光を当ててみただけだ、というようにしか見えないのであるが。

では、現地調査でトーテミズムだと思って一所懸命様々な資料を集め、さてこれを分析しようと思ったら、それらの資料はトーテミズムに本質的なものではないと一蹴されてしまった人類学者はどうしたらいいのだろう。

例えば、ファス族を調査した人類学者の場合。トーテムは起源神話のなかでだけ活躍するのではない。別の氏族のロングハウスを訪問して、そこに誰もいなかった場合には、我々が名刺を置いて行くように、ファス族の人は自分の氏族のトーテムを置いて行く。ファス族の場合、一氏族のトーテムは複数であり、動物だけでなく、植物も含まれている。そこで、すぐ手にはいるトーテム植物の方を置いて行くのだ。こうして、どの氏族から来客があったかを示す訳である。また、ファス族の間では、人が病気や事故で死んだときには、ほとんどすべての場合、誰か人の責任であるとされる。何某が妖術や邪術をかけたから その人が死んだのだとする訳である。そして、死後誰にやられたかが明らかでない場合には、色々な形の占いが行なわれる。その一つとして、安置しておいた死体の上にトーテム植物や動物が何故かのっていた場合、その死者の霊が死をもたらした犯人の属している氏族を示すために置いたのだとされる。

そして、死んだ人の氏族の他の成員がその氏族に対して復讐するのである。残念ながら、この二つの例は、レヴィ゠ストロースの理論の枠のなかで処理できてしまう。氏族の成員をトーテムが指示しているということだけで、話が済んでしまうのだ。しかし、冒頭に述べた氏族のトーテム起源神話は、トーテムと氏族の間のより直接的な縦の関係を述べているといえる。また、ファス族の間では、人が何か力を必要とするときに、自分の属している氏族のトーテム植物の名前を、直訳すれば「おとうさん、木何々」という定型化したフレーズで、声を出して呼ぶ。トーテム植物の名前を口にすることによって、力が得られるとされているのである。ここにも、トーテムから氏族成員への力の伝授とでもいうべき縦の関係がみられる。また、自分の属している氏族のトーテム動物は食べてはならないという食物禁忌がある。これも、言わば、トーテムと氏族成員の間の縦の関係である。これらの縦の関係をどのように扱ったらよいのであろうか。

既に述べたように、レヴィ゠ストロースは、自然種と社会集団の縦の関係に関して、「純粋トーテム構造」の変換の所で触れている。そのときレヴィ゠ストロースが出して来るのは、縦の関係のなかでも、「氏族1は自然種1のごとし」というものだけである。例えばチッペワ族の間では、熊の氏族の者は髪が長く黒くて、気質が怒りっぽくて戦闘的であり、熊のようだとされる、という場合である〔『野生の思考』：一三七〕。そして、その他の諸々の縦の関係は、これとは別の扱いをしている。しかし、自然種と社会集団の間の縦の関係に関して、何らかの「関係が存在するという〔民族誌的〕事実」〔同：七八〕にのみ注目するならば、理論的に、「氏族1は自然種1のごとし」も、「氏族1は自然種1の子孫なり」

も、「氏族1は自然種1の力を得るものなり」も、「氏族1は自然種1を食べるべからず」も、等価なのではないだろうか。もしそうだとすれば、何故レヴィ＝ストロースは「氏族1は自然種1のごとし」のみを別扱いにしなければならなかったのであろうか。ここで、その他の諸々の縦の関係をレヴィ＝ストロースがどのように扱っているかを見ておこう。

レヴィ＝ストロースはトーテムに対する食物禁忌に関して、「この後者の操作〔食物禁忌〕が、前の操作〔トーテム分類〕から、可能であるが必然的ではない一つの結果として由来することは明白である。食物禁忌はトーテム分類にはつきものであるというわけではない。そして、論理的にはトーテム分類に、従属するものである。」と述べている〔同：一二七―一二八[4]（傍点筆者）〕。このなかの「論理的にはトーテム分類（純粋トーテム構造）に従属する」という部分は、「トーテム分類が論理的前提としてあって、そこから派生する」と言い換えることができるであろう。レヴィ＝ストロースは「氏族1は自然種1のごとし」を除いた、その他の自然種と社会集団の間の縦の関係を、論理的にトーテム分類から派生したものとして扱うのである。これは重要なポイントである。先程の疑問をこの観点から言い換えてみよう。何故、食物禁忌などのその他諸々の縦の関係を、トーテム分類から派生したものとして扱い、「氏族1は自然種1のごとし」を、構造の変換としてそれとは別個に扱わなければならないのであろうか。何故「熊の氏族は熊のごとし」、つまり「あの人は熊の氏族の人だから、熊に似ている」というのを、トーテム分類から派生したものとして扱ってはいけないのであろうか。

レヴィ＝ストロースは、食物禁忌によって「人間が動物の肉を同化する可能性から生ずる両者の類似性が否定される」〔同：一二七〕、簡単に言えば、「熊の氏族の人が熊を食べたら、人間と熊が同質となってしまうから、食べないのだ」という形で、食物禁忌を説明する。これがレヴィ＝ストロース流の、トーテム分類からの縦の関係を派生させるやり方である。(5) これと同じ様に、「氏族1は自然種1のごとし」というのをトーテム分類から派生させることなど、やろうと思えば、レヴィ＝ストロースにはできたように思える。しかし、レヴィ＝ストロースはそれをしなかったのである。これは何故であろうか。

一体「氏族1は自然種1のごとし」とその他の自然種と社会集団の間の縦の関係を別個に扱うことに、根拠があるのだろうか。レヴィ＝ストロースは根拠として何を上げているのだろうか。残念ながら、レヴィ＝ストロースはその根拠を上げていてはくれない。確かに、すべての縦の関係が、何らかの「関係が存在するという〔民族誌的〕事実」にのみ注目するならば、論理的に等価である、と言えるかどうかわからない。しかし、これと同様に、「氏族1は自然種1のごとし」とその他の縦の関係を別個に扱うべき積極的な理由を見出すことも、やはりできないのである。レヴィ＝ストロースが両者を別個に扱ったのは「純粋トーテム構造」の変換の理論をうまく運ぶために、という以外に正当化のしようがないのではなかろうか。しかし、この点に関しては、これ以上述べても仕方がない。議論を先に進めることにしよう。より重要な問題が次に控えているのである。

その問題とは、論理的従属、或いは論理的派生ということ自体である。繰返しになってしまうが、「自然種と社会集団の間の縦の関係が論理的にトーテム分類に従属する」ということは「トーテム分類が論理的前提としてあって、そこから縦の関係が派生する」と言い換えることができる。ここに、一定の保留を付けてではあるが、時間性というものを導入してみよう。すると、更にこれは、「初めにトーテム分類があって、その後に縦の関係が成立した」と言い換えられるのである。ここで、『今日のトーテミスム』のなかでレヴィ＝ストロースが引用している「リントンの珍奇なる研究」を思い出していただきたい［一九七〇：一五―一六］。リントンが第一次世界大戦の時配属されていた師団は、多くの州から派遣された部隊から成っていたため、連隊旗がニジ（虹）の色のように様々であった。そのため司令部はこの師団を「ニジ師団」と名付け、この名称が定着してしまった。この段階では、ニジと「ニジ師団」の間にはまだ何の関係も成立していない。しかし、数カ月後には、「ニジ師団」にとってニジが出ることは吉兆だと認められるようになり、更に、「ニジ師団」が出動する度ごとに、ニジが見えたと人々は主張するようになった。この段階に至って、ニジと「ニジ師団」の間に縦の関係が成立したのである。この例を引いてレヴィ＝ストロースが言おうとしたことは、ニジと「ニジ師団」の間に縦の関係が後付けの形で成立した、即ち、最初ニジというトーテムと「ニジ師団」という社会集団の間には何の縦の関係もなかったが、人々が後から縦の関係を作り上げたということであろう。レヴィ＝ストロースがわざわざこの例を序論で取り上げたということに注目すると、レヴィ＝ストロースは、自然種と社会集団の間の縦の関係は人々が歴史の流れのなかで勝手に作り上げたものであり、トーテム分類はそれよりも時間的に先行するのだ、と主張したかったのではないか、と曲解したくなるのである。

勿論、レヴィ＝ストロースは、論理的従属関係或いは派生関係は歴史的な前後関係を意味しない、論理的前後関係は時間的前後関係を意味しないのだ、と反論するだろう。であるから、先程、一定の保留を付けて、としておいたのだ(6)。しかし、いくら「論理的に」という言葉で逃げようと、結局の所、レヴィ＝ストロースの議論は「トーテム分類が成立した時には」という「最初の時」の話になってしまうのである。そして、そのためには、トーテム分類、即ち「純粋トーテム構造」というものが論理的に先行するものであり、それと同時に成立したのか、後に成立したのかは不問としても、ともかく自然種と社会集団の間の縦の関係は論理的にトーテム分類に従属するのだということを前提とした上で話をしなければならなくなってしまうのである。

しかし、やはりこの仮定にも根拠がある訳ではない。確かに、この前提は大きな説明的な価値を持っている。この前提を置くことによって、同じようにトーテム分類がなされている所でも、自然種と社会集団の間の縦の関係は一定ではない、という民族誌的事実が説明されたのである。今まで誰もこの事実を説明できなかったのだ。しかし、再三述べて来たように、大きな説明的価値を持つからといって、必ずしもその前提が正しいということにはならない。これは、極く初歩的なことだ。その前提は、より多くの現象が説明できたという限りの価値を持つだけであって、その前提自身の正否は問えない。より正確に言えば、前提自体の正否を問うことは無意味なのだ。これは、シニフィアンとシニフィエの概念自体の正否を問うということが無意味であるのと全く同じことである。

確かに、トーテム分類が論理的に先行するものだと仮定して議論すること、或いは「トーテミズムの成立は」という話をすること自体には、何も問題はない。そのようなことを問題にするのも一つの正当な立場である。そして、レヴィ＝ストロースは、その限りにおいて、大きな成功を収めた。しかし、だからといって、現地の人々が同一のコンテクストで述べたトーテミズムに関する様々な資料を、それらの資料はトーテミズムに本質的なものではないとして切り捨ててしまってはならない。或いは、自然種と社会集団の間の縦の関係は論理的にトーテム分類に従属するのだということを前提として、トーテミズムに関する資料を現地調査で集めてはならない。レヴィ＝ストロースがある前提を置いて行なう議論と、ある異文化のトーテミズムに関して行なう議論は、全く別のことを目指しているのだ。

これを、レヴィ＝ストロースにならって、言語学の比喩を用いて、説明してみよう。シニフィアンとシニフィエの関係は恣意的なものであるというのは、既に述べたように、言語学のイロハである。しかし、もう一つの忘れてはならないイロハがある。それは、シニフィアンとシニフィエの関係は、言語の実際の使用においては、必然的なものであるという、一種の逆説である。その言語を母国語とする者にとって、シニフィアンとシニフィエの関係は所与のもの、必然的なものとして受け入れられるのであり、これと同様に「あの氏族はゴクラクチョウの氏族であり、ゴクラクチョウと特別な関係をもっている」というのは、「昔からそう言われているからだ」という必然のなかに取り込まれているのである。簡単な図式化を許してもらおう。この恣意性の方を問題にするのが言語学者であり、必然性の方を問題にするのが言語学習者、即ちその言語を習得しようとする者であると。レヴィ＝ストロースは、あくまで「言語学者」を目指しているのである。そして、シニフィアンとシニフィエの関係は恣意的なものであるという前提の下に、「言語学」の議論を進めるのである。一方、異文化のトーテミズムの理解を目標とする人類学者は「言語学習者」の方に入ると言える。では、外国語（異文化のトーテミズム）を習得しようとするときに、言語学習者はシニフィアン（自然種）とシニフィエ（社会集団）の関係の恣意性を問題にするだろうか。当然のことながら、シニフィアンとシニフィエの関係の恣意性についての知識を持っていた方が有利であることは否定できない。しかし、外国語（異文化のトーテミズム）を習得しようとする者は、最終的には必然性の方を取るのである。そうしなければ、その言語を話すようになれないのだ。言い換えれば、「昔からそう言われているからだ」という説明をそのまま受け入れなければならないのである。即ち、異文化のトーテミズムを理解しようという場合には、トーテム分類も、自然種と社会集団の間の縦の関係も、すべてが必然であるという点では同等であり、その点では、レヴィ＝ストロースのいう論理的従属関係などということは問題にならない、ということを忘れてはならないのである。

　しかし、ここで注意しなければならないことがある。異文化を理解しようとする人類学者と外国語を習得しようとする言語学習者の間には、やはり違いがあるのだ。それは、習得は理解とは異なるということである。理解したと言うためには、母国語（現代日本文化とすれば、トーテミズムの不在）で

写真2　ファス族の村人と共に（1987年撮影）

外国語（異文化のトーテミズム）を説明できなければならない。母国語の必然は外国語の必然により、外国語の必然は母国語の必然により、相互に解体、或いは相対化されなくてはならないのだ。従って、「昔からそう言われているからだ」という必然も解体されなければならないのである。トーテミズムに関するこの解体の過程で、論理的関係が問題になって来ることもあるだろう。しかし、それはレヴィ＝ストロースのいう論理ではなく、現地の人々の論理なのである。そして、その論理もやはり解体しなければならないのだ。このような解体作業、それが「言語学習者派」人類学者、即ち異文化理解を強調する人類学者の行なうべき作業である。従って、彼等にとって、トーテムがタブーになる、即ちトーテミズムを語ることがタブーとなることなどはありえないのだ。

しかし、結局の所トーテミズムに関して、また、最終的にはその他の様々な民族誌的現象に関しても、人類学の二極化を避けることはできないであろう。「言語学習者派」と「言語学者派」に。どちらが真の人類学であるかという設問は成り立たない。人類学とは、この両者を含みこんだ上で、成立しているのだから。勿論、両派の交流が必要であることは明らかである。しかし、自分がある時点で目標としているのがどちらなのか混同しないようにすること、それが最も重要なことではないだろうか。(7)

【注】

（1）この神話には、他のヴァージョンも存在する。

（2）レヴィ＝ストロースには、もう一つ、英語で書かれたトーテミズムに関する論文があるが、その内容は『野生の思考』のなかにほとんど組み込まれている［Lévi-Strauss 1963］。

（3）ここで、レヴィ＝ストロースのトーテミズム理論の極く一部が拡大されて取り上げられている、という批判が出ることが予想される。しかし、この小文で扱うのは、彼のトーテミズム理論を貫いている論理であり、その論理自体を問題にしているのである。勿論、読み違えの危険性は否定できないのではあるが。

（4）勿論、レヴィ＝ストロースは、すべての食物禁忌が論理的にトーテミズムに従属するなどと言っている訳ではない。ここで問題になっているのは、「トーテムに対する」食物禁忌のみである。レヴィ＝ストロースは、食物禁忌とトーテミズムを互いに独立した現象とみなしている訳である。

（5）エクソ・カニバリズム（自分の属している氏族以外の人間を食べる）を行なっていたと考えられるファス族の場合には、「ゴクラクチョウの氏族の成員がその氏族の祖先であるゴクラクチョウを食べたら、同じ氏族の者を食べたことになってしまうから食べないのだ」と説明した方がずっと論理的ではないだろうか。もっとも、レヴィ＝ストロースは彼自身が「未開の論理」と考えるものを説明に用いるのに対し、ここでの説明は、ファス族自身の論理というものを人類学者が推定して用いただけであり、その点ではどちらも等価である。ファス族の人々は、何故トーテムを食べないのかという質問に対して、昔からそうされて来たからとしか答えてくれないのだ。

（6）ここで、論理的従属関係を論理的前後関係と言い換えていることに、お気付きの方もおられるだろう。しかし、このすり換えに気付かなかった方も多いのではないだろうか。それ程我々は、前後という空間の比喩、或いは時間の比喩を論理の問題に持ち込むことに慣れてしまっているのだ。或いは、このような空間的、時間的比喩によってしか、我々は論理的に思考できないのかもしれない。

（7）この小文では、一貫して縦の関係、横の関係という用語を用いて来た。レヴィ＝ストロースが『野生の思考』のなかで用いた図に対応させるために、である。中川敏氏は、この「横」の代りに「関係的な」、「縦」の代りに「属性的な」或いは「実質的な」、という用語を用いることを示唆してくれた。これらの用語の方がより一般的な適用の可能性があるように思われる。ここに記して中川氏に感謝したい。

【参考文献】

アレンズ、W　一九八二　『人喰いの神話——人類学とカニバリズム』折島正司訳、岩波書店（originally published in 1976）。

レヴィ＝ストロース、クロード　一九七〇　『今日のトーテミスム』仲沢紀雄訳、みすず書房（originally published in 1962a）。

———　一九七六　『野生の思考』大橋保夫訳、みすず書房（originally published in 1962b）。

Leach, Edmund（ed.）　1967　*The Structure Study of Myth and Totemism*, A.S.A. Monograph no. 5, London: Tavistock Publications.

Lévi-Strauss, Claude　1963　The Bear and the Barber, *Journal of the Royal Anthropological Institute*, no. 93, Part 1.

初出

『理想』№６２７、一二二-一三〇頁、一九八五年八月、理想社。

第10章

レヴィ＝ストロースによる人類学的知性への「萌え」の果てに

――ボンジュール・トーテミスム解題

平田　晶子

一九八五年、複層的意味の邂逅

一九六二年にパリのフランス大学で社会人類学者、民族学者クロード・レヴィ＝ストロースの『今日のトーテミスム』が発表されてから既に半世紀以上が経つ。翌年六三年にロドニー・ニーダムによる英語版が出版され、「トーテミスムはヒステリーと似ている」と始まる冒頭から目を休めることなく読み続けた読者は世界中に数多といるだろう。英語版の第一章「トーテミスム幻想（The Totemism Illusion）」という目を引くタイトルからも示唆されている通り、当時世界中の人類学者間で共有されていたトーテミスムという概念は、このときから徐々にゆっくりと瓦解していくことになる。同著が上梓された後、海外ではトーテミスムという現象を迂回する風潮はさほど高まらなかったが、日本国内ではトーテミスムを真正面から取り上げ、議論する研究は徐々に少なくなってしまった。しかし、一九八五年のことである。一人の文化人類学者が、レヴィ＝ストロースによるトーテミスムの議論のなされ方の問題性を指摘し、改めてレヴィ＝ストロースの目指した恣意性の世界の探究と、昨今の人類学者が民族誌的記述に取り組む必然性の世界の区分け作業に取り組んでいた。それが、日本の文化人類学者・栗田博之先生（東京外国語大学名誉教授）である。

栗田先生は、一九五四年生まれの日本の文化人類学者で、東京外国語大学教授（一九九四年四月−二〇二〇年三月、現名誉教授）である。パプアニューギニア南部高地州のファス族の数の数え方、家族・親族、婚姻、神話的世界観、生命観に関する民族誌的研究で知られる他、近年では、食人、民俗生殖理論、カニバリズムなど幅広く研究活動を展開してきた。なかでも、一九八五年のレヴィ＝ストロースによるトーテミスムの再評価に関する論考は、学術雑誌ではなく一般読者を想定した雑誌『理想』に掲載された処女作であり、様々な知見を提示している。(1)

本エッセイでは、今更トーテミスムで何を議論できるのかと思われるかもしれない多くの読者を前に筆を執らせていただき、「ボンジュール・トーテミスム」の解題と今日的意義を考えてみたい。そして、この解題に取り組むにあたって、インタビューを快く受け入れてくださり、またその一部の引用を快諾してくださった栗田先生に心から感謝したい。

当時、哲学を中心とした人文系雑誌を刊行する理想社からの依頼で、『理想』に文化人類学の特集を組む話が持ち上がった。東京大学名誉教授である文化人類学者・故吉田禎吾氏が中心となって話が進み、当時の若手の教え子たち（浜本満、木村秀雄、栗田博之）との座談会の記録と三本の個人論文で特集は構成されている。当時、大学院生だった若き栗田先生は、国際基督教大学に非常勤助手で学生との読書会を開催しながら、レヴィ＝ストロースの「The Bear and the Barber」［一九六三］を輪読していた。この論文は、題名からも分かる通り、レヴィ＝ストロースがトーテミスムについて論じたものである。そもそもトーテムとは、北米五大湖付近の北方に住むアルゴンキン族のことばであるオジブワ語を語源とし、彼ら自身の社会的集団性を分類するために作り出されたことばである［レヴィ＝ストロース 一九七〇：三二］。レヴィ＝ストロースは、そうした個人と社会集団との識別方法や分類の仕方に注目する。たとえば、ここでいうBear（熊）とは、北米五大湖付近の北方に住むアルゴンキン族が「熊はわたしの氏族だ」というように、自分が属する氏族が暮らす原住地に棲息する熊のことである。他方、Barberとは、インドのカースト・システムの中で階級付けされた、散髪や剃毛を生業とする理容師等を指している。その一方でBarberとは、アメリカ合衆国およびカナダに住む先住民であるチペワ・インディアンの間で、長くて硬い髪質をもつ、熊の氏族に生まれた者を意味する［Lévi-Strauss 1963: 1］。この論文の中で、レヴィ＝ストロースは、Bearを自然、Barberを剃髪の文化として、ラドクリフ＝ブラウンの『トーテミスムの社会理論』にみるトーテミスムという概念の批判的考察を踏まえながら、興味深い議論を展開している［Lévi-Strauss 1963: 1; Radcliffe-Brown 1929］。

このようにレヴィ゠ストロースによるトーテミスム批判を大学生と解読していた時期と重なったこともあり、当時の栗田先生は、先の『理想』に寄稿する論考のテーマにトーテミスムを選ばれた。栗田先生本人は、当企画が一般読者を想定したデビュー作として出版されることから、先生や院生仲間とタイトルをどうしようか熟考したという。そのとき、栗田先生は、投稿雑誌が学術誌ではなく一般読者が手にとる雑誌であるからには、処女作として何よりも人の目に留まることを優先すべしと考えられた。

タイトルは、栗田先生の恩師・船曳建夫助教授（当時）や院生仲間と談話していたときに発案された。レヴィ゠ストロースの原著『ル・トーテミスム・オージュドゥイ（*Le totémisme aujourd'hui*）』［Lévi-Strauss 1962b］は、邦訳で『今日のトーテミスム』と題名がつけられていたこと、同時期の一九五四年のパリではフランス人作家フランソワーズ・サガンによる小説『悲しみよ、こんにちは（*Bonjour Tristesse*）』が一世を風靡していたこと、そしてフランス語の Tristesse（名詞）が一九五五年に刊行されたレヴィ゠ストロースの『悲しき熱帯（*Tristes tropiques*）』とも語呂が重なり合っていたこと。ここで Bonjour Tristesse を意識して Bonjour と掛け合わせれば、非直接的ではあるけれどレヴィ゠ストロースの人類学的研究の軌跡が重なり合ったタイトルとなる。これらの出来事と意味が複層的に絡み合い、「ボンジュール・トーテミスム（Bonjour Totemism）」の産声が上がることになった。

それだけではない。このタイトルには、語呂合わせの奥深さ以外にも、パプアニューギニアのフィールドで若き栗田先生がファス族の村びとたちから極楽鳥の話を聞き、トーテミスムとようやく邂逅した瞬間に心中で抱いたであろう「ボンジュール！　トーテミスム！」という歓喜と興奮に満ちた心情が表れている。換言すれば、トーテミスムとは、かつてレヴィ＝ストロースの『今日のトーテミスム』の中で片付けられてしまった問題ではなく、レヴィ＝ストロースによって過去に問題化されたかのトーテミスムであり、栗田先生は、現地で出会えた感慨無量の想いの丈をこの「ボンジュール」に込めている。

国内の多くの人類学徒がレヴィ＝ストロースによるトーテム批判に衝撃を受けた傍ら、栗田先生は、トーテミスムという用語すら口に出すことが憚られるという国内の混乱状況を打開するために、人類学者が本来すべき仕事とは一体何かを示唆するような議論を展開する。

トーテム幻想にみる科学者たちのヒステリー

それでは、まずレヴィ＝ストロースによるトーテミスム批判の大枠を概観してみたい。『今日のトーテミスム』の冒頭の一文は、「トーテミスムはヒステリーと似ている」と始まる。ここからも、レヴィ＝ストロースの意図を理解できるが、レヴィ＝ストロースは、古生物学者シンプソンによる動物としての人間の特性の中で「これまで科学者が目指してきた基本的公準とは、自然がそれ自体秩序を持っており、理論科学はすべて秩序づけに帰する。そして系統学とは、このような秩序づけであるとすれば、系統学という名称と理論科学という名称は同義語と考えることができる」と指摘している［Simpson 1961: 5; レヴィ＝ストロース 一九七六：一三］。これを引用してきたレヴィ＝ストロースの意図は、社会科学が自然の万物に秩序を求める特有の性質を有していることを理解させたうえで、われわれが未開思考と呼ぶ根底にもこの秩序づけの理論があると例証する「具体の科学」の理解への道筋を示すことであった。

ここでは、具体の科学を敢えて深く取り上げることはしないが、レヴィ＝ストロースによる『今日のトーテミスム』は、こうした科学者が執拗なまでに秩序たるものを自明のものとして扱ってきた研究姿勢に対し、一種の警鐘を鳴らしていたことは言うまでもない。具体的に、レヴィ＝ストロースは、これまで未開社会の社会集団と自然種――動物や植物（トーテム）――との間に、それぞれが識別しあうための関係的制度――具体的には食べものなどの禁忌、外婚制――をトーテミスムと呼び、フレイザー、ゴールデンワイザー、ラドクリフ・ブラウン、レイモンド・ファース、ヴァン・ジュネップの研究を取り上げながら、実はトーテミスムが科学者の幻想であったと論駁する。

前掲書の冒頭の序論では、フランツ・ボアズ（編）『一般人類学』、リントンの珍奇なニジ師団研究を引用しながら、アメリカでいかにトーテミスムが崩れていったかが淡々と描写されていく［レヴィ＝ストロース 一九七〇：五―一六］。アメリカの人類学会で初めてトーテミスムを批判の俎上に持ち上げたのは、フレイザーの『トーテミスムと外婚制』を参照しつつ、トーテミスムの理論検証に批判的に取り組んだ、アレクサンダー・ゴールデンワイザー(2)であった［Goldenweiser 1910］。

その後、ゴールデンワイザーによる批判的考察は、一九一六年に文化現象が一つの単位に還元できるという考えに異議を申し立てたフランツ・ボアズからも支持も受け、トーテミスムとは一つの人為的な単位であり、民族学者の思惟の一範疇の内に息づき、その外ではなんらかの特定のものもこれに対応しないというレヴィ＝ストロースの見解にまで導かれることになる［レヴィ＝ストロース 一九七〇：二一］。そして一九五一年には、王立人類学研究所が出版した『人類学の覚書と質疑（*Notes and Queries on Anthropology*）』から「トーテムとの親族関係に対する信仰」が消え去り、「自然群と外婚制の集団との結びつき、畏敬の典型的な形としての食事上の禁制」はトーテミスムの補足的条件の中に追いやられることになる［同：二〇］。徐々に、トーテミスムは崩壊の途を辿ることになり、「トーテム幻想」として提唱されてしまうことになった。

その後、トーテミスム自体が議論されることはなくなり、レヴィ＝ストロースの主張に反駁する者はいなかった。ただし、栗田先生も強調しているように、レヴィ＝ストロースが批判したのは、決して人類学者がトーテミスムを議論すること自体ではなかった。むしろ、トーテミスムを語るときに問題となるのは、その議論のなされ方にあり、目に見える事実なのではなく民族誌的な事実にある［栗田 一九八三：一二三］。そこで「ボンジュール・トーテミスム」で取り組まれたことは、レヴィ＝ストロース流の説明自体を問題化することであった。

その核心的な問題の端緒は、現地社会にみるトーテムに注目すると、自然種と社会集団の関係から作りだされた縦の関係のとらえ方にあるとされる。具体的に自然種と社会集団の縦の関係に関しては、「純粋トーテム構造」の変換のところで論じられることになるが［レヴィ＝ストロース 一九七六：一〇七－一二八］、レヴィ＝ストロースは食物禁忌の事例の中でも「氏族1は自然種1のごとし」という社会集団とトーテムのみを扱っている［栗田 一九八三：一二六］。レヴィ＝ストロースは、トーテミスムを次のようにまとめて、トーテミスムを議論する上での前提を提示している。

トーテミスムということばは、一つは自然、もう一つは文化という二つの系列の間に観念的に措定されたいくつかの関係を包括する。自然の系列は、一方には範疇、他方には個体を、文化の系列は、集団と個人とを含んでいる。これらの項は、すべて、それぞれの系列で集団的及び個別的という二様の存在様式を区別するよう、また二つの系列の混同を避けるように選ばれているが、選択の客観的根拠はない。しかし、この前提的段階においては、相互にはっきり区別されたものでありさえすれば、いかなる項を用いることも許されるだろう。［レヴィ＝ストロース　一九七六：三〇］

自然	範疇・個体
文化	集団・個人

レヴィ＝ストロースは、これらの異なった系列に属する項を二つずつ結び合わせるには、つまり両系列の間に何らかの関係が存在するという初めの仮説を最小限の条件で満足させるには、四通りの方法があると説明する［レヴィ＝ストロース　一九七〇：三〇‐三一］。これら四通りの組み合わせの一つ一つには、ある一つないしはいくつかの住民において観察される現象が対応している［同：三一］。レヴィ＝スト

ロースによれば、その一つ目は、社会的および性的といわれる様態において自然のある範疇（動植物種、特定種の物体ないしは現象）と、一つの文化集団（半族、四クラス、八クラス、同信者集団、ないしは同性の人々の総体）との間の第一の関係を措定していることである。二つ目は、個人が試練によって自然の一範疇をかちえようとする個人的トーテミスムがあること、三つ目は、嬰児とその家族の小屋に近づくのが認められた動物との間に特定の関係が成立すると想定するということ、そして四つ目は、集団・個体の組み合わせには、ある動物が集団的な保護および崇拝の対象である場合に見られるということである。再度「トーテム幻想」の話に戻るが、トーテミスムを支持しない者が後を絶たなかったのは、最初の二つの組み合わせのみがトーテミスムの領域に入れられ、残りの二つの組み合わせがトーテミスムの萌芽あるいは名残りとして、間接的にトーテミスムに結びつけられたにすぎなったことである。そして、これらを度外視する方さえ選んだ学者の数は少なくなかったことはいうまでもない。

こうしたトーテミスムの原理論を踏まえた上で、「ボンジュール・トーテミスム」では、トーテムと社会集団の縦の関係があるという前提の上に成立している、はかなくも強固な弁証法であることが問題視されることになる。たとえば、「自然種と社会集団の縦の関係が論理的にトーテム分類に従属する」ということは「トーテム分類が論理的前提としてあって、そこから縦の関係が派生する」と言い換えることができ、そこに時間性というものを導入してみると、「初めにトーテム分類があって、その後に縦の関係が成立した」と言い換えられるというのである［栗田 一九八三：一二七］。栗田先生は、こうした時間性の問題を取り上げ、『今日のトーテミスム』の序論で敢えて「リントンの珍奇なる研究」を絶妙にも引用した、レヴィ=ストロースの思惟を汲まずにはいられなかった［同：一二七―一二八、レヴィ=ストロース 一九七〇：一五一―一七］。そこから導き出そうとしたことについて栗田先生は、レヴィ=ストロースが、自然種と社会集団の間の縦の関係を人々が歴史の流れの中で勝手につくり上げたものであり、トーテム分類はそれよりも時間的に先行する、と主張したかったのではないかと、一定の保留をつけて、説明している［栗田 一九八三：一二八］。もちろん、レヴィ=ストロースは、論理的従属関係あるいは派生関係とは、歴史的な前後関係を意味しない、論理的前後関係は時間的前後関係を意味しないと反論されるであろうことも想定してはいる［同：一二八］。しかし、結局のところ、ここで栗田先生が指摘する問題とは、「純粋トーテム構造」が論理的に先行するものであり、それと同時に成立したのか、のちに成立したのかは不問としても、ともかく自然種と社会集団の間の縦の関係が、論理的にトーテム分類に従属するのだということを前提とした上で話をしなければならないことである［同：一二八］。ここでは、弁証法的論法に則った社会科学的研究の脆さを指摘するとともに、逆に弁証法的論法すなわち前提を立てた上で論じていくことの価値も評価されているといえるだろう。というのも、レヴィ=ストロースは、前提を置くことによって、同じようにトーテム分類がなされている所でも、自然種と社会集団の間の縦の関係は一定ではない、という民族誌的事実を説明したからである［同：一二八］。

恣意性の世界と必然性の世界の区分作業

レヴィ＝ストロースの「The Bear and the Barber」で論じたことは、自然種と社会集団の間の並行関係や関係性が似ているという点であった。レヴィ＝ストロースは、Barberとは二つの並行する分類体系が単に並行しているから結びついたということではない。むしろ、個々の項目同士がつながるように機能している状態を示唆し、そのような関係の分析方法があるということに力点が置かれている。しかし、レヴィ＝ストロースが関心を抱いていたのは、ある特定の社会集団と特定の自然種の結びつきが絶対的な関係として成立しているのではなく、両者は恣意的につながっているということであった。つまり、問題の核心部分は、恣意的な関係性であったものが、多くの人類学者によっては必然性の世界のことのように捉えられてしまったことであった。

フィールドに赴く多くの人類学者が直面してきたように、現地社会の人々は彼らの行動や思考について「昔からそうしてきたから」という答え以上の答えを話さないことの方が多い。人類学者は、現地社会で見つけた必然性の世界をひたすら探究し続ける。ここで栗田先生が区別しているように、「恣意性を問題にするのが言語学者であり、必然性を問題にするのが言語学習者、即ちその言語を習得しようとする」人類学者でもある［栗田 一九八三：一二九］。つまり、レヴィ＝ストロースは、シニフィアンとシニフィエの関係は恣意的なものであるという前提の下で、「言語学」の流儀に即して議論を進めているだけのことというのである。他方、人類学者の多くは、フィールドワーク中、自分の母語とは異なる他言語を学習し、異文化世界に自分自身の身を投じることになる。その時、人類学者が留意すべき点をいくつか挙げることができるだろう。

レヴィ＝ストロースのいう必然性に関しては、かつてたとえば機能主義者等が様々な形で社会集団と自然種の結びつきが必然的であることの合理的所以を追究してきた。ところが、レヴィ＝ストロースは、それが間違いであると一蹴した。レヴィ＝ストロースは、必然性の世界の話ではないことを強調し、必然性というものに関して何も考えなくていいのかという疑義については異なるアプローチを提示していた。冒頭の輪読論文「The Bear and the Barber」でも示唆している通り、レヴィ＝ストロースは、実際にカーストと特定の職業との結びつきとか、ある動植物がトーテムであれば、祀らなければいけない、または食べてはいけないという禁忌の在り方から、何らかのつながり

写真1　マコン族の必然性の世界：2晩3日の水牛供犠儀礼
(2010年1月撮影)

があるとして、現地の人びとが図式化しているということを論じているのではない。むしろ、何らかの秩序や必然性を見出すことができるという社会集団とトーテムの分類作業こそが、『今日のトーテミスム』の冒頭で述べられた病的な状態――「トーテミスムはヒステリーと似ている」――と懸念しているのである。

レヴィ＝ストロースは、必然性の世界を扱わない方向で問題を明らかにしたが、実のところ、彼自身がいうところの「構造」とは、基本的に現地の人間が知っていることではなく、研究者がそこに「構造」があるということを発見するものである。それゆえに、レヴィ＝ストロースは、現地人が意識していないレベルにおける「無意識の構造」と明示していると同時に、「The Bear and the Barber」にみる必然性の世界は現地の人々が意識している世界の話であるとして割り切っている。われわれがフィールドワークをして直面するのは必然性の世界であることがほとんどであり、現地の人々が自然種と社会集団を何らかの必然性で結びつけている状況であるという事実をレヴィ＝ストロースはしただけのことであった。レヴィ＝ストロースは、当時の言語学者間で中

写真２　祖先供養と加持祈禱を行う祈禱師モーアロイと銅鑼隊（2010 年 1 月撮影）

心的な関心でもあった記号論を人間社会にも応用し、ソシュール言語学[3]を吸収することで構造人類学を作りだしていった。

複数の必然性の世界の比較作業

人類学的研究のなかには、外在的な研究と内在的な研究というものがあった時にそれらの二つが混在していることが多い。どちらが理論的に優れているかというようなことを踏まえ、両者の研究の立場が全く異なる。そのため、当然のことながら、その二つは別の方向に向かうものであるということを明確にする必要がある。「ボンジュール・トーテミスム」は、少なくとも、それら二つの方向性を区別することの重要性を示唆する論文になっている。異なる二つの研究姿勢について栗田先生は、「調査者自身が(眼前で起こる事象が)必然性の世界の話なのか、それとも恣意性の世界の話なのかを区別すればよいだけのこと」と説明する。

ただし、ここで留意すべきは、フィールドワーク中に現地人の物の見方や考え方などを理解するために現地語を習得するため、人類学者が外国語を学ぶ言語学習者派であるかのように思われてしまうが、実は完全なる言語学習者派ではないという点である。また、外国語(の構造)を研究する言語学習者との間にも、異文化を理解しようとする人類学者は全く異なる研究技法を用いるため、決定的な相違点がある点も押さえておきたい。つまり、人類学者は「『昔からそう言われているからそうしている』と現地社会の人びとが語り継ぐ必然性――現地の人びとの論理――を解体」〔栗田 一九八三：一二九〕する研究技法をスキル化していなければならない。人類学者である限り、こうした解体作業を、「言語学習者派」の人類学者、即ち異文化理解を強調する人類学者は使命とし、人類学的探究に萌えなければならないというわけである。

文化人類学の講義で栗田先生は、日本国内の多くの人類学者が必然性の世界の探究に取り組み、人類学者とフィールドが極めて強固な関係を結びつつある学問的な潮流を憂い、本来文化人類学が目指す比較作業の重要性について強調されている。以下では、ご本人へのインタビュー記録を掲載させていただく(4)。

――結局のところ、レヴィ＝ストロースは、フィールドワークをたいしてしていないなど様々な批判をされたりもしましたが、先生の人類学の人生のなかでどのような存在だったのでしょうか。

栗田：レヴィ＝ストロースの関心は、現地社会にどのような体系があるのかを抽出し、そしてその体系の変換関係の束としての構造を導き出すことでした。それは、レヴィ＝ストロースの晩年の仕事を眺めれば一目瞭然といえましょう。構造の解明作業を徹底的に行っているので、レヴィ＝ストロースはフィールドにみる必然性の世界に生きることには関心がありませんでした。「私がフィールドで」と書いてあるのは、『悲しき熱帯』(5)だけで、そこに民族誌的な重要な何かが含まれているかというと、エピソード集のような形でしか出てきていません。レヴィ＝ストロースは、ブラジルでのエピソード集を研究というよりは雑文的なエッセイとして考えていたのでしょうね。学生の頃から、レヴィ＝ストロースの書籍を読まされていた経験から、そのまま私のなかでもレヴィ＝ストロースという人物や学問姿勢への理解が確立できていて、その頃から今でも変わっていません。

——そもそも、人類学者とフィールドの結びつきが一体いつ絶対的なものになったのでしょうか。マリノフスキーが創始したといわれる長期調査を共有するようになるのも、二〇世紀に入ってからで結構遅い時期ですよね。

栗田：たとえば、当時の文化理論の構築に取り組んでいた研究者は、まさに長期調査に殆ど関心を持たない人たちであったし、全人類史的な見方をすることは必然性の世界と、そのパターンを見つけるというようなことに関心がありました。フィールドワークで収集した資料で民族誌を書くことが一番最初の仕事だという意識は恐らく強固なものではなかった時代ですね。たとえば、モースは、基本的にはマリノフスキーのデータを使って『贈与論』[6]〔モース 一九六二〕を上梓しました。フランスにも民族学者マルセル・グリオールなどドゴン族の研究があったりもしますが、基本的に民族誌的な方法を人類学の中心に据える方向性が明確になってきたのは、レヴィ＝ストロースの後かもしれません。ですから、マリノフスキーのような一部の人たちによって人類学においてフィールドワークをすることが重要だと主張され始めただけの話であり、十八、十九世紀以来連綿と継承されてきた伝統が根強かったといえます。当時は、十九世紀的な進化論人類学者と同じような視線で世界中の様々なデータを集めてきて、それを弄《いじく》り回す方が人類学の本質だと考えていた人たちがたくさんいたのでしょう。それが、いつしか「肘掛け椅子の人類学者」として揶揄されるようになっていく過程で、次第にフィールドワークで現地社会の文脈の方を見ることが段々と主流になってきたということなんですよね。

――他方で、レヴィ＝ストロースによって恣意性の世界を論じる段階にまで辿り着いたということですよね。現在の人類学はどのようにとらえられることができるのでしょうか。

栗田：現在の人類学的研究の中には、文脈を重視する傾向すなわち必然性の世界の分析方法を間違って捉えている方もいます。内在的な研究に取り組んだ結果を、外在的ではなく相互にデータを突き合わせながら内在性を前提に比較をするという作業を実はあまり重視していません。自分のデータの世界をいくら展開していただいても、それは調査者が一番熟知している話で、他の人が乗り越えられる訳がないと自慢してしまう。しかし、それなら、現地人の方がもっと熟知しているという話になってくるわけです。つまり、データが自分の独自のものであるという形でフィールドワークを強調することが、あまりにも行き過ぎてしまったために、その後の比較作業の方向に殆ど関心が示されていません。比較の探究心を持っていないため、人類学が地域研究にどんどん傾いていくという流れが進んできたのです。「このような独自のデータがある」ということで安心しておられる人もいる。

――マリリン・ストラザーンが『部分的つながり』(7)［ストラザーン 二〇一五］で示しているのも、ある種統制された比較の方法ですが、統制を意識したうえで比較の試みを捨ててはいけないということですね。

栗田：しかし、そういった方向に振ると、結局自分の優位性が保てなくなるといって、比較から逃げている方もいるというのが私の分析です。基本的には比較をやらなければ人類学ではありません。たとえば、ファス族の研究だけをしてるということで考えればそれだけで閉鎖的で、それはもう人類学でもなんでもありません。人類学は、人類の様々な文化の多様性のあり方を考える学問なのですから。一つの必然性の世界だけを調べたら十分だと思っている方が多いので、それでは困るということです。一般的に、現地社会にみる必然性の世界のプレゼンテーションの仕方をどのようにするかという問題を人類学者が語った方が多くの他の人に伝わるから伝えているだけの話であります。ですから、その特権を本来握る現地人は伝えられないため、人類学者が代理で行うだけのことなので、結局そこに絶対的な価値があるというわけではありません。この前提で人類学者が存在している時に、せっかく他の人にも分かるように伝えられる民族誌という方法を持っていながら、それ自体を書くことで全てが完結しているように見える方法ではいけないということが重要なポイントです。恣意性の比較ではなく、必然性の比較をやらなくてはいけません。

――ただし、それは非常に困難であり、どこかで統制せざるをえないですよね？

栗田：そうですね。必然性の多様性をどのように捉えたらよいかは難しい問題ではあります。ただこれをいくらやっても基本的には完全な統制は無理なことと分かってるので、とにかくやるしかありません。経験科学である限りにおいては、そのやり方をみんなで試行錯誤しながら取り組むプロセスが人類学的探究のあり方ですからね。人類学のジャーゴンは、大体皆がパッと分かるように使えるものを、学術世界の中で鍛え上げてきたものです。それを使うことで人類学者と現地人とを差異化できます。その例として現地の人が特権的に偉い地位にあっても、人類学者はクランとかトーテミスムなどの学術用語を使うことで、現地人に対するアドバンテージがあるのです。

――そのアドバンテージに基づいて人類学的研究を行う基本姿勢について、先生は何かお考えはありますか。

栗田：みんなで共有し合うようにした学術論文を引用しながら比較をすることが可能になっているので、比較し続けることですね。どんなに関係のないというようなフィールドの話も一生懸命聴くという努力は、絶対に人類学者であればしなければいけません。違う必然性の世界に触れることが人類学の基本的姿勢です。フィールドワークの最中は、自分の必然性の世界と、フィールドの人々の必然性の世界が違っているということを知るだけの話ですが、民族誌を利用しつつ、比較の引き出しをできる限り増やし続けなければなりません。

――栗田先生は、日本文化人類学会が企画する研究大会や研究会でどんなにご自身の研究とは無関係の発表と思っても、分け隔てなく聞いてくださり、コメントをしてくださる先生という印象がありましたね。

栗田：私は、先ほど言った恣意性ではなく、必然性の世界の中で人類学的視点から何が言えるかということを常に考えてコメントするようにしてきました。私がどんな研究でもコメントをする人間として知られているかもしれませんが、それは自ら人類学者としてやらなければいけない仕事としてやっていただけです。その努力が、先ほど言ったように、必然性の世界に対して他の人がアプローチしようとする時に相手の必然性のことをまず理解することが前提であり、その必然性の出し方がこちらにとって十分なものか不十分なものであるかを考えます。もし、別の方法で他の工夫が必要ではないのかと考えが浮かんできたら、それを基本にコメントを出すということを繰返します。全ての研究に食いつくという姿勢を人類学者は持たなければいけないと思います。

インタビュー内容からも分かる通り、人類学という学問への栗田先生の「萌え」は、凄まじいものである。栗田先生は、言語学から人類学へと持ち込まれたレヴィ＝ストロースの恣意性の議論によって導かれた構造の抽出方法を先生自身の身体に刻み込み、複数の必然性の世界の比較を図ってきた。栗田先生によれば、文化人類学の根本を支えているのは、比較という作業であるという点は依然として変わらず、文化人類学者は文化の共通性と差異性を問題にし続けなければならず、結局のところ、文化人類学は比較という不可能な道を歩むほかない［栗田 二〇一〇：三二七］。もちろん、その複数の必然性の世界を比較する作業には、統制された一面があることを認めなければならない［栗田 二〇〇三］。しかし、栗田先生は、日本文化人類学会の研究大会や企画イベントで自分にとって余り益のない発表にも、そこから人類学者が何を引き出し得るか絶えず向き合ってこられた。栗田先生のそのような「人類学する」

姿を思い浮かべる人は決して少なくないのではなかろうか。必然性の世界を分析するにしても、その分析の仕方が他の必然性の世界でも活用できるものでなければならないという観点から、多くの人類学徒を叱咤し、激励もしてこられた。

『今日のトーテミスム』を手にした読者であれば、レヴィ＝ストロースのトーテム批判に誰もがカウンターパンチを食らうような体験をしたかもしれない。しかし、栗田先生は、そのレヴィ＝ストロースのトーテム批判の核心を射抜き、レヴィ＝ストロースが取り組んだ人間社会への記号論の応用、そして多くの人類学者が混同していた恣意性と必然性の二つの世界の棲み分けの問題を見事に紐解いた。

「ボンジュール・トーテミスム」の最後は、自らがフィールドワークに赴いた際、「恣意性を考える言語学者派」と「必然性の世界を考える言語習得者派」の話を思い出すことがあれば、「自分がある時点で目標としているのがどちらなのかを混同しないようにすること、それが最も重要なこと」であるという一文で締め括られている［栗田　一九八三：一二九］。

二一世紀のいま、「ボンジュール・トーテミスム」の今日的意義を考えると、それは、決してレヴィ＝ストロースのトーテミスム批判の読み直しが求められているのではなく、むしろ複数の社会における通文化比較研究の真髄に到達するために必要とされる人類学者の技能とは一体何かを改めて考えることでもある。近年の人類学の関心は、人間が如何に世界を知覚するかという経験と認識世界の探究に向かっている。たとえば、その切り口として社会人類学者ティム・インゴルドは、人類が如何なる環境にも適応しながら獲得してきた様々な技能化のプロセスの重要性について指摘している［Ingold 2000：

36–37, 289–406]。勿論、インゴルドは、北東フィンランドの狩猟採集社会を生きる人びとの環境適応や生存戦略にみる技能に関心を寄せていたわけであるが、ひょっとしたら当時の若き栗田先生も人類学者は一体如何なる技能を備えているべきかについて熟慮されていたのかもしれない。必然性の世界の探究のあり方を論じた「ボンジュール・トーテミスム」は、グローバル化の影響を受け、めくるめく変化する複数のフィールドと日本を往来し続ける人類学者に必要とされる人類学の基本的な技能のイロハを教示する論文でもあったと考えられる。

【注】

（1）民族や集団がもっている人間の誕生にかかわる考え方の相異を理解することが目指される。アメリカ合衆国の親族研究に端を発し、同じ種に属する生物をつくりだしていくときに、それぞれの社会は血（あるいは遺伝子）という記号または物質に意味を付与してきた［Schneider 1968］。マリノフスキーは、トロブリアンド諸島の母系社会にみる親子関係が必ずしも血のつながりを確認できなくても、父と子の関係が認められるなど生殖をめぐる文化的多様性を報告している［マリノフスキー　一九七一］。

（2）コロンビア大学のフランツ・ボアズに師事したウクライナ出身の人類学者。博士号を取得した後、人類学の教科書を上梓している［Goldenwider 1937］。レヴィ＝ストロースよりも先に、トーテミスムが象徴的であまりに神秘的であることを確信し、様々な部族の文化に共通する心理的要因を解明した［Goldenwider 1910, 1918］。非識字社会の人びとの認識世界が現代人のそれとは根本的に異ならないものとみなし、理論と未開社会の科学に関心を示している。

（3）近代言語学の祖と呼ばれるフェルナンド・ソシュールによって一九世紀後半から二〇世紀にかけて人文社会科

学の領域で、築き上げられた構造言語学を指している。構造言語学は、既存の比較言語学の歴史文法を分析してきた通時態から、歴史的な視点を一切省き、ある時点の言語の秩序や構造——たとえば、ある言語における音声の組み合わせ方、語の作り方、語同士の結びつきの規則の総体——を明らかにする共時態へと、言語論的転回を試みた。言語学だけではなく、哲学思想に大きな影響を与え、構造主義の潮流を生みだしてきた。レヴィ＝ストロースは、ソシュール言語学派のヤコブソンとの出会いを通して、構造人類学を練り上げていった。

（4）二〇一九年一二月二四日実施。

（5）レヴィ＝ストロースが一九三〇年代のブラジル、アマゾン奥地に暮らす先住民の調査で収集した一次資料に基づいて執筆した民族誌であり、文化人類学、構造人類学を理解するための基礎文献に位置づけられている（原書一九五五年刊行）。当時のヨーロッパの社会・政治情勢、民族学に傾倒していった回想に始まり、アマゾン奥地へと分け入りながら出会う数々の先住民との共同生活に関する記述からは、人里離れたアマゾン奥地で厳しい環境に適応しながらつつましく、力強く暮らす先住民の生を知ることができる。特に本書で注目に値するのは、レヴィ＝ストロース自身がその後の研究で殆ど用いることのなかったボロロ族やナンビクワラ族に関する一次資料である。

（6）人類学者マルセル・モースは、北米や太平洋の未開部族、古代ローマ、ゲルマンの慣習にみる贈与の社会的実践を事例に取り上げ、物品の贈与をめぐる循環には目には見えない意味が紡ぎ出されたり、人間関係が生成されたりしていることを説明している。現代でも『贈与論』が読み継がれている所以は、未開部族の贈与の風習そのものが、資本主義が過度に成熟した現代社会を生きる我々に人間関係の深遠さや複雑さの多様性を示唆してくれるからに違いない。

（7）一次資料の複雑さや膨大な量を取り扱ってきた人類学者の営為を自明のものとして捉えてきた知の慣行を取り上げ、一九八〇年代の文化批判の問題に挑戦的かつ革新的なアプローチで切り込んだ批判書である。ストラザーンは、世界が複数の存在《エンティティ》——多様な固体や集合や関係性——から構成されているという自然観を取り込み、人類学研究の多くがそれらの構成要素を分析の枠組みに基づき部分的にしか記述できないことを認めながら、民族誌と比較の釣り合いをめぐる問いを紐解く。

【参考文献】

栗田博之　一九八五　「ボンジュール・トーテミスム」『理想』627号、一二一-一三〇頁。

――　二〇〇三　「統制された比較――入口より先に進むのか?」『民族學研究』六八巻二号、二二六-二四二頁。

――　二〇一〇　「科学か、非科学か――文化人類学における比較の歴史」『国立民族学博物館調査報告』九〇巻、三一一-三二七頁。

マリノフスキー、B　一九七一　『未開人の性生活』泉靖一・蒲生正男・島澄訳、新泉社。

モース、マルセル　一九六二　『贈与論』有地亨訳、勁草書房。

Goldenwider, A.A. 1910 Totemism, an Analytical Study. *Journal of American Folklore*, vol. XXIII.

―― 1918 Form and Content in Totemism. *American Anthropologist*, vol. 20. pp. 280-295.

―― 1937 *Anthropology: An Introduction to Primitive Culture*. Johnson Reprint Corp.

Ingold, Tim 2000 The Perception of the Environment: Essays on Livelihood, Dwelling and Skill. Routledge.

Lévi-Strauss, Claude 1955 *Tristes Tropiques*. Librairie Plon.（レヴィ＝ストロース、クロード　一九七七『悲しき熱帯』川田順造訳、中央公論新社）

Lévi-Strauss, Claude 1962 *La Pensée sauvage*, Plon.（レヴィ＝ストロース、クロード　一九七六『野生の思考』みすず書房）

―― 1962 *Le totémisme aujourd'hui*, Presses universitaires de France.（レヴィ＝ストロース、ク

ロード　一九七〇『今日のトーテミスム』仲沢紀雄訳、みすず書房）

――――　1963　The Bear and the Barber. In *The Journal of the Royal Anthropological Institute of Great Britain and Ireland*. Vol. 93, No. 1, pp. 1-11.

Radcliffe-Brown, A.R. 1929 The Sociological Theory of Totemism. in Structure and Function in Primitive Society. Glencoe, Ill.

Schneider, David M.　1968　*American Kinship: A Cultural Account*. Englewood Cliffs, N.J.: Prentice-Hall.

Simpson, G.G.　1961　*Principles of Animal Taxonomy*, Columbia University Press.（シンプソン、ジョージ　一九七四『動物分類学の基礎』白上謙一訳、岩波書店）

Strathern. Marilyn　2005　*Partial Connections*. Altamira Pr.（ストラザーン、マリリン　二〇一五『部分的つながり』大杉高司他訳、水声社）

第11章 夢か現《うつつ》か
——聖画《アイコン》化される「萌え」

倉田　量介

「萌え」るのは誰か

栗田博之は「オタク」である（かもしれない）。研究室にはじめて入る誰もが驚くように、彼がパソコンを立ちあげ、マウスをクリックするたびに、「準備オーケーよ」というアニメ声（「萌え」を誘うボイス）がダウンロードかつインストールされたアプリを通じて部屋に響き渡る。「オタク」の本質は「萌え＝何かへのこだわり」であろう。文化人類学流にいうならば、それは、アニミズムやマナイズム（森羅万象への多神教的信仰）の一種たるフェティシズム（物神崇拝）につながるといえまいか。ヒトの好みは様々である。

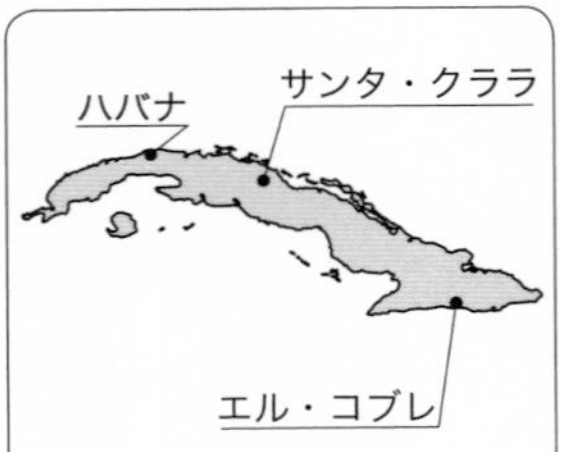

むしろ、自分の欲望に素直であるということは、生きる喜びをかきたてる原動力であり、それ自体がリスペクトに値する。

ただし、栗田博之に限るまい。文化人類学者は何かしらの点で「オタク」なのだと思う。なぜならば、その大半は、多数派前提の量的研究にとどまらない少数派対象の質的研究を軸となすことが定着している。偏った価値観も情報提供者（インフォーマント）にとってリアリティを帯びるのであれば、その意義を無視できず、エスノグラファーたる観察者は、仮に違和感を抱いても、見聞のすべてを「現在の事実」として「民族誌」に記述していく。他者に向けての演技を含め、語り（ナラティブ）に優劣はなく、真も偽もない。問われるべきは語り手がどの程度まで内容に信念を込めているかである。さもなければ、「オタク」のごときマイノリティと呼ばれる少数派の主張は世間で日の目をみることがむずかしい。

日本語には「夢か現か、幻か」という古い成句がある。「現を抜かす」という表現は、夢ばかりを追い求めて現実を直視しない者に向けられやすい。しからば、「オタク」も「現を抜かす」ような集合なのであろうか。さりとて、何かの偏った価値観を共有する広義の「民族」にとって、現実は「民族誌的事実」以外になく、それが各自にとって「本当」であれば、誰も「現を抜か」していないことになる。

「萌え」も「オタク」もいわゆる俗語に由来する。とはいえ、「萌え」は単語レベルの象徴すなわち比喩であり、言語体系[1]ではない。インターネット掲示板から普及した「草」が「笑い」を意味するように、「草食系」ならずとも、この種のスラングが「動物」より「植物」に例えられやすいのは関心を誘うものの、ここでは分析機会を見送る。ともあれ、「広辞苑」でも第七版（二〇一八）に収録されはしたが、

「萌え」は長らく流通する層の偏る隠語に近い扱いを受けた。

筆者が「萌え」という言葉をことさら意識したのは、日本ポピュラー音楽学会弘前大会（二〇〇八年）のワークショップA「ポピュラー音楽研究とオタク系文化の接合点を探る」（代表者：井手口彰典）における鍵概念としてである。(2) まず「萌え」の大枠を把握しよう。

フリー百科事典をうたう「Wikipedia」に目をやると、「萌え」とは「本来の日本語では、草木の芽が出る（伸びる）様を言う」とある。便宜的に続きを抜きだしておく。

サブカルチャーにおけるスラングとしては、主にアニメ・ゲーム・アイドルなどにおける、登場キャラクターなどへのある種の強い好意などの感情を表す言葉として使用されている。また、そこから転じた若者言葉では、同様の意味がより広い対象に対して用いられる。(3)

もとより俗語ゆえ、厳格な定義は成立しにくいにせよ、引用部分の出典とされた小学館「デジタル大辞泉（goo辞書）」（二〇一〇）が二〇一一年に参照されていることからも、「広辞苑」に先がけ、二〇一〇年代までにかなり具体的なイメージを付与されていたことがわかる。社会学などでは、「オタク」という集合（広義の民族）を分析する論考が相応に蓄積されているものの、「萌え」を主題とする専門研究は意外に少ない。あってもラブコメやジェンダー(4)のように、男女間の思慕に還元されてしまうことが多い。愛情の発芽を語る表現である以上、致し方ないとはいえ、それでは「萌え」に連なるバーチャルな現実の「本当」らしさ（リアリティ）を狭く捉えすぎてはいまいか。やや強引ながら、筆者としては「萌え」を個別の価値に注がれる偏執とみなしたい。

そのうえで、本稿においては、「文化人類学者の栗田博之」を取りあげる。もちろん、彼が「萌え」る最大の対象は「人類学」への「夢」なので、過去の代表的著作を解釈することから始めて、不合理にみえる「聖画化」と結びついた「萌え」という民族誌的事実を、同時代の一般論として比較していきたい。まず、「夢」と「萌え」は「現実」に先んじる点で相似するという仮定を吟味する必要があろう。特に後半では、「萌え」の対象が「聖」なる表象として暗黙に認知される社会的過程を追い、それを今日の文脈で捉え返したい。

「夢」と「現実」の関連性をめぐる「民族誌的事実」

日本でも、夢枕におけるお告げや占いの類がまことしやかに語られるように、夢が現実の日常生活を反映し、予知させるといった発想は、世界各地で散見されるらしい。対象をみずからのフィールドからマクロな地域全般に広げていくが、栗田は、「ニューギニア・ドリーミング――ファス族の夢について」［一九八九］で、夢と現実の関連づけに検討を寄せる。

当論文は、参与観察で収集された具体的な言説群のデータを物語化させた「民族誌」の一部といえる企てであり、「夢は文化の特性に基づいて解釈される」のかどうかを問う。いわば、既存の理論と比較された人類学の実践編といえる。「夢やその解釈と社会的現実の間には、何らかの関連があるという事は、否定できない」としても、「人々が夢を解釈する際に出発点とするのは、社会的現実ではなく、夢自体である」と栗田は説く。「夢→現実」という解釈の図式［同：二五九］は「萌え」にも想定されるので、少し長めにレビューしたい。

概略をたどろう。まず冒頭においては、「ファス族の女性」がみた「夢の要約」につながる顚末を「フィールド・ノート」に基づき、再現」するという趣旨が示される。栗田は「人が息を引き取る前後」にうたわれる「泣き歌」で目覚めたため、誰かが危篤になったか、すでに他界したかもしれないと考え、現場に駆けつけた。妊娠四カ月の当該女性は白目をむいて倒れ、意識不明となったものの、小康状態の後、回復に向かっていた。その間、親族ほかの人々が心配して訪ねてきたが、皆一様にヤガサ・ホー（死霊）が襲撃したせいだと説明した。栗田が強調するのは、「突然の昏倒という出来事を解釈する」にあたり、人々が病者の「うなされながら見た夢を重視した」という点である。そこから、「夢や病気に対する考え方」をふまえ、「夢の問題」をめぐる微細な解析が進められる［同：二四〇-二四一］。

民族誌的背景として、ファス族はパプアニューギニア低地森林地帯に分布する千人弱の採集民であり、焼き畑の移動農耕、半栽培、狩猟、婚資の交換や祭宴ほかの消費に使う豚の飼育も行う。西洋人との接触後、一九五〇年代にオーストラリア行政府の統治下に入り、キリスト教の伝道師による簡易飛行場の建築まで孤立し、陸路が未発達ゆえ、外部世界の影響が極限されてきた。簡易診療所などの創始は近年であった。「地縁化した父系クラン」[5]を社会的・政治的単位として、個々の「ロングハウス・コミュニティー」で暮らすが、豚の頭数次第では分裂・移住・新設もあり、「離合集散のパターン」は変わりにくい。「結婚後の居住規則は父方・夫方居住」なので、「父方クランの男性成員と未婚の女性成員、婚入してきた女性」が生活する。ただし、「どのホスト・クランにも属さない、所謂非男系親族が含まれている」というケースが散見され、「様々な義務を果たす事によって、そのコミュニティーでのメンバーシップを獲得」する余地もともなう。現在のコミュニティーは、「ロングハウス」と「女の家」で構成される。成人男性成員は「出作り小屋を自分の土地に」建て、「全成員が集まるのは、祭礼や婚資交換、葬儀などの特別な機会のみ」と報告されている［同：二四二-二四四］。

「ファス族の夢についての考え方」によれば、「すべての人間は体の中にホー（*ho*「魂」）をもつという。「人の息」（<「心」）たる「ナモ・ホー（<「本当の」）、「人の影や鏡に映った姿」にあたる「カウ・ホー（<「皮膚」）」はいずれもホーである。「ホーは、ふだん人が目覚めている時には、体の中に留まっているが、人が眠ると、鼻の穴を通って、体から抜け出す」とされ、「うろつき回り、他のホーと出会ったり」する。「ホーの体験が夢」であり、「朝になり、ホーが体の中に戻って来ると、人は目覚める」と信じこまれている。「ホーが戻って来ないうちに起こされてしまった人は、ホーが戻ってくるまで、意識が朦朧」とし、「何か訳のわからない事をしゃべったり、人に襲いかかったりする」らしい[6]［同：二四四-二四五］。

人々は「夢によって、即ち、ホーが体験した事によって、多くの事を知る事が出来る」とされ、「覚醒状態では知り得ない事」を知るという指摘は重要であろう。太鼓の材料になりそうな木をみつけた場合、「その晩、どのような夢を見るかが重要な問題」となる。それによって「独特の残響を伴った音」のでる木かどうかが識別される。そのように「様々な夢が、特定の意味を持ったものとして、人々の解釈を受け現実の出来事に結びつけられる」ため、「多くの事を教えてくれる、重要な情報源」とみなされる。ゆえに「人々は、どのような夢を見たか、或いは、どのような夢を見るかという事に、常に関心」を払っている〔同：二四五〕。

病気の解釈も例外ではない。「ファス族は、ほとんどすべての病気や死に対して、何らかの超自然的な原因を考える」ことから、「人が病気になった時に見る夢」が注視される。病因として「邪術と妖術⑺が大きな比重」を占め、病死すれば、「復讐を行うために必要な手続き」として「卜占（divination）」が行われる。それを介することにより、邪術や妖術で「殺した」者は誰かも判明する。

死後、ホーは永遠に身体を離脱し「ヤガサ・ホー」になるが、「家があるとされる山の方」へ行く前に「自分の親族達とコミュニケート」したりする。「ホーに、誰が殺したのかを教えてもらう」のが「卜占の原理」である。また、ホーが「何らかの方法で親族達に死が近いという事を知らせようとする事がある」ともいわれ、人々が集まってきたのである〔同：二四六〕。

栗田によれば、「ファス族は、病気や死の超自然的な原因を知るもう一つの伝統的な方法を持っている」という。それは「病人の見る夢を通して、病気の原因を、即ち、誰が殺そうとしているかを知る」ことである。「妖術師や邪術師に襲われる夢」をみれば、誰が殺そうとしているかがわかり、「死ぬ間際に、その名前を近親者に明かす」とされる。各々に「典型的な夢」のモデルがある。「襲われた夢は、高熱でうなされている時に、何度も繰り返し見る」のが常であり、「夢を通して病気が邪術によるものであるという事が明らかになった場合には、病人の近親者達は、その邪術師に呪薬の入った竹筒(8)を放棄させようと試みたり、邪術に対抗するための呪術」をほどこす［同：二四六―二四七］。

ただし、告発は深刻な問題ゆえ、名前を明かすのは死ぬ間際となる。病人が夢の内容を偽る可能性もあり、かつての復讐は死後のト占で再確認してから行われたが、ト占の禁止以降、告発において「夢が唯一の証拠」となるため、「病気に際して見る夢は、病気の原因が何であるかを知るための重要な鍵」として扱われている［同：二四八］。

「病気や死のもう一つの原因としてヤガサ・ホーに襲われた場合」もあげられる。「襲い方には二つある」とされ、「一つは、ヤガサ・ホーが人に憑依する」ことであり、治療儀礼で「正気を取り戻させる」が、「直接鼻の穴から体に入ってしまう」と、「追い払う事はほとんど不可能」になる。もう一つは、「目に見えない形で、斧や棒などで人を攻撃する」形式である。治療儀礼でやめさせなければ、「病気が続いて、結局は死んでしまう」ほかなくなる［同：二四八―二四九］。

人々は女性の症状から病因をヤガサ・ホーの攻撃と考え、当人が「夢の内容を語る事」により、「どのようなヤガサ・ホーに襲われたのかという事」を判断したわけである。「昏倒という出来事」には、「見た夢に関係した人々」が影をおとす［同：二四九］。

ファス族では、「婚資の支払いが社会的に重要な意味」を有し、「婚資の支払いが行われて初めて、婚姻が成立」するものの、「妻方親族の同意の下に、婚資の一部を支払っただけで、夫婦が一緒に生活」する実例もある。昏倒は「残りの婚資」の未払い時に起きた。「婚資は、花嫁の父方親族と母方親族の間で二等分」される慣わしになっているが、母方親族の代表が男性の「母方オジ」(9)である点にヒントがあった［同：二五〇］。

支払いが遅れると、「インフォーマルな話し合い」などを通じて、「母嫁の親族は度々花婿に婚資の支払いを催促」するが、それが「他の紛争の場に持ち出される」ことも多い。やはり「見た夢が重要な意味」を帯びるが、「夢の中に登場した人物」が皆「母方オジである事に注目」すべきといえる。背景には「ファス族の間での母方オジの持つ重要性」がみいだされる［同：二五一－二五二］。

ファス族の紐帯は男性成員にもとづくため、「婚資の援助・分配の他にも、個人は、父方親族と母方オジの両方に様々な権利・義務関係」を結ぶ。母方オジにとって、姉妹の子どもは「自分の子どものようなもの」である。「イニシエーション儀礼、葬送儀礼、治療儀礼などでも、母方オジは或る特別な役割」を担ったといわれる。「姉妹の子どもに関連した事で、母方オジが腹を立てた場合、母方オジはその姉妹の子どもに対して呪詛」し、「最終的には殺してしまう」ことすらある。その際、母方オジは「自分のクランの既に死んだホーに対して呼びかける」が、「攻撃を受けた姉妹の子どもは、母方オジに襲われた夢を見る」と確信されている。女性の夢がそれに符合した。結局、夫が「出来る限り早く婚資を払うと約束」することで母方オジの怒りはおさまり、女性が回復したと人々は解釈した［同：二五三－二五四］。

「呪詛を行うことは禁止」されたにせよ、「別のクランのロングハウス・コミュニティーの成員となった者は、本来の自分のクランに対して持つ権利を却って強く主張する傾向」が目だち、母方オジのひとりが、婚資支払いの遅れに対して「最も強い不満を抱いている事は広く人々に知られていた」という〔同：二五四〕。

「父方親族の怒りが言及されなかった」ことは、「母方オジの側のみ腹を立てていた」事実を示唆する。「たとえ母方オジの怒りが姉妹の子どもの配偶者に対するものであったとしても、ホーの攻撃を受けるのは、その配偶者ではなく、姉妹の子どもの方」である。支払いが遅れたのは夫なので、妻が攻撃されるのは不自然にみえるが、そこに「夢の解釈という問題を考える上での落とし穴」があると栗田は指摘する。つまり、人類学者が考えそうな因果の合理性と異なり、「昏倒という出来事」について、人々は「見た夢を通して、全く逆の方向に理解して行った」と記されている〔同：二五五〕。

それについて「人々は、社会的現実からナマの昏倒を理解したのではなく、ナマの昏倒と夢という出来事を社会的現実に位置付けただけ」とも換言される[10]。「社会的文脈は人々によって先行的に把握されている」なか、「人々は、それを夢という装置を通して、明示的に再定義している」という順序がそこから図式化される〔同：二五六〕。

以上を筆者流に整理すれば、まずファス族の女性が昏倒したという「現実」があった。原因を知るうえで根拠とされたのが、その女性がみた「夢」である。現地の人々が含意への「解釈」を共有したことで、それは「社会的事実」たりえた。「現実」と「夢」の関連性を疑わない姿勢は、バーチャル（仮想）

なリアリティ至上の「萌え」（見境がないともいえるが）にもみられる。個別の現場を描く「民族誌」には、西洋的な合理／不合理の壁に左右されることなく、リアルな物語がつづられる。それこそが「民族誌的事実（真実）」と呼ばれるものではなかろうか。

そのような「民族誌的事実」を土台としたうえで、栗田はシャーマニズムほか信仰への着眼といった先行研究のアプローチを整理し、「夢と現実」の関連性という新たな命題を唱えた。そして、その提起がメラネシアのフィールドワークに広く適用されることを思い描き、それを「単なる一人類学者の『夢』に過ぎないのかもしれない」［同：二六二］という独特な修辞で洒落てみせながら、考察を締めくくっている。

無意識な「夢」に近づく「暗黙知」の習得過程ならびに「民族誌的事実」への了解

かくして、ヒトは覚醒時の意識と離れた「夢」をみるのが普通であることから、それは無意識の領分として扱われやすい。「萌え」もまた無意識に湧く衝動であり、数ある現実のどれに「萌え」るかは、あらかじめ決まっているというより、各自の好みに応じて選出されると考えうる。「夢」と「萌え」はバーチャル先行という点で共通する。栗田が記述したファス族における一件は、「夢」と日常生活の結びつけが集団的にパターン化されていれば、いわゆる慣習として言語化されるという「民族誌的事実」を語るものであった。

筆者自身は複数の大学でスペイン語も教えているが、あらゆる動詞には直説法と接続法と呼ばれる二分法的な活用形が存在する。前者は文字どおりに事実をダイレクトに伝える言い回しにあたり、さらに時制（現在、点過去、線過去、未来、過去未来）で分岐する。後者はバーチャルすなわち仮想のシミュレーションを支える語法といってよい。もともと脳内イメージ（シニフィエ）[11]にとどまり、時制（現在、過去）は絞られる。両者の構造は現実と夢の関係に似るが、スペイン語では、そのようなオン／オフが記号（シーニュ）として体系化されている。ゆえに、現実と夢（想念）というふたつの世界が突如として切り替わったりする映画なども多い[12]。

さらにポランニー（Polanyi, Michael）が唱えた「暗黙知[13]」は、「身体技法」に即応した行動を条件反射レベルで手引きする。学習者に奥義を一瞬で体得（「創発」）させるために指導者が投与するヒントを「わざ言語」［柴田・遠山 二〇〇三］と呼び、職人芸のような専門分野で広く観察される。話芸を支える言語の習得も結局は身体化のプロセスであり、「暗黙知」化といえる。ルール（文法）を使いこなして無意識の統語へ至るためには十分な年季が必要であり、初心者は日常的に訂正されつつ、一人前の話者に育つ。それはまさしく身体化以外のなにものでもない。

栗田が別稿で名づけた「言語習得者派」の人類学者は、「暗黙知」の「創発」を欲するのかもしれない。いかなる母語でも、習得以降は構造など意識せずに話される。当たり前のようにしゃべることのできる「目覚め」の瞬間は突然にやってくる。それは夢のごとく眠った状態で潜在化していた有象無象のボキャブラリーが、現実との照合でデータベース的に出し入れ可能となった「気づき」の段階にほかならない。必然性を身体で覚えたヒトは、母語に疑念を向けることなく、臨機応変にそれを使いこなす。人類学者がフィールドワークに基盤をおくのも、現場における生活知への同化を目指すからであろう。個別社会で体感されるような「民族誌的事実」は「暗黙知」に近い。現地の人々が「当然」と思うのなら、まずはそれを信じるしかなく、俯瞰的な構造分析だけでは必ずしも「理解」しきれない。ただし、この「理解」するという営みが曲者でもある。

西洋の合理主義で「理解」しがたい「民族誌的事実」の最たるものが、「聖」への忠誠といえよう。ゆえに文化人類学の初期より、「宗教」にまつわる現象は不可解な関心事にすえられてきた。偏った「夢」に「萌え」る「オタク」たちも、「聖地巡礼」などの言葉で、みずからの熱意を正当化したりする。それに比べて、いわゆる世界宗教は偶像崇拝を禁止している。しかしながら、実在の「聖画」すなわち「イコン」とは、それ自体が信仰の対象である。他者からみて不条理であったとしても、信じるという実践は疑念を排することのうえに成立する。信じる心の芽ばえを「萌え」とみなすなら、それもまた「宗教」に似て「聖」の刻印と不可分に生成する。よって「聖」の所以を掘りさげておきたい。

聖と俗の線引き──マリア像の「聖画化《アイコン》」を具体例として

まずは「聖〔画〕化」を「理解」するために、「聖」と「俗」がどう線引きされるのかにふれる。栗田が「赤ちゃんはどこから来るの?」〔一九九三〕で扱った処女懐胎論争[14]の張本人リーチ（Leach,

Edmund Ronaldo）で一読すべき著作は、『神話としての創世記』［一九八〇、原書一九六九］および『聖書の構造分析』［一九八四、原書一九八三］であろう。彼自身がレヴィ＝ストロース（Lévi-Strauss, Claude）[15]の名を序文で示すように、『聖書の構造分析』は一九六〇年代に流布した構造主義を意識した論集だが、受け売りではないとも言明される。正しい聖典すなわち「正典（カノン）」をキーワードとして、不条理な神話ゆえの「全体的統一性」が信者の「集合性」とともに「解読」されている［リーチ一九八四：一七］[16]。

神話とは［…中略…］単独の物語として存在するのではなく、ひとつのテーマをめぐる変奏として存在［…中略…］宗教的意義を担うのは、そのような自己矛盾性［…中略…］［同：四七］。

筆者のフィールドといえる中南米で連想されるのは、メキシコにおける黒いマリア出現の逸話である。大衆文化研究家の鶴見俊輔による『グアダルーペの聖母』［一九七六］では、独立戦争時のシンボル化が前景とされるものの、フアン・ディエゴというアステカ人が一五三一年に黒いマリアと遭遇した奇蹟譚も検討される。その場所、テペヤク（Tepeyac）の丘には、今も寺院が建つ。そこが先住民にとって女神信仰の巡礼地たる旧跡であったという点、聖母像の転写された布がアステカ人にとって重要な植物マゲイ（リュウゼツランの一種）製であったという点は興味深い。鶴見は、西洋的な効率主義の象徴とみなされるマリンチェという女性を聖母の対極にすえ、黒いマリアを混血主義的な民族意識の象徴と解

釈する。(17)

近隣のキューバでは、砂糖産業の定着により、アフリカ人奴隷の輸入が一九世紀に加速し、混血の意義がメキシコ以上に大きい。ここでも黒いマリア像が目にされるという事実は、アフリカ由来の神話とキリスト教の聖人譚を融合した土着カトリックのサンテリーア（Santería）と関連する。祭壇には黒い女神像が安置され、やはり幼子を抱く意匠がめずらしくない。白い男児と一対にされるため、マリア崇拝に通じることは疑うまでもない。

国を守護する「慈愛の聖処女（Virgen de la Caridad）」も造形された。(18) ポルトゥオンド（Portuondo Zúniga, Olga）によれば、初見は一九世紀末とされる［Portuondo 2001: 258］。別の研究［Bolívar 1990: 138］によると、慈愛の聖処女と同定される精霊（オリシャ）はオチュン（Ochún）である。この文献では、その名が"Virgen"ではなく、"Nuestra Señora de Caridad2"（我らが慈愛の婦人）と記載された箇所がみられる。スペイン語の señora は既婚女性を指す言葉であり、処女と相違するため、弁別の意識もうかがえる。

再びリーチの論考に戻ろう。彼は矛盾こそが神話の聖性を担保すると考えた。マリアをめぐり、前掲著書二冊で主として女性のジェンダーを扱う章はふたつある。「処女懐胎説」と「なぜモーセに姉がいたのか」である。彼はマリアを「ほとんど女神に等しい存在」とみるが、聖書という正典において、あたかも余剰人物らしきモーセの姉ミリアムがあえて残された事実に着目する。その結果、女性の登場人物たちは、異常な出産などによって、モーセやイエスのような半神的な英雄としての男性を聖化させる存在であるという仮説に到達する。彼女たちが、母、姉(妹)、妻、恋人、娘などの多様な役割で相互に置き換えられる事実を示し、かくも不統一な位置づけは「神格者の一部分は女性であるとする理念をいくらかなりと受け容れている宗教的思考の主潮を反映している」とも述べる〔リーチ 一九八四：一〇四-一〇五〕。つまり、神話的な意味を担う女性が構造のレベルで旧約聖書や新約聖書に反復的に登場することを指摘している。前述のサンテリーアでも“Virgen”や“Nuestra Señora”と名のつく女性聖人がいくつも存在し、個別的な性格づけはあるにしても、相互の差異が必ずしも明確ではない。ゆえに本源はマリアひとりであり、それが変奏していると考えれば、前記の混乱にもつじつまが合い、神話としての「全体的統一性」もみえてくるのではなかろうか[19]。

死生観にもドグマ[20]はみられる。ブラジル音楽ボサノヴァを世界中に知らしめた映画として『黒いオルフェ』(一九五九)がある。ギリシャ神話およびフランスの戯曲から発案されたが、憑霊(シャーマニズム)の側面をもつ混淆的な土着キリスト教カンドンブレ(Candomblé)が重要な伏線をなす。死神に連れ去られた恋人と会いたい一心でシャーマンを訪ねた主人公は、正体をみてはならないというダヴーを破り、永遠の別れを告げられる。日本でいえば、「鶴の恩返し」に似た説話である。恐山のイタコによる神がかりと同じく、口寄せとは、死者の思念(シニフィエ)を生身の声(シニフィアン)という媒体で現世の言語(シーニュ)に翻訳する営みといえる。それは「信じる」という以外の選択肢を許容せず、ドグマを守らないと聖的な両義性[21]は失われ、来世の夢は合理的な現実のもとで幻に帰してしまうのである。

「聖化」された「イコン＝アイコン」としてのチェ・ゲバラ

引き続きキューバにおける「聖」について考えてみたい。「〇〇といえば、何々だ」という紋切り型のイメージがステレオタイプであるとすると、この地に絡めて世界的に最も周知される表象のひとつが革命児チェ・ゲバラ（Ernesto "Che" Guevarra）の図像であろう。アルゼンチンに生まれ、一九六七年にボリビアのゲリラ戦線で没したため、放浪者の印象も強いが、国境にしばられない熱血漢として各地でリスペクト（尊敬）を集めてきた人物である。(22)

日本とキューバの合作によるオダギリジョー主演『エルネスト～もう一人のゲバラ～』（二〇一七）という映画が公開された。通称チェで知られる「エルネスト（Ernesto）」は、アルゼンチン時代に医師となり、キューバ革命直後の一九五九年には通商使節団を率いて企業を視察するなど、日本とも縁深かった。その際、被爆地の広島も訪ねた。この映画は、実在した日系ボリビア人医学生のフレディ・前村＝ウルタードが、首都ハバナへの留学時にキューバ危機と直面し、チェ本人によって「エルネスト」の呼称を与えられつつ、故国ボリビアでキューバ政府募集の反体制革命支援隊に身を投じていった経緯を描いている。

注視したいのは、チェ・ゲバラなる個人がいかに無国籍な「英雄」としてシンボル化され、「聖［画］化」されてきたかである。日本においても、彼の肖像写真を複製プリントしたTシャツが観察される。

そのように特定のキャラクターが確立され、サブカルチャー信者たちに支持されるというのは、前述した「萌え」の定義とも合致し、有効な議論を生むと考えられる。

かつてキューバ国内を移動すると、バス停ほか行く先々で壁画のごとく描かれたゲバラの絵柄が目についた。なかには天空から見下ろす神のような意匠もあった。本稿の副題に含めた「聖画化」という観点はその時点で着想したが、歴史的変遷については美術研究家の加藤薫『イコンとしてのチェ・ゲバラ：〈英雄的ゲリラ〉像と〈チェボリューション〉のゆくえ』[23]〔二〇一四〕で詳しく論じられたため、ここでの深追いは省き、まず加藤の見解を引用しておく。

聖なる原像の「顕示（アヒロピイトス）」として見る側に受容されうるものという点が強調され、またそれゆえにイコン崇拝が正当化される〔加藤 二〇一四：四〕。

撮影者の非在によってこそ、鑑賞者自らが目撃者となり、自分が見出した意味と真実をこの写真に託していくことができた。数百万人の目撃者によって、数百万通りの「私のゲバラ」が生まれ、この図像は「顕示（アヒロピイトス）」の媒介となっていったのだ――これはもはや写真を超えて、イコン創造の問題に転位している。〔…中略…〕キューバ革命の成功は、ある意味で世界史的な逸脱であった。〔…中略…〕不正や搾取に苦しむ人々の間では、チェ・ゲバラのイメージは抵抗と闘争のシンボルとなり、時代を超えて人々の想像力を刺激するイコンへと昇華していった〔同：三三]。

偶像たる「イコン（icon）」は「アイコン」と同源である。狭義では東方教会の聖画を指すが、現代ではシンボル的なステレオタイプの記号（キャラ）に転用される。目撃者の数だけ「私のゲバラ」がいるというのは、「小さな物語」風の国際的な商標化を示す事例といえまいか。

もちろん、チェ・ゲバラの「アイコン化」は美術に限られた現象ではない。キューバ革命以後、ゲバラ礼賛の曲も量産された。最も有名な作品はカルロス・プエブラ（Carlos Puebla）の「永遠に Hasta siempre」（一九六五）であろう(24)。国民音楽ジャンルたるソン（son）に該当し、それが伝統的な弾き語りスタイルのトローバ（trova）で演唱されてきたことも、ナショナリズムの点で注目される。それは口頭伝承の物語（ヒストリー）を「生きられた歴史」として集合的記憶に刻む試みであった。

右記を含め、二〇〇二年には、収録十四曲すべてがチェ・ゲバラをモチーフとするCD "*Cantarte Comandante*" もリリースされた。シルビオ・ロドリゲス（Silvio Rodríguez）やパブロ・ミラネス（Pablo Milanés）などの大御所もクレジットに含まれる。彼らが革命直後創立の映画公団（ＩＣＡＩＣ）付属で一九六九年に結成された音響実験集団（Grupo de Experimentación Sonora）出身であり、多くが「新しい弾き語り（Nueva Trova）」の歌手や楽団（Grupo Manguaré ほか）名義の曲なのは、各国で対抗文化が芽吹いた一九六〇年代以降、キューバ国内でも若者のチェ・ゲバラ礼賛が高揚を重ねた事実を告げる。その流れで自由な放浪者チェ・ゲバラは神格化され、商業主義への抵抗を示すアイコンとしての聖画に

「萌え」るサブカルチャー信者は、本人同様、グローバル（多国籍的）に拡散した。

「集合的記憶」によって「聖」なる儀礼を継続させていく「萌え」

チェ・ゲバラがキューバで「聖化」されるのは当然にしても、なぜ、それが国境を越えて「萌え」の喚起につながったのか。ここで「メディア」ならびに「ポストモダン」という分析概念を加えたい。

ポストモダン化は、社会の構成員が共有する価値観やイデオロギー、すなわち「大きな物語」の衰退で特徴づけられる。［…中略…］一九七〇年代以降の「ポストモダン」においては、個人の自己決定や生活様式の多様性が肯定され、大きな物語の共有をむしろ抑圧と感じる、

写真1「チェ・ゲバラの聖画化」(2010年3月撮影)

別の感性が支配的となる〔東 二〇〇七：一七‐一八〕。

東は、「その内容がなにであれ、とにかく特定の物語をみなで共有するべき」との主張に沿った「メタ物語的な合意の消滅」を「大きな物語の衰退」と捉える。「大きな物語」は「小さな物語」としてしか流通できなくなったが、多様な消費者の好みを吸収しながら「カスタマイズ」され、別の物語を想像させる寛容さがあれば、「データベース消費」にもとづく「小さな物語」たりうるとも考える〔同：一九‐二〇〕。ただし、かような展開であっても、「大きな物語」特有の規範意識や伝統の確保まではままならない。

ポストモダンの環境で実践される慣習の今日的意義はいかなるものか。たとえば、現代の祝祭も「集合的記憶」を内包してはいる。ただし、今日では観光資源としてカメラマンによる恰好のターゲットになり、部外者がSNSなどへ画像をアップする光景も一般化した。神性重視ならば考えにくいが、そうした状況は、新しいメディアが社会構造の転換を語るとみなした文明批評家マクルーハン（McLuhan, Herbert Marshall）〔マクルーハン 一九八七〕の再読で鮮明となる。

右記は、彼が印刷技術の分析で予測した個人のミクロ化と重なる現象にもみえる〔マクルーハン 一九八六〕。個人が刹那な瞬間の感性に神経を集中させ、自身の嗜好を最優先していくような志向は、東のいう「データベース消費」との類似性を連想させる。もともとルーティンの行動様式を前提とする「儀礼」は制度的抑圧を拒む「ポストモダン」的な自我と相容れない。それでも、祝祭などの慣習(25)は今も群衆の間で「持続」している。要因のひとつは、所定の空間で公開されることにより、「集合的記憶」が語り継がれ、周期的な民間暦に準ずることにより、「生きられた歴史」が痕跡を残していくという「儀礼」のメディア的な機能と考えられる。紐帯には地縁も血縁もあるが、伝承集団が個別の「暗黙知」をアイコンのごとく誇示するにつれ、公衆も「記号」としての「エスニシティ」を想起する。そうした様相は「キャラクター」の「データベース」化に該当し、古い用語では、「カタログ」化に似る。公衆は各自の好みを満たすような「お気に入り」の「キャラクター」に「萌え」つつ、個々の「小さな物語」を経験に照らしてプロファイル（行動予測）する。かくして、あたかもアイコンのクリックによってPCの窓を開くかのように、瞬時ごとの現実は群衆の「記憶」として更新される。

「記録」を可能にする「言語」も「記号」にほかならない。それはまさしく個人と個人をつなぎ、過去と現在を「統合」させるための「メディア」にあたる。そもそも社会は個人単位で相違する「萌え」の多様性を乗り越え、自発的な意志にもとづく参加の選択を許容するはずである。近代の制度が無効化するのであれば、秩序ある共存とはどうあるべきかが問われなければなるまいし、現代でもやはり、「民族誌的事実」は、人々の集合（系）に応じて機能するとみられる。

多様な「民族誌的事実」の相対化を求めて

「神話」も「萌え」も、物語の主人公（個別の民族）にとって普遍の暗黙知（ドグマ）といえるが、何を好きかという選択には、そのヒトらしさがあらわれる。かつて進化主義が否定されたのは、個別性を価値観と結びつけた結果、優劣の「偏見」につながったからであるが、現代の文化研究では、ゲノム解読によって変容過程の特定を目指す「科学的」な「進化論」さえ生じつつある。それでも残るのは「夢」すなわち「信念」の問題であろう。栗田はスマートさを好むヒトながら、つまるところ、何に「萌え」やすいのかは本人しかわからない。ただし、誰が何に「萌え」ようとも、それは自由である。言語の媒介ゆえに文化はある。ポストモダンの時代においても言語は続く。イデオロギーほか「大きな物語」が「萌え」に類する「小さな物語」へ細分化されようが、それぞれの「民族誌的事実」とその比較に向けた知の探求（＝学）は消えないはずである。

【注】

（1）異種混淆の新言語を「クレオール」や「ピジン」と呼ぶが、日本語の範疇にはとどまる。
（2）井手口は「オタク」研究。筆者はワークショップBの代表者を務め、裏番組が気になった。
（3）https://ja.wikipedia.org/wiki/%E8%90%8C（二〇一九年一二月三一日閲覧）
（4）ジェンダーは文化的な「男女らしさ」。漫画と関連が深いのは確かで、各々に論考もある。
（5）血筋が明確なリネージと違い、クランは始祖神話を共有する集団類型。トーテムも同様。
（6）「神がかり（シャーマニズム）」は「脱魂」と「憑依」に大別される。体外離脱は前者にあたる。
（7）ともに超常的力が他者に危害を及ぼす行為に相当する人類学の概念。悪意の有無で区別。
（8）論文中では、いわゆる感染呪術のように相手の接触部分を竹筒に入れる魔法が描かれる。

（9）父方と母方で両系出自をたどる社会でも、男性優位の場合、オジが母方親族を代表する。
（10）昏倒した女性に栗田が与えた仮名。登場人物の関係が複雑なので、ここまで伏せてきた。
（11）シニフィエ（意味内容）＋シニフィアン（表現手段）＝シーニュ（記号）で言語は理解される。
（12）こうした現実と夢（仮想）の関係はラテン語系フランス社会学［金　二〇一〇］にも影響。
（13）福島真人［二〇〇二］は「暗黙知」や「身体技法」に触発された人類学的な儀礼分析を試みたりした。
（14）西洋医学的な生殖概念に依拠しない民族を「無知」と呼んだスパイロとの間で勃発した。
（15）ソシュール言語学を応用した人類学者として、構造主義／記号論の文化研究で知られる。
（16）世界宗教（仏教、キリスト教、イスラム教）は正統な教典（経、聖書、クルアーン）をもつ。
（17）黒いマリア信仰は欧州にもあるため、起源の特定は困難だが、土着の解釈こそが肝心。
（18）エル・コブレ（El Cobre）は、東部地方に位置する奴隷制時代の旧鉱山集落でキューバを守護する「慈愛の聖処女」がカトリック教会内に奉られる巡礼地である（調査地の地図参照）。
（19）サンテリーアの精霊はアフリカ諸族の神とキリスト教の聖人を恣意で融合させた体系。
（20）狭義のドグマは「教条」とも邦訳されるが、いやおうなくしたがうしかない信仰の規範。
（21）ファン・ヘネップ（van Gennep, Arnold）の通過儀礼論で「どっちつかず」な過渡状況を指した。
（22）人類学用語から越境的な自由人の含意へ転じた「遊牧民＝ノマド」のイメージに近い。
（23）定番のチェ・ゲバラ像が通称コルダなるキューバ人写真家の撮影に起因した後を検証。
（24）サンタ・クララ（Santa Clara）は、キューバ革命の歴史的戦闘地で、チェ・ゲバラの霊廟があり、彼によって解放された集合的記憶が Hasta Siempre に歌いこまれる（調査地の地図参照）。
（25）台湾の中元祭やラテンアメリカのカーニバルを論じた拙稿もあるため、あえて祝祭に着眼した。

【参考文献】

東浩紀　二〇〇七『ゲーム的リアリズムの誕生――動物化するポストモダン2』講談社。
加藤薫　二〇一四『イコンとしてのチェ・ゲバラ――〈英雄的ゲリラ〉像と〈チェボリューション〉のゆくえ』新評論。
金瑛　二〇一〇「アルヴァックスの集合的記憶論における過去の実在性」『ソシオロゴス』三四号、二五-四二頁。
栗田博之　一九八九「ニューギニア・ドリーミング――ファス族の夢について」『異文化の解読』吉田禎吾編、平河出版社。
――　一九九三「赤ちゃんはどこから来るの？――人類学史上の「処女懐胎論争」について」『性の民族誌』須藤健一・杉島敬志編、人文書院。
柴田庄一・遠山仁美　二〇〇三「技能の習得過程と身体知の獲得――主体的関与の意義と「わざ言語」の機能」『言語文化論集』第二四巻第二号、七七-九三頁。
鶴見俊輔　一九七六『グアダルーペの聖母』筑摩書房。
福島真人　二〇〇一『暗黙知の解剖――認知と社会のインターフェイス』金子書房。
マクルーハン、マーシャル　一九八六『グーテンベルクの銀河系――活字人間の形成』森常治訳、みすず書房（原書一九六二）。
――　一九八七『メディア論：人間の拡張の諸相』栗原裕・河本仲聖訳、みすず書房（原書一九六四）。
リーチ、エドマンド　一九八〇『神話としての創世記』江河徹訳、紀伊國屋書店（原書一九六九）。
――　一九八四『聖書の構造分析』鈴木聡訳、紀伊國屋書店（原書一九八三）。

Bolívar Aróstegui, Natalia　1990　*Los orishas en Cuba*, 1ra ed., Ediciones Unión.
Portuondo Zúniga, Olga　2001　*La Virgen de la Caridad del Cobre: símbolo de cubanía*, Editorial Oriente.

第12章 萌える人類学者の教え

馬場　淳

萌える言葉と出会う

人生で出会った珠玉の名句を特定のノートに書きとめ、保管したり、暗記したりしている人は多いだろう。なかには、額縁に飾ったりする人もいることだろう。本書からすれば、それは「萌える言葉」である。本章では、人生訓ではなく、人類学という学問の一分野に限定して、萌える言葉を考えてみたい。

いうまでもなく、どんな学問でも、学究の道の途上で先達者や同時代を生きる研究者たちの名句に出会う。人類学者もまた、エクリチュールの王国の臣民として、文献に書き記された名句を消化し、新たな名句をつむぎだしていく。それらは、著者の思想や論文／著作の趣旨を的確にいいあらわしていたり、出会った瞬間にそれまでとはまったく異なる世界を開示する感動的な名句であったりする。たいてい、それらに赤線／マーカーを引いたり、付箋を貼ったり、ノートに書き出すことだろう。引用に値する一句であったりすれば、なおさらだ。たとえその名句が、思考を一定の方向に水路付けてしまう（ほかのことを見えなくさせてしまう）としても、研究をさらに推し進める原動力になることは確かである。もちろん、文献にあらわれる玉石混交の言葉の何を名句とするのかは人それぞれであるし、ときとともに変わるかもしれない。ただし人類学者ならば誰でも認める名句がある。試しに、いくつか並置しておこう。

・「人類学は人間に向って大きな鏡を差し出し、無限の変化を示す己れの姿をそこに見てとらせる」（C・クラックホーン）
・「人類学者が見失ってはならない最後の目標……は彼の世界についての彼の見方を理解することである」（B・マリノフスキー）
・「科学者が構造を用いて出来事を作る（世界を変える）のに対し、器用人は出来事を用いて構造を作る」（C・レヴィ＝ストロース）
・「民族誌を行うということは、ある原稿を（「解釈を行う」という意味で）読もうとするようなものである」（C・ギアーツ）
・「歴史的発現は、文化的存在なのである」（M・サーリンズ）
・「婚姻とは一束の権利である」（E・リーチ）
・「親族とは人類学の分析装置として作られた人工物であり、我々が研究したどんな社会の文化にも

その具体的な対応物は存在しない」（D・シュナイダー）

これのどこに萌えるのか、そもそも意味がわからない、という人がいるかもしれないが、それは名句が埋め込まれているコンテクスト（著作や学説史）を知らないからである。興味のある人は、是非自分で調べてみてほしい。

人類学を含むフィールドサイエンスの面白いところは、文献だけではなく、フィールドで出会う名句であろう。それは、現地の慣用句・ことわざだったり、人々との何気ない会話で登場した一節だったりする。人類学者たちは、それらが現地の文化や社会の理解につながると知っている。たとえば、パプアニューギニアの離島で調査しているとき、私が出会った名句の一つに「俺たちは金で生きてるんじゃない。振る舞いで生きてるんだ」というものがある（写真1）。ホストファミリーの父と話していたときにでた言葉だ。振る舞いとは、特定の人間関係に期待されるパターン化された行為をさす［馬場 二〇一四］。簡単にいうと、イトコの持ち物を勝手に持ち去っても、「遊び」として許されてしまったり、姻族の要求には（相手の機嫌を損ねないよう）できるかぎり

写真1　過去の振る舞いを称えるパラ・ソウエ儀式。ここから、人々がいかに振る舞いを大切にしているかがわかる（2016年8月、マヌス島、馬場撮影）

ヤモノでモノのあいだでモノや

応えなければならないなど、どこか奇妙で煩《わずら》わしいものだが、じつはこれこそ、人々のあいだでモノやサービスを循環させるしくみ、いいかえれば人々の生活を支える装置なのである。私にとって、この名句は、現地での現金収入源がほとんどないにもかかわらず、村人たちが冠婚葬祭に膨大な金をつぎこんだり、モーターボートや携帯電話などの高価な品物を普通に持っていることの謎を一気に解き明かす「きっかけ」だった。

学究の道の途上で出会う名句は、恩師や友人との日常的会話のなかにも転がっている。研究者は、講義、研究室、学会、講演会、懇親会など、さまざまな場で発言する。そのなかには、多くの教えが含まれているが、文献＝公的な記録に残らないものも多い。本章では一人に焦点をしぼり、冒頭のような名句の無責任な羅列ではなく、一つ一つの萌える言葉を具体的に検討していくことにしよう。

取り上げるのは、萌える人類学者の代表格、栗田博之氏（東京外国語大学名誉教授）である。理由は、私の恩師であることのほか、特筆に値する強烈な個性の持ち主であることにもよる。まずは、本章の導入として、その人柄や業績を簡単に紹介しておこう。

人格的には寛容であり、時間が許す限りとことん相談に乗ってくれる。私が日本学術振興会の研究員だった頃、よく研究室――年間を通してほとんど換気しない「空気の悪い」研究室――に出入りさせてもらっていたが、平均滞在時間は約五時間だった。こちらから「もう帰ります」と切り上げないと、延々と続いてしまう。論文のチェックから人生相談まで、トピックは多岐にわたるが、会話の八〇％は栗田氏の発言が占めている。研究員になりバイトの心配がなかったこともあるが、今思えば、懲りもせずよく通っていた自分が不思議である。きっと萌える人類学者が面白くてしょうがなかったのだ。誤解のないようにいっておくが、お酒は入っていない（栗田氏は酒を飲まない）。コカ・コーラだけで長時間、高いテンションを維持できるのが栗田氏の特徴なのである。イマドキの学生にはキツイかもしれないが、イマドキの大学にはいないタイプの教員であることは確かだ。

人類学者としては、ニューギニア南部高地の辺縁部（クトゥブ湖の近く）に暮らすファス族を対象に調査を行った（写真2）。その成果としては、「歴史のマーカーとしての地名と人名」［栗田 一九八八］や「誰が紛争を扱うのか？」［Kurita 1998］などがあり、どれも示唆に富む民族誌である（ファス族の特徴については、本書所収の倉田エッセイが概説している）。調査のためにきっちりとマニアックな言語（パプア諸語の一つ）を習得したため、勢い余ってなんと語学系雑誌にファス語の論文を寄せてまでいる［栗田 一九九六］。E・シーフェリン、S・フェルド、A・ストラザーンとの学術交流もあった［e.g. Schieffelin and Kurita 1988］。いずれも大物である［本書所収の槌谷エッセイ参照］。

写真2　セスナ機でファス族の村に向かう（1982年8月、ニューギニア高地ワロ簡易飛行場、栗田撮影）

ところが、同世代の人類学者たちが高齢になりながらも精力的にフィールドワークを続けているのに、諸般の事情から一九九二年を最後に現地に行っていない。ここで「人類学的営みの核にフィールドワークがあるのなら、フィールドワークをやめた人がなぜ萌える人類学者の代表格なのか?」というツッコミが聞こえてきそうである。それに対して、栗田氏はこう答えるだろう。誰も知らない辺境の「部族」を調査することだけが人類学ではない。むしろ自分やほかの人類学者が収集した詳細なデータを踏まえて、人類の普遍性と多様性にかんする理解を深め、その際に問題となる人類学理論や方法論を考えていくのが人類学である、と。キャリア初期はともかく、栗田氏は、むしろこうした人類学のありかたに萌えてきたといえる。だから自身で現地を訪れることがなくなっても、この観点からさまざまな発言を繰り返してきたのである。調査地や研究対象を問わず、学会では他人の発表に対して必ず発言（質問、コメント）する。会場で栗田氏を見つけたら、必ず何かいわれると思ったほうがいい。萌えているから、いてもたってもいられないのである。

しかも、学問に対しては厳しい態度を貫く。エピソードを一つ、紹介しよう。名誉のために著者名は伏せるが、栗田氏がある本の書評を書いたとき、人類学を学んだとは思えない酷い本だと素直に評したため、編集者に大幅な修正を求められたらしい（修正前の原稿を読ませてもらったが、確かに酷評だった）。人類学に萌えているので、「いい加減な」著作を許せないのである。もちろん、その著者は真面目かつ一生懸命に書いているわけだが、栗田氏が問題にしているのは努力ではない。その内容が人類学の発展に寄与しうるかどうか、である。同様のことをいわれ、何度も論文の草稿を書き直した大学院生や研究員も多い。栗田氏は研究者として対応するから、まだ若手であっても――というよりも、若手であればこそ――容赦しないのである。萌えているから、人類学の未来にも余念がないのだ。

この厳しいまなざしは、当然、自らにも向かう。結果として、一つ一つの論文に多大な労力と時間をかけ、どれも洗練されたものとなっている。本人曰く「くだらない論文をいっぱい書いてどうするんだ？　私のように、後世の人にも読んでもらえる論文を書きなさい！」。未来の人にも読んでもらえる論文がどのようなものかは、本書所収の「ボンジュール・トーテミスム」のほか、「赤ちゃんはどこから来るの？――人類学史上の「処女懐胎論争」について」［栗田 一九九三］や「統制された比較――入口より先に進むのか？」［栗田 二〇〇三］――この「入口」は文字通りの意味のほかに別の含意がある――を確認してほしい。さすが、萌える人類学者。論文の数も大切だというイマドキの若手研究者の状況や気持ちなど、どうでもいいのである。いずれにせよ、文化人類学会やオセアニア学会で絶大な信頼と知名度を誇っているのは、長年、両学会を事務的な面で支えてきたからだけではない。

人柄や業績はこのくらいにして、本題――会話にあらわれた名句――に戻ろう。栗田氏も、記録に残っていないが、さまざまな場所で多くの発言をしてきた。そのなかに名句と呼べるものが確かにある。私が研究室で聞いた栗田氏の名句を一つ挙げるとすれば、ためらいなくこれを挙げたい――「シュナイダーを見習え！」。

シュナイダー（David Schneider）とは、ミクロネシアの母系制研究や偉大なレヴィ＝ストロースの婚姻論を批判したほか、生物学的現象として考えられる親族を意味と象徴のシステム（＝文化）としてとらえたことで有名なアメリカの文化人類学者である。すでに気づいた方もいるだろうが、冒頭に挙げた名句の発話者の一人である。栗田氏は、このシュナイダーの「熱狂的ファン」であり、その文体や語り口をパクっているとはっきり公言している（二〇〇五年七月、日本文化人類学会・関東地区研究懇談会が企画する特別連続企画『未知の知をひめた古典』の第五回「今、改めてシュナイダーを読む」に登壇したとき）。興味のある人は、前に挙げた栗田氏の論文とシュナイダーの本［Schneider 1968, 1984］を読み比べてみてほしい。氏が萌えた理由は、シュナイダーが「真の人類学」を実践していること――人類学者が知らず知らずのうちに持ち込んでいるさまざまな前提を徹底的に洗い出し、それを片端から疑っていくところ――にある。その帰結が、冒頭に挙げたあの名句になるわけだが、それまで多くの人類学者が萌えていた親族研究にトドメを刺すような議論に感動した人類学者は多いだろう。付言しておくと、その後＝一九九〇年代、親族研究はなんとフェニックスのように死の灰から蘇ったのだが、これについては参考までに『家族と生命継承――文化人類学の現在』［河合 二〇一二］を挙げておくにとどめたい。とにかく「シュナイダーを見習え！」とは、とどのつまり「真の人類学を実践しろ！」ということである。栗田氏は、私の論文や思考に自文化や先行研究の前提が知らず知らずのうちに持ち込まれていたことを感じ取ったにちがいない。

以下では、同じように栗田氏の発言に触れた教え子や友人に登場していただき、それぞれの発言を検討していくことにしよう（引用した文献はまとめて章末に示す）。納得できないものもあるだろうが、それも栗田氏の戦略の範囲内である。というのも、考えさせることが目的なのだから。

私は超《スーパー》フェミニストです

平田　晶子

東南アジア大陸部ラオス人民民主共和国での長期調査中、民族音楽学の手法に倣い、現地社会で「女性は吹かない」とされる楽器の吹奏を学習した結果、一部の現地人から珍しがられ、揶揄《やゆ》されたことがありました。今振り返ると、この経験は現地社会の「ジェンダー規範を揺るがしかねない存在」に対する、何らかの拒絶反応であったと同時に、正直戸惑いも感じる出来事だったと記憶しています。なぜ人は「男らしさ」や「女らしさ」にこだわってしまうのか。なぜ他者の行動や振る舞いを「男」や「女」という二元的性に分類しようとするのか。しばらくのあいだ、こうした疑問を抱きながら過ごしており、二年間のフィールドワークを終えて私は日本へ帰国することになりました。

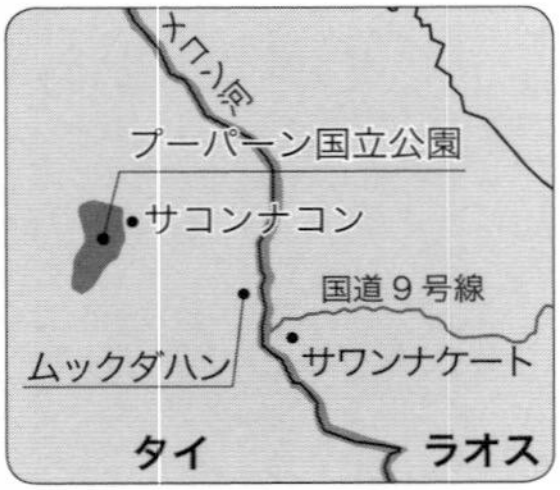

帰国後、私は東京外国語大学大学院に復学し、一次資料を整理する傍ら、どこかで気になっていた先の不可解な出来事を自分なりに解消したく、しばらくジェンダーに関する書籍を渉猟していました。同時期に、栗田博之先生の大学・大学院の「文化人類学」の教育助手として働くお話をいただき、文化人類学が扱う古典的なテーマの教授法を学びました。学部の文化人類学の講義は、フィールドワーク、親

族・組織、狩猟採集民・牧畜・農耕・焼畑などにはじまり、文化唯物論、機能構造主義などの文化人類学の基礎的知識が高まっていく形式でした。他方、大学院の文化人類学の講義は、文化人類学の英語論文を輪読しながら解読していく形式と、栗田先生が院生に「何か御題ちょうだ〜い」と尋ねられ院生の関心に寄り添いながら文化人類学的な視点を広げ深める形式の二種類が用意されていました。ここでは、二〇一二年、二〇一四年の講義ノートと二〇一八年の夏合宿で栗田先生がジェンダーについて話された内容を参照し、先のフィールドで体験した不可解な出来事を理解するきっかけにもつながってゆく、思い出深い人類学者の教えを綴りたいと思います。

文化人類学の学問分野でジェンダーが取り上げられるようになるまでにいたる背景を振り返ると、それまで聖書のなかで男と女という二分法を絶対化し、近代西欧のキリスト教的思想を批判的にとらえるようになった経緯がありました。聖書の一節にも明示されているように、女性が男性に従って生きることは神が教え示す正しき道として解釈され、当然のこととして受け止められた時代がありました。ところが、近代になると、徐々に宗教の世俗化が進み、男女差を自明のものとして語る論理が

写真3　芸能実践に参与しながらのフィールドワーク（2010年3月、サワンナケート県カーソー族の村、村人撮影）

崩壊することになっていきます。すると、人文社会科学は、既存の枠組みでは語りきれない、新たな性のあり方の説明を見つけ出さなければならなくなり、たとえば、ボーヴォワールは、「男性」と「女性」を並列したかたちで分類するのではなく、むしろ第一の性である「男性」と「それ以外の他者」という分断によって女性が排除され、不平等に従属させられる「第二の性」になると主張しました［ボーヴォワール　一九六六］。サモアやニューギニアなどでフィールドワークを行ったマーガレット・ミードは、ジェンダーという言葉を使っていなくても、生理学的原因によるものと考えられていた思春期症候群をめぐる青少年・少女の行動や性のありようについて取り上げ、それらは文化的な構築物であると例証しました［Mead 1935, 1971］。ミードの研究以来、文化人類学では、現地の個別社会にみる「性」が決して男／女の二分法の枠組みにおいてとらえることができないものとして認識されるようになります。これは、文化人類学の基本的姿勢として後世にも受け継がれる文化相対主義的研究として確立していきました。サモアだけではなく、セピック川流域の社会やマヌス、バリ、アメリカなど、複数の対象地域にみる性のあり方を比較しながら、ミードの研究は、批判はあるものの、人類学の学問分野にジェンダー論の道筋を開いたという点で高く評価されています［栗田　二〇一〇］。

その後、ジェンダー論を牽引してきたのが、いわゆるフェミニスト人類学の一派でした。欧米で活躍するフェミニスト人類学者は、男性支配あるいは女性の劣位化と呼ばれるものの内容的な分析を行いました。アードナー等は、「男性を文化、女性を自然」としてとらえる認識に異議を唱え、女性というカテゴリーの生成の問題性に焦点を当てています［アードナー＆オートナー　一九八七］。他方、バトラーのジェンダー論は、ジェンダーが決して本質的なものではなく、その社会的構築物としてとらえる視点を提示しました。すなわち、ジェンダーの本質と考えられていたものがじつは持続する行為を通じて生み出されること、ジェンダー化された身体様式を通してパフォーマティブに遂行されるものであることが明示されました［バトラー 一九九九］。

大学院の文化人類学の講義でジェンダーが「本日の御題」に取り上げられたあの日、栗田先生が紹介してくださったバトラーのジェンダー論を知った私は、男性らしく振る舞うこと、女性らしく生きること、と強調されること自体が、極めてパフォーマティブなものであることに気づくことができました。ジェンダー講義には、さらに続きがあります。毎年恒例の軽井沢夏合宿では、料理が趣味の栗田先生が参加した学生全員の食事を自家製レシピで用意してくださいます。指定教科書の輪読中、時折包丁を片手にキッチンから出てきてコメントし、テーブルで人参の皮をむきながら議論に突っ込みを入れます。人類学におけるジェンダー研究の潮流を一通り話し終えた後、栗田先生は、最後に「ちなみに私は超《スーパー》フェミニストです」と話されました。つまり、先生は、男とか、女とか、二元的性のカテゴリーを全廃し、固定の「男らしさ」や「女らしさ」といった構築されたものに囚われないという、性を超越した視点を貫徹されてきたというのです。そして、「極論をいってしまえば、ある日突然、銭湯にかかる『男』や『女』の暖簾が無くなっても、私は全く構いませんよ」と笑いながら続きました。そのとき、その場に居合わせた学生や教員のなかにも、あまりにも極論過ぎると内心思った方もいたかもしれません。それでも、栗田節は、いつだって常識に囚われずに、合理的な考えにもとづく明快な主張を提示しながらも、聴き手が思わずぷっと吹き出してしまうようなユーモアでその場を包んでくれました。

　長い歴史のなかで、あるときは性について語ることすら糾弾された時代もありましたが［フーコー　一九八六］、今日では、二元的性を超えて、ジェンダー・セクシュアリティの多様性を主張できる社会的・政治的環境が世界中で整いはじめています。たとえば、私のもう一つのフィールドである東南アジア大陸部タイ王国の国民は、人口の九割以上が敬虔な上座仏教徒であるとされ、成人男性のみが出家できる男性優位の宗教を信仰しています。もちろん、比丘尼も存在していますが、男性出家者の比丘は二二七戒、女性出家者の比丘尼は三一一戒の具足戒を守っている点からみても、決して男女平等の宗教とはいえません［伊藤　二〇〇九］。ところが、労働の文脈で女性の社会進出率は高く、女性のみならず、第三の性をもつ人々も公的な職業に就労しながら社会で活躍できる、多様な性を認める先進国といっても過言ではありません。宗教上、男と女という絶対的な二元的性を認める国でありながらも、そのカテゴリーに当てはまらない性を排除するのではなく、寛容に受け入れる社会的土壌をタイ社会は形成しつつあることを記録した民族誌も登場しています［Totman 2003］。

写真４　東京外国語大学の文化人類学夏合宿（2014 年８月、軽井沢、平田撮影）

こうしたジェンダー・セクシュアリティに対するさまざまな反応を示すフィールドに身を委ねながら、気づかぬうちに自らの身体の内部に集積してきてしまった「偏見のコレクション」である常識を揺さぶられるとき、私はいつも一九の春に出会えた文化人類学の基本姿勢である文化相対主義的思考の原点に立ち戻っています（写真4）。

猫はメスだけが子育てする

森　昭子

毎週月曜は府中市まで小一時間ほど車を運転してキャンパスに通う、これが東京外国語大学大学院で留学や休学も含め四年間もの博士前期過程を過ごした私のルーティーンでした。指導教官である栗田博之先生も、同じくK県から車で通勤されていました。どの街道を抜けるのが早道か、時間帯によってどの程度混んでいるか、目的地まで要する時間はどのくらいか。先生の研究室では、研究指導のほかにもそんな雑談をさせていただきました。当時私は生後三ヶ月の息子を保育園に預けて大学院に入学しました。朝九時には息子を保育園に入れて、運転し、一〇時の講義に滑り込む。夕方四時には駐車場を出て、五時には息子を迎えにいく。渋滞を避け、どの街道を通り抜け、定刻までに保育園の入り口にたどり着くかは死活問題でした。入学当時の月曜日は、栗田先生の比較文化論研究講義だけでなく、本書の執筆者である真島一郎先生の人類学講義でも勉強させていただきました。恐れ多くも特に入学の年は、大変失礼なことにお二人の講義を私は時折、遅刻、早退し、急に休んでいました。理由は休み時間に女子トイレで搾乳したり、保育園の送迎に間に合うようキャンパスを出発したこと、そして息子の急な発熱による看病のためでした。子持ちの社会人学生ということで大目に見ていただき、さぞ目を瞑《つむ》っていただいたことも多かったと思います。入学一年目は通学に精一杯で、脇目もふらず府中を目指し、文献と運転に押し流されるような日々でした。

社会人を経てキャンパスに舞い戻るというのはとても新鮮なものです。同級生は自分よりはるかに若い方ばかりでしたから、彼らのフレッシュな真面目さやコメントの切れ味の良さに感嘆しました。ストレートで進学し、すでに研究キャリアを積んでいる同い年の先輩、私よりはるかな社会人経験を積み研究の道に入られた女性研究者の先輩方に出会ったことは、私にとり大きな刺激であり、また人生の励みでした。そんな在学中に最も刺激を受けた講義の一つは、月曜四限に研究講義棟五階で開講される栗田先生の講義です。研究室にいる時のくつろいだ姿とはうって変わり、ネクタイを締め、キリッとして眼光鋭く、そしてどこにいても誰がいても、歯に衣着せぬ物言いでズバズバと核心をつく。ある時はスカッとし、ある時はドキリとし、とにかく毎回目から鱗が落ちました。それまで会社勤めやフリーランスの仕事をしてきて多少なりとも他人の顔をうかがうことがあった私にとって、自分がこれだと決めた対象を追究し、専門家として真剣勝負する研究職は、まさに「萌え道」を大成した姿のように見えました。先生の人類学理論と趣味へ注がれる熱量は、並々ならぬものがありました。きっと一定の苦しみの果てにたどり着いた境地でしょうが、栗田先生は特につきぬけたすがすがしさを感じました。

私は通学当時、自分が出産直後だったこともあり、栗田先生が生殖やジェンダーについて鋭く放った講義がとても印象に残っています。自分が母親になり、女性の役割やイメージが社会的に構築され背負わされていると、実生活でも感じるようになったのも一つかと思います。そして出産と授乳という自分の女性としての生殖機能をフル活用するとても動物的な営みを経験している最中だったことも影響していると思います。あるとき先生は生物学的性と社会的性の説明にあたり、動物の子育てを引き合いにだし「猫はメスだけが子育てする」と仰いました。オス猫は遠巻きに母猫と子猫を見守ることがあるそうです。猫の子育て発言は、モノガミー（単婚制）やポリガミー（複婚制）、家父長制や父権社会、そして母系社会といった人類が発展させてきた社会制度へと続く講義内容への前振りでしたが、私はドキッとしました。ガーナと欧州を行き来する息子の父親とはインターネットで連絡を取り合い、会うのは一年に一回程度。当時の私はまさに日本でワンオペ育児状態でした。核家族で暮らし、近くに頼れる両親がいない、日本の都市部で働く多くの母親たちも同じ状況だと思います。

研究室でご指導いただくなか、先生はよくこうも仰いました――「現地人化するな、メタで考えて俯瞰しろ！」。私はガーナで数年働き、かつ家族をもうけてから人類学の門戸を叩きました。仕事もガーナ、家庭や周囲の人間関係もガーナ要素が溢れていたので、そこで身につけた感覚や視点に埋もれていないで、それらを学問的に思考せよ、とのご指摘でした。当時自分の姿

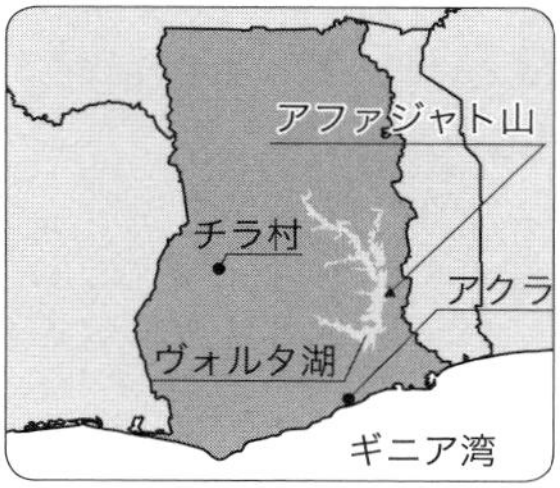

と重なりドキリとした猫の子育て発言ですが、そこから得た本当の学びと教えとは「だが人間は違う」ということです。人間社会の性的役割、生殖、子育ては、猫のように単純ではなく複雑で多様です。現に私は、日中は息子を保育園に預けて、親の手を借りて共同育児を行うことで、学問を修め、仕事に就き、社会生活を送っています。

私の第二の故郷であり研究フィールドでもあるガーナの女性も同様です。ガーナの多数派であるアカン族は母系社会で、一見すると母子家庭や、家庭での父親の不在が目につきますが、母親たちは拡大家族の成員間で助けあいながら生きています。母子家庭を抱える女性がたくましく生きる様、そのポジティブさは本書の編者の一人である馬場［二〇一〇］が「シングルだってへっちゃらよ!?」で朗らかに語るパプアニューギニアの女性像と重なります。私が二年間を過ごしたガーナ内陸部の農村、アカン族が住むチラ村では、村人は道を歩けば拡大家族の成員の誰かに出くわし、血縁関係がなくとも隣人どうし互いに気に掛けあい生きる、コミュニティ内の相互扶助が強く働いています。

写真5　フフを搗《つ》いて夕食の準備をするホストシスターと長男、それを手伝う私の息子。奥に座るのは彼女の次男（2017年1月、ガーナ、森撮影）

チラ村で長年お世話になったホストシスターは、一六歳で妊娠、出産したため高校を中退しました。相手の男性も自分もまだ若かったから、親にいわれて結婚しなかったと彼女はいいます。彼女の姉や兄は出稼ぎ先のカナダで暮らしており、同居する両親と弟と一緒に息子を育てていました。時を経て、彼女は私の息子と年の近い男児を、別の男性との間にもうけました（写真5）。男児の父親は日本などで出稼ぎを終えチラ村へ帰郷すると、自分の生家に住みながら、息子と子の母である私のホストシスターを訪れるために毎夕通う生活を送っています。

母系社会について学問として体系的に学び理解を深めたことは、自らが身を置くガーナの人間関係や彼らのメンタリティを理解する上で、実生活においても大変役立ちました。アカン族は周辺の父系社会に比べ、離婚と再婚が頻繁ですが、昔から市場を切り盛りする「マーケットマミー」など女性の自立的な経済活動が知られています（写真6）。私がホストファミリー宅で見聞きした母方オジの存在や妻問婚のような別居形態は、母系・父系間や外国人との婚姻が珍しくない都市部でも広くみられる習慣です。また都市部の子は幼少時の一定期間、農村部に暮らす拡大家族に預

写真6　自宅裏の木陰で小さな商店を営んでいたホストシスター（左）が、数年後チラ村の中心の大通りに雑貨屋を構えるようになった（2011年3月、ガーナ、森撮影）

けられ、一通りの家事や炊事などの習慣を学びます。都市部の共通語であるピジン英語ではなく、自らの文化的背景を知り習慣を身につけ、己の民族の言語を体得することを親が望むからです。ガーナでは、子は、実に多くの人の手によって育てられます。日本に比べ、一見すると非嫡出子や離婚、親ではない拡大家族に預けられて育てられる子の話をよく聞きますが、子は両親だけではない、様々な大人によって見守られ、育てられるのです。核家族化が進み、親戚付き合いやムラ社会のない中で育つ日本の都市部と、どちらが豊かな子育て環境だろうかと感じてしまいます。

私の息子は、乳児の時から栗田先生と真島先生の合同夏合宿に同伴しておりますが、二〇一八年に卒業した後も参加させていただいています。二十数人の学生さんが集まると、誰かしら面倒見の良い方がいるもので、息子の遊び相手をしてくださいます。幼少の息子にとり、まるでオセアニアやアフリカからの遠い親戚に会えるような夏のひとときです。人の子は、たくさんの人の手を借り、かかわりあいながら育つことを実感する、軽井沢の人類学合宿が懐かしいです。

セックスという社会構築物はナンセンスだ

森　昭子

栗田博之先生は、理論的で科学的根拠に誠実な文化人類学者であると思います。私は東京外国語大学大学院に在学中の二〇一五年、文化人類学／オセアニア地域研究論のＴＡを務めていました。その講義で先生は現生人類の移住経路から言語系統の分類、生業と地質学、そして植生や食料、家畜の生態といった、オセアニアの諸社会を人類学する上で必要な基礎知識を、実に緻密に、真摯に解説されていました。基本を蔑ろにしない、理論と科学的根拠に依って立ち文化・社会を学問するという姿勢は、人文科学を背負う学者として、また教育者としての栗田博之の矜持のようにも感じました。

先生の研究室ではうず高く積まれた蔵書に囲まれ、ハイライトの紫煙に包まれ、PC音とテレビをBGMに研究についてご指導いただくとともに、とりとめもない雑談もよくしました。私は社会人を経てから入学し、乳児を抱えながら先生の下で学ばせていただいていました。そのため雑談では自分の赤子のことを話したり、そこから自分のフィールドであるガーナと先生のご専門であるパプアニューギニアでの赤子を取り巻く事象のあれこれ、といったことにも話が及んでいたのだと思います。ある時先生が、「赤ちゃんについて人類学的に論じたいい論文があるよ」とご紹介くださり、データを送ってくださいました。それが、先生が一九九三年に書かれた「赤ちゃんはどこから来るの？――人類学史上の「処女懐胎論争」について」［栗田 一九九三］です。これは主にリーチとスパイロが繰り広げた、現地人が「性交と妊娠の関係」について無知であったかどうかという論争を整理し議論したものです。冒頭からトロブリアンド諸島民の言説に対してニホン列島の著名でない某人類学者が登場し、次々に争点を示しながら独特の筆致で論点を突いていくという、栗田節をのぞかせます。今読み返すとそう感じますが、当時は赤子にまつわる雑談からこの人類学史上の論争に出会い、大変驚きました。全く予想しなかった変化球による応答に驚きすぎて、当時は読み込むのに苦労したのを覚えています。当時の私にこの論文を示してくださったのは、単なる話の流れといえばそれまでですが、自分たち親子を取り巻く社会環境と向き合い生き始めた私に、ここは学問する場なのだから身近な事例を学問的に思考してみなさい、という契機を与えるためだったと受けとめています。

また別のときは、研究室でご指導いただくなか、夫婦や家族の関係についての文化間の差異のようなものについて話が及んだのだと思います。私の息子の父親はガーナ出身なので、日常と研究フィールドが交差する日々を当時送っており、雑談でそのような話になりました。その時に「親子関係について論じたいい論文があるよ」と示してくださったのが先生が一九九九年に執筆された「親と子の絆」［栗田一九九九a］です。「親族」の民俗概念と分析概念の比較の導入から人類学における親族研究の議論にメスを入れ、「生物学的親子関係」と「社会的親子関係」を整理し、ニューギニア諸社会の民俗生殖理論から彼らにとり「血」と「霊」がどれほど重要であるか論じたものです。私がこの論文の存在に触れたのは先生との会話からでしたが、課題を読みこなしレジュメを切るのに追われていた当時の私がこの論文を読み終えたのは、先生との会話からはしばらく時を経てからでした。人の親となりデビューしてから幾年もすると、抱いた疑問や葛藤を忘却するか蓋をするかでやり過ごし、目の前のタスクをこなす日々です。互いの習慣をかけ合わせた家族的紐帯のようなもので緩く繋がり世界に分散して生きる私たち親子にとり、シュナイダーのように「親族」という現象の存在自体を否定するというのは痛快です。人は生まれ落ちてから死ぬまで、社会の価値付け、文化の網の目に埋もれて生きますが、そういった無意識に身体化した柵《しがらみ》や前提を疑い、自文化中心主義や根深く内在化する近代西洋的まなざしを相対化する姿勢を学ぶことは、私の視野と地平を押し広げ、生き易くしてくれたように感じます。

さてタイトルですが、二〇一五年に東京外国語大学で開講された比較文化論研究という院生向け講義で、ヘンリエッタ・ムーアによる論説「セックスとジェンダーを理解するということ」[Moore 1994]を栗田先生が解題したときの発言です。構築主義者が「Sex《セックス》」として性差をいわゆる西洋の民俗概念だとする主張を受けて、それは行き過ぎであり「sex《セックス》」は普遍的な分析概念といえるのではないかという、フェミニスト人類学者に対する批判的なコメントです。トロブリアンド諸島民やオーストラリア原住民は外部向けに女性の妊娠は「バロマ」のせいだと説明するが、本当は性交と妊娠の因果関係を知っていたし、ニューギニア島の同性愛儀礼や男性の女性化の儀礼といった事例は、男女の差を知らない未開といわれる人々も論理的に考えれば男女の生殖の差を知っていたといえるのではないか、という内容を当時の講義ノートに書きとめています。私がこれら論文や講義での栗田先生の発言から学んだことは、親族研究にしろジェンダー研究にしろ、まずはその研究分野の前提とされていることを疑ってみる、丹念に掘り起こし言説を検証し、批判点を探す、そして論を展開し後世に繋ぐという学問としての基本的な姿勢です。ただノートを読み返していて、講義では院生に向けて、先人達の新しい批判点なんてそう簡単に見つからないのだから、まずは過去の先行文献を地道に勉強しなさいと厳しく諭されていたことも思い出されます。私がこれら論文や発言に「萌え」を感じたのは、論理的思考はもとより、文化社会を「人類学する」上でどれだけ科学的な厳密さをあわせもつか、というバランスを取りながらの鋭い批判精神を感じるからです。オセアニアの臨場感溢れる事例とともに、文化人類学に「萌え」る先生の数々の挑戦的な名言に講義で出会えたことは、文化の狭間で生きていく私にとり生涯忘れられない大切な教えです。

それは「かわいそうな先住民史観」だね

工藤多香子

はじめて会う人に「この人ただ者じゃない」と思わせる、鬚もじゃもじゃの風貌、着替えの手間を省くためとパジャマの上からスーツを着て出勤する風変わりな習慣、そして凡人の理解を超えたあまりにマニアックな収集癖。栗田博之先生はどこから切り取っても規格外の先生です。そんな先生ですから、個性的な名言／迷言は授業中によく飛び出ていました。しかし、ここでとりあげるのはいかにも栗田先生らしい名言とは少し違います。むしろ、私が研究生活をはじめるきっかけとなり、心構えを教えてくれた、ごく私的な思い出の言葉です。

私はキューバをフィールドにした文化人類学の研究を二〇年以上続けていますが、大学院に進んだときは、研究者になるという明確な目標があったわけではありません。学生時代はジャズに夢中で、大学よりもずっと長い時間をジャズ喫茶で過ごしていました。やがてラテンジャズと出会い、その源流であるキューバ音楽に興味をもつようになります。大学四年生の夏休みにキューバに旅し、パーカッションと歌だけで居合わせる人々を興奮状態に導くルンバという音楽にすっかり夢中になりました。当時の社会主義国のイメージを快く裏切る、素朴で人懐こい人々も魅力的でした。帰国後も熱は冷めず、なんとかキューバに通い続ける社会的口実が欲しいという不純な動機で、大学院進学を選択しました。私は単なる度を越したキューバ好きだったのです。

大学院では地域研究研究科というところに在籍しました。ゼミにはラテンアメリカ各国の事情に通じた学生が集まっていて、キューバ好きの私は、話の合う仲間にようやく出会えて居心地良く感じていました。しかし、研究者になる覚悟も心構えもまだ芽生えていません。単位数をカバーする必要から、文化人類学がどのような学問かもろくに知らないまま、栗田先生の演習を履修しました。初回の授業では、履修者が各自の研究テーマを紹介しました。学生たちの関心はさまざまで、インドネシアや北米ですでに調査を経験している人も多く、ラテンアメリカニストのゼミとは対照的に、世界が広がるようでした。栗田先生は煙草を燻《くゆ》らせながら、学生の話を聞いていました。当時はまだ、授業中に教員が喫煙しても許されていた時代です。先生が授業に持参するアタッシェケースにはいつもハイライトの青い箱がいくつも並んでいました。

私自身がどんな自己紹介をしたのかも、他の学生が何を語ったのかも具体的なことはほとんど覚えていません。でも、ある学生の自己紹介のあとで栗田先生が発したコメントだけはずっと耳に残っています。アジアのどこかの国の貧しい村落を研究していた学生だったとおぼろげながら記憶しています。彼女は実に情熱的に、しかも強い正義感をもって自分の研究を語っていました。話し終わると栗田先生はさらりとこう仰いました。

それは「かわいそうな先住民史観」だね。

私は内心はっとしました。自分でも気づいていなかった本心を見透かされたようで、うろたえたのを鮮明に覚えています。先生がコメントするまで、私はその学生の話に「わかる、わかる」と密かにうなずき、共感していたのだと思います。キューバ音楽のなかでもパーカッションが主役のアフロキューバ音楽にとりわけ惹かれていた私は、そこに「虐げられた人々」の声を聴いていました。植民地時代に強制的にアフリカから連れてこられ、奴隷として働かされた苦難の経験にもかかわらず、彼らは音楽を通じてアフリカの文化を継承したという物語を勝手に想像し、そのたくましさに感動していました。このような音楽を愛することで、自分は「悲しい過去」を背負う人々を理解し連帯しているのだと、ひとり悦に入った「私」がいたことは否定できません。自分の感傷のために都合よく被害者像を他者におしつける「かわいそうな先住民史観」を、私も患っていました。だからこそ、栗田先生の言葉はまるで私に向けられているかのようにつきささってきたのです。おそらく、このときはじめて文化人類学という学問への強い関心が私のなかに生まれたのだと思います。「かわいそうな先住民史観」を乗り越え、自分を相対化する術を身につけるためには、学ばなくてはならないとようやく私は思いはじめました。

栗田先生のもとで学んだのはすでに遠い昔のことですが、今でもときどきこの言葉を反芻《はんすう》しています。研究だけでなく、人生においても自分が他者とどうかかわっているのかを反省する際の大きな指針となっています。思えば栗田先生の言葉はいつも簡潔明瞭で核心をついていました。教える立場となった今、学生の青臭い思い込みに出会うと、かつての私を思い出して応援したい気分になります。その一方で、彼や彼女を思い込みから救い出す、的確な一言を発することの難しさも痛感しています。栗田先生のようにはなかなかうまくいきません。不肖の弟子はいまだ不肖のまま、まだまだ先生の背中を追い続けています。

ツーリストと人類学者の間に違いはない!

山本真鳥

いつどこでこの言葉が出たのか、今ではもう記憶も定かではありません。たぶん、山下晋司氏が観光人類学という新しい分野を日本の文化人類学会にもたらした頃行った日本民族学会(当時)関東地区懇談会で、デニス・オルーク監督の『カニバル・ツアーズ』(一九八八年、オーストラリア)の映写を見てちょっと懇談する、といった研究会だったようにも思います。

これはエスノグラフィック・ビデオというジャンルに入っていますが、観光人類学が、現地人や現地文化・社会を描くというよりは、観光客の生態に焦点を当てる傾向にあるのと同様、パプアニューギニア、セピック川流域の村を訪れる欧米人ツーリスト(ドイツ、イタリア、アメリカなど多国籍で、それぞれの言語が飛び交う)が主役、ないしは彼らと現地社会との交流(行き違い)がテーマといってもいいでしょう。

現地社会（イアトムル）はドイツの統治により欧米との接触がはじまり、その後オーストラリアの統治を経てパプアニューギニアとして独立した国のなかのトライバル・エリアにあります。かつては造形美術に優れ、立派な男子集会所をもち、儀礼の宝庫のような場所――G・ベイトソンの調査地として有名――でありましたが、現在では男子集会所も聖なる彫像など聖物はみな取り除かれ、聖性が奪われた状態で、観光客が撮影料を払って写真を撮りまくる場所になっています。観光客の関心はひたすら、民芸品（彫刻など）の入手と写真撮影です。現地の人々は現金経済に向かう社会のなかで現金獲得にあえいでおり、観光客を入れるのも少しでも現金にありつければ、という状態です。なおタイトルの「カニバル」について、実際にこのエリアで食人（カニバリズム）が行われていたかどうかはあまり定かではなく、トライバルということを強調するためにこのタイトルがあり、観光の呼び物となっているようです。ただし、パプアニューギニアでまったく食人慣習がなかったかというとそういうわけではありません［栗田 一九九九b］。

このビデオのクライマックスは最後にありますが、モーツァルトの優雅な音曲が流れるなか、カニバル・ツアーを終えたツーリストたちが、現地アーティストに彼らの彫像そのままのフェイス・ペインティングをしてもらい、満足げにハグしたり、互いに顔を見て笑い合ったりするという箇所です。

このビデオに描かれている、マスツーリズムの対極にあるような秘境ツアーに参加する欧米の金持ちツーリストたちが求めているオーセンティックな旅として、クルーザーでさかのぼるセピック川の旅というのは完璧かもしれません。多分かなり高価だけれども、高価であるがゆえに、ごく少数の人々しか参加できず、一方クルーザーにはシャワーもあるし、まともな食事もあります。彼らが求めているのは、今流にいうならインスタ映えする写真であり、珍しい民芸品です。民芸品は現在オークションの場で高値取引されているオセアニア芸術の極致のような作品ではなく、そのレプリカであり、持ち運びに都合のよいサイズに縮小されたものです。村の人々は、ツーリストの買う民芸品の数が少なく、しかも彼らが値切ることに不平を述べます。町まで出かけて衣類を買うときにセカンド・プライスは望めないのに、なぜ欧米人は値切るのか、というわけです。

欧米人ツーリストは村の人々の暮らしに興味をもちません。ツーリストと村人たちとのコミュニケーションはほとんど行き違いといってもよいのです。一方、村人からは欧米人は財物をたずさえて帰ってきた祖先であるといった、カーゴカルト（積荷崇拝）的言説も飛び出しますが、それゆえに歓待されているといったことをツーリストは考えてもみないでしょうし、また村人にしてみればそのような言説も現在では色あせて、金を落としていくから観光を容認しているということに過ぎないと思われます。

さて、問題の栗田発言ですが、人類学者もツーリストより長く滞在することが多いけれども、結局はその地に住む人ではなく、一介の訪問者であり、一定期間が過ぎれば去って行くのであって、現地の人々を完全に理解することはできないのだ、ということだったと思います。つまり、人類学者の現地理解は量的にツーリストに勝るかもしれないが、質的に勝るものではない、ということです。

ただこれは、私は私を知る万能者かというと、そんなことはなく、私より私を知っている友人や家族がいるかもしれないのです。つまり、人類学者は現地人と同じ知識を身につけ、現地人と同じ現地観をもつ必要はないと思います。しかしそれが、まったく上から目線のオリエンタリズムではいけないわけで、そのあたりが民族誌のもつ大きな課題なのでしょう。ただ栗田発言は、むしろ、個々のフィールドワーカーに対して、謙虚により深い観察に努めよ、ツーリストであってはならない、という警句であると私は受け止めております。

【参考文献】


アードナー、エドウィン&シェリー・オートナー　一九八七　『男が文化で、女は自然か?――性差の文化人類学』山崎カヲル監訳、晶文社。

伊藤友美　二〇〇九　「現代タイ上座部仏教における女性の沙弥尼出家と比丘尼受戒――理念のアピールと語られない現実」『東南アジア――歴史と文化』三八号、東南アジア学会。

河合利光編　二〇一二　『家族と生命継承――文化人類学的研究の現在』時潮社。

栗田博之　一九八八　「歴史のマーカーとしての地名と人名――パプアニューギニア、ファス族の歴史意識について」『民族學研究』五二巻四号。

――　一九九三　「赤ちゃんはどこから来るの?――人類学史上の「処女懐胎論争」について」『性の民族誌』須藤健一・杉島敬志編、人文書院。

――　一九九六　「フィールドワークと言語習得――ファス語」『日本語学』一五巻一号。

――　一九九九a　「親と子の絆」『叢書・身体と文化（第一巻）技術としての身体』野村雅一・市川

雅編、大修館書店。

――一九九九b 「ニューギニア「食人族」の過去と現在」『オセアニア・オリエンタリズム』春日直樹編、世界思想社。

――二〇〇三 「統制された比較――入口より先に進むのか?」『民族學研究』六八巻二号。

――二〇一〇 「科学か、非科学か――文化人類学における比較の歴史」『国立民族学博物館調査報告』No.90、国立民族学博物館。

バトラー、ジュディス 一九九九 『ジェンダー・トラブル――フェミニズムとアイデンティティの攪乱』竹村和子訳、青土社。

馬場 淳 二〇一〇 「シングルだってへっちゃらよ!?――パプアニューギニア・マヌス島のシングルマザー」『「シングル」で生きる――人類学者のフィールドから』椎野若菜編、御茶の水書房。

――二〇一四 『この子は俺の未来だ――パプアニューギニア&ケニア〝つながり〟の文化人類学』佼成出版社。

フーコー、ミシェル 一九八六 『性の歴史I 知への意志』渡辺守章訳、新潮社。

ボーヴォワール、シモーヌ・ド 一九六六 『第二の性 ボーヴォワール著作集 第6巻・第7巻』生島遼一訳、人文書院。

Kurita, H. 1998 “Who Manages Disputes?: Introduced Courts among the Fasu, Papua New Guinea.” In Yoshida, S. and Y. Toyoda (eds.), *Fringe Area of Highlands in Papua New Guinea*. Senri Ethnological Studies, No. 47. National Museum of Ethnology.

Mead, M. 1935 *Sex and Temperament in Three Primitive Societies*. New York; William Morrow and Company.

——— 1971 *Coming of Age in Samoa: A Study of Adolescence and Sex in Primitive Societies.* Harmondsworth: Penguin

Moore, Henrietta L. 1994 "Understanding Sex and Gender." In Ingold, T. (ed.) *Companion Encyclopedia of Anthropology*. Routledge.

Schieffelin, E. and H. Kurita 1988 "The Phantom Patrol: Reconciling Native Narratives and Colonial Documents in Reconstructing the History of Exploration in Papua New Guinea." *Journal of Pacific Studies*, Vol. 23, no. 1.

Schneider, David M. 1968 *American Kinship: A Cultural Account.* Chicago: The University of Chicago Press.

——— 1984 *A Critique of the Study of Kinship*. Ann Arbor: The University of Michigan Press.

Totman, Richard 2003 *The Third Sex —Kathoey: Thailands ladyboys*. Silkworm Books.

終章 Never Let Me Go
——フィールドノートの余白から

真島一郎

情動の抜きがたく発露する瞬間とその後を、ひとはどう生きるのだろう。記憶の堆積は、情動がやがてそこに埋もれていく壁となるのか、それとも発露のときにおいてさえ自覚しえなかった情動の姿を、ふたたびあるいは初めてみいだすための通路を用意するのか。行間や紙背に向かおうとする律儀な視線とはべつの地平で、情動が民族誌家の記述から、あるいは読み手によるテクストの乗り継ぎから、はたして漏れ落ちていたことなどあっただろうか。

書を捨てフィールドへと赴いたのち、ひとは人類学者になるという物語には、どこか偽りがある。捨てる以前に、その手にはまず書が握られていた。他者の生がそそぎこまれた書きものにふれることから、人類学者としての生ははかならず、はじまっていた。フィールドからもどったのちも、ひとはふたたび読みはじめる。ずっとなにかを読むことで、たがいに時を隔てた生の記

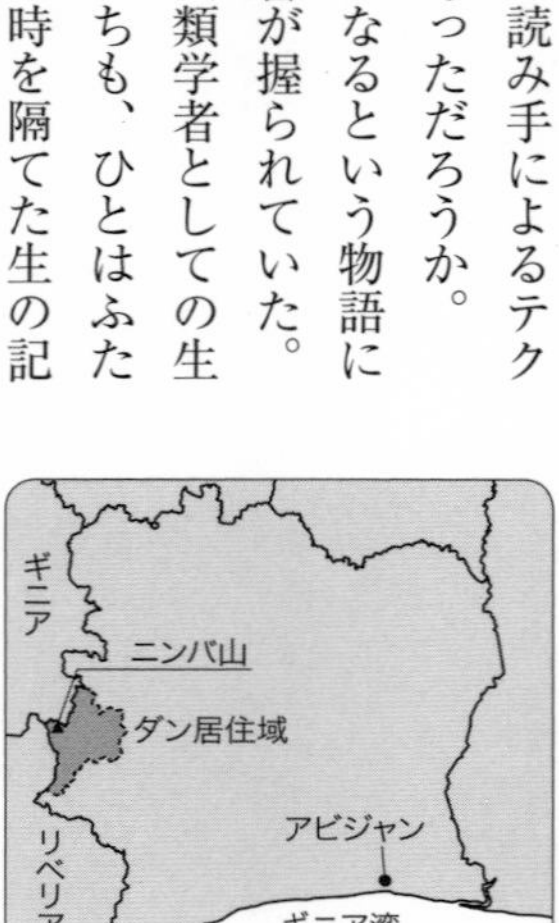

憶は、交差しながら堆積していく。かつて山口昌男［一九七七］がフィールドと書物、いずれの場に踏みこむ行為もひとしく「旅」と呼んだように、フィールドだけが他者の生の息づく場ではない。行為の落差を過剰にきわだたせる神話はだから、フィールドと書物を不断に行き来する人類学者の意識にことさらのぼらない。書物とは、しばしば故人となった書き手が未知の読み手に託した生の伝言である。自分以外のだれかに言伝てすること、何かを伝えることはまた、テクスト生成の一翼をになう読み手に対し、何ごとかを背負わせるふるまいにひとしい。読むことが、確立した思考というより当の思考の母胎となった感性や情動を伝えられ、背負わされることであるかぎり、ひとの書いたものはつねに、広義の民族誌であるだろう。書物は、読み手に生きられたフィールドである。ことに長期のフィールドワークを経たあとの人類学者は、書物に描かれたあれこれの生の交わる舞台と、書かれたものの内側で生きはじめる自分とを、フィールドにわが身がたたずんでいるかのように想像しはじめるだろう。やがてその種の想像は、かれの習慣ともなるだろう。自分のフィールドとはひとまず無縁な異郷の幹線沿いを走りぬけるときも、車窓の外を次々に流れゆく村や町の風景を、自分にとりそこが住みやすそうかどうかという、やや前のめりな視線で追いながら、生きつづけるからだとして風景を感じはじめるように。

堆積する記憶の仄暗い通路をぬけ、ふいに情動は到来する。なぜそれがいま訪《おとな》うのか、なぜ書物を読み継ごうとする意志がこのとき一瞬途切れるのかが、はじめは自分にも「分から」ない。「分かる／分ける」の営みを支えとした認識主体が割りこむ余地もなく、記憶はただ、読み手のからだに積み置かれていた。

たとえば、ここ数年のわたしのからだに、そうした記憶の訪れが、べつのからだとの埋めようのない隔たりをふくめた場面の感覚ごと生じたのは、カズオ・イシグロの作品［二〇〇八］をつうじてであった。

秘密と視線

組織的な秘密が靄《もや》のように終始昏《くら》くたちこめる、全寮制のとざされた学園施設。長編『わたしを離さないで』の第一部で、拭いきれない悲しみを心に秘めつつも、元生徒のひとりキャシー・Hが淡々と綴っていく回想の舞台が、その施設ヘールシャムである。匿名の他者——あるいは「社会」——に自己の健康な臓器を提供するというただそれだけのために、無菌状態のような人為の環境で育てられ、運命の詳細も告げられぬまま成長し、そして遠からず朽ちていく若いからだたち。その彼らの未来を暗示するうえで、作品のタイトルにもなった架空の楽曲と主人公のからだとの濃密な交わりを暗示する一挿話は、これまでにも、作品の読み手にひときわ強い印象をあたえてきたことだろう。その日のキャシーは、まだ一一歳の少女だった。当時の彼女は、ある女性歌手のLPアルバム『夜に聞く歌』を吹き込んだカセットテープを、友人にも知られないよう大切に所持し、寮の相部屋で独りになったときに愛聴していた。LPジャケットをそのまま縮小した写真が付いているそのカセットが、彼女にとり特別のものとなったのは、アルバムの三曲目に「わたしを離さないで」が収録されていたからである。とはいえ、「スローで、ミッドナイトで、アメリカン」なこの曲のすべてに惹かれていたわけではなく、彼女が聴きたかったのは、曲中で何度もくりかえされる「ネバーレットミーゴー……オー、ベイビー、ベイビー……わたしを離さないで……」のフレーズだった。これを聴くたび、ひとりの女の姿をキャシーは思い浮かべる。赤ちゃんを産めないといわれてきたその女にあるとき奇跡が起こり、子が生まれる。女はわが児を胸に抱き、部屋のなかを歩きながら、「オー、ベイビー、ベイビー、わたしを離さないで」と歌うイメージが、カセットテープの幼い持ち主には取り憑いていた。ヘールシャムで育てられる少女はみな、「赤ちゃんを産めない体」にさせられていたことを、当時の自分はまだはっきり認識していなかったとも言い添えながら。

そしてある日の午後、施設運営の中心人物と思われる「マダム」とのあいだに、事件がおきる。

[…]何かを取りに寮に戻ったのだと思います。[…]せっかく一人きりになれたことでもあり、半ば衝動的に宝箱からカセットを取り出して、プレーヤーに差し込みました。[…]そのとき、わたしは胸に赤ちゃんを抱いているところを想像しながら、曲に合わせてゆっくり体を揺らしていました。いえ、単なる想像だけならまだよかったのですが、極り悪いことに、赤ちゃんに見立てた枕を抱いていました。そして、目を閉じ、リフレーンを一緒に歌いながら、スローダンスを踊っていました。

「オー、ベイビー、ベイビー、わたしを離さないで……」

曲が終わる直前でした。何かを感じ、部屋に誰かいるような気がして、ふと目を開けました。すると、眼の前にある戸口の向こうに、マダムが立っていたではありませんか。一瞬、わたしはショックで硬直しました。[…] マダムは部屋に入ってこようとせず、敷居の向こう側の廊下にじっと立っていました。[…] 廊下に立ったまま、泣きつづけていました。[…] 戸惑っているわたしの前で、マダムはくるりと背を向け、次の瞬間、寮から走り出ていく足音が聞こえました。

声とからだ

西アフリカ・コートディヴォワール西部の、熱帯雨林にいだかれた住民八〇〇人ほどの村に、三〇年前のわたしは暮らしていた。隣国のリベリアとギニアにほど近い国境地帯の村だった。日々の生活の細部を記録にとどめ、痩せこけながら村で生きていくだけで精一杯な状態のまま、二十代なかばの二年がすぎていった。

写真１　30 年前の村（コートディヴォワール）

そのころは村から週にいちど、電線と郵便局のある四〇キロ先の小さな町まで、日帰りで骨休めにかよっていた。日本からの手紙を局で受けとり、冷蔵庫のある飯屋で冷えたビールをあおると長い午睡におちる。帰りがけに市場へ立ち寄り、軒先や露天にならぶ音楽カセットを何本か買うのが、ささやかな楽しみだった。売られているのは、ほとんどが西アフリカ各地の、あるいはキンシャサ（コンゴ民主共和国の首都）やアンティーユ（仏領西インド諸島）発の音楽テープで、ちょうどキャシーの秘蔵テープとおなじく、原盤の「LPジャケットをそのまま縮小した写真」の粗雑なコピーをプラケースに挿し入れただけの、海賊版カセットだった。都市で活躍するミュージシャンの出物が目立つなかに、あるときわたしは、見知らぬ女性歌手のテープをみつけた。カデ・ジャワラという名からしても、伴奏用のギターをかかえた男と並んで写るその姿からしても、北マンデのグリオ（内婚世襲の伝統的な楽士）の血筋を引くひとのようである。マンディングの大天使 L'archange du Manding などという仰々しい飾り文句は添えられているものの、いくぶんしかめつらで写る彼女の曖昧な表情は、華やかなオーラをまるで欠いていた。いかにも田舎くさいその押し出しは、だが逆に、何ごとかを微かに送り届けてくるようにも感じられた。

村にもどったその晩遅くに、独りの小屋で昼のカセットを一本また一本、安物のラジカセに落としていく。最後にかけたその女性歌手のアルバムは案の定、物悲しいアコースティックギター一本の伴奏を頼りとする、素朴な作りの楽曲だった。しかし、二曲、三曲と耳をすますうちに、深夜の眠気は失せていく。張り裂けるように響く声の力に、聴き手の心も揺さぶられ、震えはじめる。テープをいちどラジカセから取り出して裏返し、B面の一曲目を再生するや、マリンケ語の歌詞もわからないくせに、冒頭からこだまとして放たれるリフレインの反響に圧倒され、なぜだか涙が止まらなくなってしまった。

カデは、この曲でいったい何を歌っているのか。ストレートな叫びにのせて、彼女は何を訴えているのか。そのことをどうにも知りたくなったわたしは、二週間ほどたったある晩、ラジカセを手に提げ、ふだんあまり立ち寄らない隣人のもとへと向かっている。南マンデ系民族、ダンの居住域に属するこの村には、隣国ギニアから国境をこえて流れ着いたマリンケの人びとが、肩寄せあって暮らす一角があった。

「やあ、どうした。ああ、カセットか。カデ・ジャワラか。じゃあ一緒に聴いてみよう」。軒を接するようにして小屋がいくつか立ち並ぶなか、数世帯が共同で調理し食事をするように設えられた北マンデ系特有の屋敷の暗い中庭に、年配の男たち何人かが腰を落ち着けてくれた。このところ毎晩してきたように、わたしはカデのカセットを今またラジカセに落とす。半農半商の彼らであれ、農繁期の晩ともなればかなり疲れているのだろうか。くつろぎ談笑しながら歌を愉しむというより、場の雰囲気はしだいにしんみりと、言葉少ななものになっていった。じきにA面が終わる。わたしは内心固唾を呑みながら、さりげなくカセットを取り出し、裏返す。

小さな事件がおきたのは、あの問題の曲で力強いリフレインがいくどかくりかえされた直後のことだった。女がひとり、腰布を片手で心持ちたくしあげながら、小走りに向こうへ駆けていく。若いとはいえ、娘の幼さはとうに越えたおとなの女が、暗がりのなかテープの歌声に耳を傾けていたことに、そのときまでわたしは気づいていなかった。「村で走ってはいけないよ」――住み込み調査をはじめてまもなくから、わたしは村びとにそう注意されてきた。「いいかい、人は獣ではないんだ。気が急いていても見境なく走るものではない。村で走っていいのは、だれかが死ぬときだけ。なのに、おまえが何かといえば走るものだから、だれかが急に亡くなったのかと、みんながそのたび驚くじゃないか。だから、村で走ってはいけないよ」。それが彼らにとっての、村のモラルだった。ところがいま、女は小走りに立ち去り、自分の小屋へと消えていく。男たちはうつむき加減のまま、黙ってその姿を見ないようにする。

彼女が姿を消した小屋のほうにしばらく目を凝らすうちに、情動の雷管がやにわに身を貫いたその記憶が、ある距離に支えられた眼と対象の位置感覚のようなものとして、いまもわたしのからだには根を張っている。彼女の小屋の入口に木の扉はなく、腰布の素材となる大型のパーニュ（木綿の捺染布）が揚幕のように垂れ下がり、そこから先の視界を遮っていた。だが小屋のなかには、電気の届かない西アフリカの村々で当時愛用されていた灯油式のハリケーンランプの灯が点っていた。そのため、小屋で彼女のしていることが、さながら影絵芝居の幕と化したパーニュの上に、くっきり映しだされてしまっている。人目を逃れた小屋のなかで、女は立ったまま、からだを緩慢にうごかしていた。いやたしかに、彼女は踊っている。踊り手の意志がからだに集まるほど、ひとつひとつの所作が確かさと重みを増していくように、あるいは一連のからだの流れをつうじて直前の所作が次々と立ち消えていくことをからだ自身が惜しむかのように、女の腰や四肢の影が、カデの歌声をいまその場で——他者の目を逃れたはずの場で——じつに丁寧に、ひたむきにたどりなおしている。

ラジカセのそばに座る男たちは、身内の女がひとり向こうへ駆けていったことに、当然気づいていたはずである。とはいえ、男女の別をよくもあしくも厳しく規範化させてきたこの土地で、彼らはよそ者のようにはしたなくは、立ち去る女の後ろ姿を目で追わない。あるいはそれ以上に、彼女の感情生活にひそむ暗部の内実を、身内の彼らはすでに多少とも心得ていたのかもしれない。この曲を彼らに聴かせたことも、女が走り去ったことも、そして立ち入ってはならない女の秘密をからだごと感受してしまったことも、すべてが疚《やま》しく思われてくるわたしは、それでも彼らに、この歌の意味を問わずにいられなかった。

「ここでカデが歌ってるのは、あたしはあんたが好きってことだ。どんなに強い雨が降ろうとも、あたしはあんたが好き。どんなに激しい嵐が来ようとも、あたしはあんたが好き。カデはそう歌ってる。おまえにその気持がわかるか」と、彼らは諭すように教えてくれた。

写真2　カデ・ジャワラのカセットテープ

フィールドの真実

その後、アビジャン（コートディヴォワールの首座都市）の市場で、わたしはカデ・ジャワラのＬＰ原盤を、中古レコードの山からどうにか掘りあてていた。ジャケット裏面には、ライナーノーツに代えて、つぎのような数行の解説文が直接印刷されている。

「…カデ・ジャワラ。偉大な声の持ち主である小柄な婦人の、それが名前である。彼女の声はおどろくべき気安さで、数オクターブを走破する。彼女がスタジオで歌うとき、音量計の針はいつもぎりぎりのところまで飛ばされ、振り切れてしまう。なのに、傲りのない彼女は、自分の声が自然な場で迸《ほとばし》り出るほうを好むのだ。マイクロフォンにはほとんど愛着を示さないから、このＬＰ盤の製作にも、まる一か月を要した。初収録に来てくれるようカデを説き伏せるには、それだけの忍耐と情熱が必要だった。このたびの幸運を、わたしたちはみなさんとぜひ分かちあいたかったのだ…」。

仏語圏アフリカ諸国の才長けたミュージシャンにとり、キンシャサやアビジャン、ダカール（セネガルの首都）でのスタジオ録音を足がかりに地元で成功したあとのつぎなる舞台は、たとえばパリ、さらには世界の音楽市場となる。しかし、ギニアの知られざるディーヴァは、故郷の「自然な場」から、その後もけっして離れようとしなかった。逆に、あのできごとが起きた場から時間としても空間としてもはるか遠くに離れてしまったいまのわたしはといえば、当時のカセットやレコードを取りだすまでもなく、問題のその曲《Paya paya》を、たとえばYouTubeでたやすく試聴することができる。とはいえ、坦懐に告白するなら、カデの歌声にあのときそなわっていたはずの強度や、マリンケ固有の修辞法に繋がれた《Never Let Me Go》のこだまの支配、さらにはべつの女の踊るからだの影までを、いまもからだそのものを通じてわたしがかろうじて感受できるのは、当のからだに情動の痕跡として留め置かれた、記憶の回路を通じてでしかない。しかも、心惹かれる西アフリカの楽曲にでくわした民族誌家であるならば、その曲が自分の最も親しく接する民族の言葉で歌われていなくとも、曲の歌詞をできるかぎり近似的な音声記号で転写したうえで、日本語の対訳ぐらいは書きとめておいてもよかっただろう。ただこの曲にかんするかぎり、わたしはいまにいたるまで、歌詞の「正確な意味」をさぐる気にはなれずにいる。ある情報が正確であるかどうかを詮索するふるまいが、この場合にかぎってはいかにも虚しく、不誠実にさえおもえるからだ。数十年前のあの晩、踊る女の影を遠景に置きつつ言葉少なに添えられた隣人たちの声こそ、わたしのからだがそれを生き感受した唯一の真実だった。あのときの語り手が、絶対の想いを喩えるために口にした「雨」や「嵐」の凄まじさは、サハラ砂漠とギニア湾のはざまで都市住民としてでなく生きつづけるかぎり、日本語の雨や嵐ではとうてい想像しえない生の試練となる。苛酷な生のさなかに「村で走る」ことが、日本では想像しがたい深刻な負荷をおびた身ぶりとなるように、この土地で人びとが懸命に耐える雨や嵐の凄まじさをものともしない恋慕の歌声も、舞踊も、土地に根づいたことのあるからだでなければまともには感受しがたい強度を秘めている。学術的実証性と生の商取引とがかつてなく浸透しあう今日の民族誌記述にあって、「筆者」の情動は、テクストの有用性を増進するうえでときに有害な市場外要素となりかねず、それだけにテクストから易々と排除することができ、また排除しなければならないとも安直に想定されてきた。ほかならぬ情動こそ、テクストの書き手が書くという行為そのものの受動性のもとで主体としてはいったん死ぬことをつうじ、影絵のおもかげのままいやおうなくテクストに痕跡として取り憑き、映り出てくる記憶の、つまりは、からだの堆積物にほかならないというのに。

時の迷宮

長期調査の日々も終わろうとしていたころ、森の奥に設置された女子割礼キャンプで、隔離期間中に娘たちが秘儀として習う割礼歌ならば、録音してもよいとの許可が村からおりた。厳格に男子禁制とされる場であるため、録音用マイクを握るわたしと娘たちとのあいだには、視界をさえぎる幕として、今回もまた大型のパーニュが吊るされた。そうして幕の向こうから大音量の斉唱で響きはじめる姿なき可憐な歌声は、なにより旋律からして、これまでの村暮らしでいちども耳にしたことのない異様さを帯びていた。録音を無事に終えたあと、小屋で調査助手の若者とふたり、テープ起こしの転写作業をさっそくはじめる。転写対象が秘儀の歌唱である以上、歌詞の意味づけがまず困難をきわめるうえに、ダン語の音声表記法では転写不能な単語やフレーズが、どの曲にも続出する。しかし、おぼろに浮かびあがってきた歌詞テクストを仔細に検討すると、歌詞には一部、カデ・ジャワラの母語でもある、あのギニアの民族語、マリンケ語が含まれていたことにわたしたちは突然気づく。民族の始原的な本質を表象するはずの秘された歌の詞が、異族の言語からなっていたこと。植民地期の先行研究によれば、ダンはおそくとも一四世紀前後に、現ギニア領内のサバンナから祖地を捨てて徐々に南下をつづけた末に、現コートディヴォワールの西部森林域に到達した民族と推定されている。ギニア東部のサバンナとは、まぎれもなく今日のマリンケの居住域である。終わりのない迷宮のとば口へと急に立たされたような気がして、なおも延々とつづくテープの合唱をまえに、わたしは少し吐きそうになっていた。破戒のばちが当たったのか。いや、踊る女とのあいだに下ろされていたあの夜の幕だけでなく、割礼キャンプで下ろされた言語の幕、歴史の幕の彼岸にあるはずの、当時の生きたからだではたしかに激しく感受しながらけっしてふれえない何ごとかのために、カデ・ジャワラの歌声を聴くよそ者は、あるとき泣いていたのかもしれない。「わたしを離さないで」とは、女のからだに刻まれた想われびとの面影であり、また栄光の祖地を置き去りとしたからだたちのはるかな悔恨でもあっただろう。ただそれ以上に、残響として不意に耳をかすめる《Never Let Me Go》とはじつのところ、フィールドに生きるからだが、認識する主体としての臨界にふれることで世界の「外」に向けて吐きださずにはいられなかった、からだそのものの叫び、あるいは萌えでるときを待ちながらからだに胚芽として埋め込まれてきた情動の叫びでもないだろうか。

【参考文献】

カズオ・イシグロ　二〇〇八　『わたしを離さないで』土屋政雄訳、ハヤカワepi文庫。
西谷修　一九九七　『離脱と移動――バタイユ・ブランショ・デュラス』せりか書房。
真島一郎　一九九四　「夕闇のはがいじめ」『異文化との出会い――アジア・アフリカのフィールドノートから』東京外国語大学アジア・アフリカ言語文化研究所編、八四-八六頁、東京外国語大学アジア・アフリカ言語文化研究所。
山口昌男　一九七七　『本の神話学』中公文庫。
Kade Diawara　“Paya paya.”（https://www.youtube.com/watch?v=kv5bvvmUtPQ：二〇二〇年三月二〇日アクセス）

あとがき——外大のディアスポラたち

本書は、東京外国語大学（以下、外大）で文化人類学を学んだかつての学生・院生、研究員、そして現在の教員（真島一郎、山内由理子）を執筆陣とする、外大の教育研究の産物である。編者について言えば、平田晶子と森昭子は大学院の長い時間を外大で過ごし、馬場淳は外大で日本学術振興会・特別研究員（PD）およびアジア・アフリカ言語文化研究所ジュニアフェローとして通算六年間を過ごし、小西公大は外大に設置された現代インド地域研究センターに勤務していた。石田慎一郎氏、槌谷智子氏、山本真鳥氏は、栗田博之先生との親交の深さから、ゲスト＝友情出演として迎えた。槌谷氏は本書のとおりだが、実は石田氏も、パプアニューギニア調査をはじめる際に栗田先生から指導を受けている。なぜ栗田先生が基軸になるのかは、後に述べる。

ゲストを除く執筆者たちは、外大を出た後、日本の各地に分散し、それぞれの仕事（大学教育や公的文化事業など）を日々こなし、各自のテーマに沿って研究を進めている。年に一度の文化人類学会ですら一堂に会することもないし、もしかしたら外大への帰属意識（アイデンティティ）も時の経過とともに薄れつつあるかもしれない。では、本書を機に「再会」したかというと、そうではない。共同研究会もシンポジウムも、開催されていない。二〇二〇年に入ると、新型コロナウィルス感染拡大の影響からソーシャル・ディスタンスが求められ、結果的に、本書の刊行に至るまで執筆者たちが顔を合わせることはなかった。ただこのことは、今となっては驚くことではないだろう。刊行プロセスの途中で突然幕を開けたウィズコロナ時代にあって、顔を付き合わせることのない、オンライン・コミュニケーションは加速度的に自明となったからだ。

さて、そもそも本書はどのように企画され、刊行に至ったのか。きっかけは、外大の専任教員だった栗田先生の退職である。二〇一九年度をもって退職されるとのことで、身近な有志たち――編者のほかに、小林誠氏（本書のエッセイ執筆者）、出田恵史氏――がイベント運営組織として、真島一郎先生をスーパーバイザーとする「Kプロジェクト」を立ち上げたのだった。二〇一九年六月のことである。Kプロジェクト・メンバーは、本書の刊行と最終講義の企画運営へと分岐していくことになった。編者たちは、栗田先生の所有する卒業生リストと個々のネットワークにもとづき、外大のディアスポラたちを「発見」していったのである。「外大の教育研究の産物」と謳《うた》いながらも、本書の構成と執筆陣がある偏りを見せているのは、このためである。

実のところ、当初は退職に合わせて栗田先生に寄せる軽いエッセイ集／一言メッセージ集を作成しようと考えていたが、あらわれ出てくるディアスポラたちの顔ぶれを見るにつれ、思い出文集にするにはモッタイナイと思うようになり、いつしか論集として出版する方向を模索しはじめた。

海図なき航海に漕ぎ出した編者は、刊行に向けて本書の全体テーマ（後述）を設定し、人類学の魅力を伝える一般書として、また文化人類学を学びはじめた学部生向けの準教科書として位置づけることにした。さらに、本書は同じ東京外国語大学出版会から刊行されている姉妹編の二冊『人はみなフィールドワーカーである』（西井凉子編）と『人はなぜフィールドに行くのか』（床呂郁哉編）に対して、イトコ編の関係にある。このように位置づけさせていただいた背景には、企画と編集作業を進めていく際に参照してきた二冊への敬意と、フィールドワーク論とは異なるテーマと経緯が作り出す「系譜的距離」がある。こうした転換や調整がなければ、本書が東京外国語大学出版会の企画編集会議で承認され、日の目を見ることはなかっただろう。

このような方向に舵を切ったことが、本当に正しい道だったのかは今となってもわからない。執筆者に求められたのは、質量ともに充実した人類学的エッセイであり、軽いノリで寄稿できるようなものではなくなった。そのため、一言メッセージならば参画できたであろう人々が、執筆陣から抜けている。一方、本書を読んでいただければわかるように、退職記念の性格は脱色され、各エッセイはかなり本格的な――人類学者にも読みごたえのある――内容となった。

だからといって、栗田先生へのオマージュが放擲されているわけではないことは急いで付言しておこう。第3部がそうであることは言うまでもないし、すでに本書に目を通した読者ならばお気づきのように、各エッセイには必ず栗田先生の論文が引用されている。ただここで強調しておきたいのは、そのオマージュを差し引いても、各エッセイの独立性や学術的価値が保持されている、という点である。

栗田先生は「そこ（方向転換）までしなくていい」とおっしゃったが、わたしたちの船はすでに栗田先生の手を離れ、海と空が出会う彼方に向かって航海をはじめていた。編者は遠洋航海者さながらに、散在する「島々」（＝ディアスポラたち）を行き来し、「萌え」をテーマとするゆるやかなコミュニティをつくり上げていった。共同研究会やシンポジウムの成果本でもなく、フィールドワーク論でもない本書が一定の統合性をもっているとすれば、外大のディアスポラたちをめぐる遠洋航海が成功したことを意味する。もちろん、その判断は、読者に委ねられている。

ここで、本書のテーマの由来について触れておこう。かつてヨーロッパのサロンが知の発生にかかわる場であったように、本書のコンセプトである「萌え」は新宿西口の某大衆イタリア料理店で生まれた。さきに述べた発想・方向の転換を模索していたとき、Kプロジェクト・メンバーの一人が直感的に思いついた言葉こそ、「萌える人類学者」だった。その原風景には、人類学であれ趣味であれ、偏執的なまでに思考し、コレクションを愛でる栗田先生の姿があった。つまり本書のタイトルは、何よりもまず、退職する栗田先生のイメージに由来するのである。もちろん、メンバーそれぞれによって思い描く栗田像／論は異なるが、この萌えのイメージでは一致した。ただ、ほかの執筆者たちがこのサブカル生まれの言葉を使ってどこまで論じられるのかは、正直なところ、自信がなかったものの、蓋を開けてみれば、それは杞憂《きゆう》にすぎないことを思い知った。当然と言えば、当然なのかもしれない。日本とかの地を往還し、研究を続ける執筆者は、己のフィールドの何某かに憑りつかれるように心を奪われてきたからだ。序章で述べられているように、人類学者の誰もが何かに萌えているのである。

また特別企画の再録論文については、論文の電子化公開が進行するデジタル状況下、新しいものを、新しいものを、と常に追い求める学問・出版界の動きに流されていき、良質な論文が埋もれていってしまうデジタル化の弊害を憂い、一九八〇年代に刊行された栗田先生の処女作「ボンジュール・トーテミスム」の再録を企画した。序章でも述べられているように、これは一般読者向けの論文のなかでも、ひときわ思い入れのある論文だったことによる。当時は手書きの原稿を入稿していたことから、原文の電子ファイルは存在しなかったが、現代の光学文字認識（ＯＣＲ）ソフトを用いた情報処理技術と人間の目によるクロスチェックによって復元することができた。

本書の企画立案から刊行までの航海を振り返ると、この約一年間は、新型コロナウィルス感染症という猛威に晒され、日常の変革を余儀なくされたことで未知の大海原に放り出されたかのような年でもあった。自粛モードになると、編者たちは知的サロンの場をオンラインに切り替えながら密な意見交換を重ね、テクストにほとばしる萌えのエネルギーを舵取りしながら、学術的エッセイ群と語録（萌える言葉）集を編集していった。遠洋航海者たちは、島々で受け取ってきたエッセイを通じて、フィールドや日常生活での直接的経験の尊さを噛みしめるとともに、紫煙ゆらめく栗田先生の研究室での密室人類学談義を懐かしんだものである。

前に触れたように、本書の刊行への動きとは別に、最終講義の企画（二〇二〇年三月）もあったが、新型コロナウィルス感染拡大防止のために「延期」となり、現段階でもいつ実現するのかさえ皆目見当がつかないままである。執筆陣も、それぞれの勤務校での感染予防対策に向けて対応せざるを得なくなった。フィールドワーカーはフィールドへ行けず、大学講義はオンラインへと切り替わり、直接的経験や交流が一時的に断絶する事態が発生したのである。研究や教育のあり方が根底から覆るだけでなく、フィールドの人々の生活にも深刻な影響を与え、物理的な隔離とともに世界中で分断が起きている。安全や健康が脅かされることからくる行動変容は、最終講義の企画のみならず、執筆の進度にも少なからず影響を与えてきた。

このような状況のなかだからこそ、人類学者の萌えを結集した本書を読者には是非とも堪能してほしい。パンデミックの猛威は、人の胸の内に熱くたぎる萌えを止めることはできないし、連綿と続く人類学の営みやフィールドワーカーの歩みを止めることなどできないのである。萌えてさえいれば、再び彼方の異世界に旅立っていくだろうし、此方で何かを生み出し続けることだろう。そう、萌えこそ人生の醍醐味であり、原動力だ。本書の執筆者の熱い萌えが伝わり、少しでもともに萌えていこうと日々を過ごしてくれる読者が生まれることを切に願うものである。

最後に、本書の刊行にあたってお世話になった東京外国語大学の真島先生と大内宏信さんには、この場を借りて深くお礼を申し上げます。真島先生は、多忙のなかにあって、先に述べたように、Kプロジェクト設立から、文字通りスーパーバイザーとして、助言・助力を惜しまず、本書の刊行プロセス全体を見守ってくださった。また東京外国語大学出版会の大内さんは、コロナ禍における限られた勤務時間の多くを本書の編集作業に費やし、刊行に向けて根気よくお付き合いくださった。編者として深く感謝いたします。

二〇二〇年一二月

編者一同

【執筆者紹介　＊編者】

渥美　一弥（あつみ　かずや）　自治医科大学医学部

調査地：カナダ北西海岸

主な著書・論文：『「共感」へのアプローチ――文化人類学の第一歩』（春風社、2016年）、「多文化主義という暴力――カナダ先住民サーニッチにとっての言語復興、アート復興、そして格差」（『文化人類学』81巻、2016年）

石田　慎一郎（いしだ　しんいちろう）　東京都立大学人文科学研究科

調査地：ケニア、パプアニューギニア

主な著書・論文：『人を知る法、待つことを知る正義――東アフリカ農村からの法人類学』（勁草書房、2019年）、『オルタナティブ・ジャスティス――新しい〈法と社会〉への批判的考察』（編著、大阪大学出版会、2011年）

工藤　多香子（くどう　たかこ）　慶應義塾大学経済学部

調査地：キューバ

主な著書・論文：「『人種』なき未来に向かって――現代キューバにおける反レイシズム闘争の展開」（山岡加奈子編『岐路に立つキューバ』、岩波書店、2012年）、「リディア・カブレーラ――ネグロに理想を追い求めて」（真島一郎編『二〇世紀〈アフリカ〉の個体形成――南北アメリカ・カリブ・アフリカからの問い』、平凡社、2011年）

倉田　量介（くらた　りょうすけ）　東京大学・早稲田大学ほか非常勤講師

調査地：カリブ海地域（キューバ）、日本

主な著書・論文：「順応か競争か――キューバの演奏家をめぐる創造的環境の重層性」（『文化人類学研究』5巻、2004年）、「歌の実践にみられる「田舎」の創造――キューバのプント・グァヒーロをめぐって」（細川周平編『民謡からみた世界音楽――うたの地脈を探る』、ミネルヴァ書房、2012年）

栗田　博之（くりた　ひろゆき）　東京外国語大学名誉教授

調査地：パプアニューギニア

主な著書・論文：「腹をすかせた人類学者の妄想？」（『季刊　ヴェスタ』42号、味の素食の文化センター、2001年）、「パプアニューギニア――モザイク状の民族分布」（青柳真智子編『国勢調査の文化人類学――人種・民族分類の比較研究』、古今書院、2004年）

小西　公大（こにし　こうだい）＊　東京学芸大学教育学部

調査地：インド北西部・タール砂漠エリア、日本・佐渡島

主な著書・論文：『フィールド写真術』（秋山裕之との共編著、古今書院、2016年）、“The Right to Sacredness: Politics Surrounding Wind Power

Development in the Thar Desert" (Yamamoto, T. and Ueda, T. (eds.), Law and Democracy in Contemporary India: Constitution, Contact Zone, and Performing Rights, Palgrave Macmillan, 2019)

小林　誠（こばやし　まこと）　東京経済大学コミュニケーション学部

調査地：ツバル、ポリネシア西部

主な著書・論文：『探求の民族誌――ポリネシア・ツバルの神話と首長制の「真実」をめぐって』（御茶の水書房　2018年）、地図と景観の現在――気候変動とグーグルアース上における「沈む国」ツバルの「視覚化」（河合洋尚（編）『景観人類学――身体・政治・マテリアリティ』（時潮社、2016年）

佐々木　悠（ささき　ゆう）　京都大学大学院人間・環境学研究科

調査地：島根県隠岐の島

主な著書・論文：「布施林業の今昔」（隠岐の島町教育委員会・海士町教育委員会・西ノ島町教育委員会・知夫村教育委員会、「隠岐の文化財」編集委員会編『隠岐の文化財』38号、2021年近刊）

塩谷　もも（しおや　もも）　島根県立大学人間文化学部

調査地：インドネシア、日本

主な著書・論文：「伝統工芸品としての織物の現状――山陰の絣と各地の織物の事例から」（岡田淳子先生米寿記念論集編集委員会『日本をめぐる北の文化誌』、2020年）、「インドネシアにおけるバティック布の現状とアイデンティティ」（『島根県立大学短期大学部松江キャンパス紀要』54号、2016年）

槌谷　智子（つちや　ともこ）　国立音楽大学・立教大学非常勤講師

調査地：パプアニューギニア

主な著書・論文：「石油開発と『伝統』の創造――パプアニューギニア・フォイ社会の『近代』との葛藤」（杉島敬志編『土地所有の政治史――人類学的視点』、風響社、1999年）、「白い霊がやって来た――パプアニューギニアにおける接触史」（吉岡政徳・林勲男編『オセアニア近代史の人類学的研究――接触と変貌、住民と国家』、国立民族学博物館研究報告別冊、2000年）

馬場　淳（ばば　じゅん）*　和光大学現代人間学部

調査地：パプアニューギニア、ケニア、日本

主な著書・論文：『結婚と扶養の民族誌――現代パプアニューギニアの伝統とジェンダー』（彩流社、2012年）、『この子は俺の未来だ――パプアニューギニア＆ケニア"つながり"の文化人類学』（佼成出版社、2014年）

平田 晶子（ひらた あきこ）*
東洋大学アジア文化研究所客員研究員
／慶応義塾大学、東海大学、白百合女子大学非常勤講師
調査地：タイ、ラオス

主な著書・論文：「越境するモーラム歌謡の現状――魅せる、聴かせる、繋がる」（福岡まどか・福岡正太編『東南アジアのポピュラーカルチャー』、スタイルノート、2018年）、「ケーンの吹奏をめぐる『男らしさ』の創成――ラオスのラム歌謡と性別役割分業の一考察」（『文化人類学』82巻、2017年）

真島 一郎（まじま いちろう） 東京外国語大学大学院総合国際学研究院
調査地：西アフリカ

主な著書・論文：『二〇世紀〈アフリカ〉の個体形成――南北アメリカ・カリブ・アフリカからの問い』（編著、平凡社、2011年）、『山口昌男 人類学的思考の沃野』（川村伸秀との共編著、東京外国語大学出版会、2014年）

森 昭子（もり しょうこ）* 東京都歴史文化財団 アーツカウンシル東京
調査地：ガーナ共和国

主な著書・論文：『旅する看板絵――ガーナの絵師クワメ・アコトの実践』（ブックレット《アジアを学ぼう》別巻21、風響社、2020年）

山内 由理子（やまのうち ゆりこ） 東京外国語大学大学院総合国際学研究院
調査地：オーストラリア（とくに西オーストラリア州）

主な著書・論文：『オーストラリア先住民と日本――先住民学・交流・表象』（編著、御茶の水書房、2014年）、Japanese ancestors, non-Japanese family, and community: Ethnic Identification of Japanese descendants in Broome, Western Australia（Coolabah 24, 25, 2018, http://revistes.ub.edu/index.php/coolabah/article/view/22078/23613）

山本 真鳥（やまもと まとり） 法政大学経済学部
調査地：ポリネシア（とくにサモア、トンガ、ハワイ）

主な著書・論文：『ハワイを知るための60章』（山田亨と共編著、明石書店、2013年）、『オセアニアの今――伝統文化とグローバル化』（連載中、弘文堂スクエア、https://oceania.hatenablog.jp/）

萌える人類学者

二〇二一年三月一八日　初版第一刷発行

編者　馬場 淳　平田晶子　森 昭子　小西公大
発行者　林 佳世子
発行所　東京外国語大学出版会
　東京都府中市朝日町三‐一一‐一
　　郵便番号　一八三‐八五三四
電話番号　〇四二‐三三〇‐五五五九
ＦＡＸ番号　〇四二‐三三〇‐五一九九
e-mail　tufspub@tufs.ac.jp
装丁者　桂川 潤
印刷・製本　株式会社 精興社

ISBN 978-4-904575-86-4